普通高等教育经管类专业“十三五”规划教材

管　理　学

(第二版)

教与学指导书

李　杰　张秋来　编著

清华大学出版社

北　京

内 容 简 介

本书是专门为《管理学(第二版)》(ISBN 9787302504733)配套使用的教学辅助用书，共分为13章。全书针对管理与管理学、管理思想的演进、管理道德与社会责任、计划工作、战略性计划、决策、组织结构设计、人员配备、组织文化、领导、激励、控制、管理沟通等章节内容，在广泛参考同行大量教学成果和教学经验的基础上，提炼了管理学课程教学要点和专业名词，编写了教学案例、习题及参考答案。

本书既可用于高等院校管理学课程任课教师备课，也可作为经管类专科生、本科生、硕士研究生、培训人员进行管理学课程学习、练习和应试的工具性辅助用书。

图书在版编目(CIP)数据

管理学(第二版)教与学指导书 / 李杰，张秋来　编著. —北京：清华大学出版社，2020.5
普通高等教育经管类专业“十三五”规划教材
ISBN 978-7-302-54825-6

Ⅰ.①管… Ⅱ.①李… ②张… Ⅲ.①管理学—高等学校—教学参考资料 Ⅳ.①C93

中国版本图书馆CIP数据核字(2020)第005304号

责任编辑：刘金喜
封面设计：周晓亮
版式设计：妙思品位
责任校对：成凤进
责任印制：宋　林

出版发行：清华大学出版社
网　址：http://www.tup.com.cn，http://www.wqbook.com
地　址：北京清华大学学研大厦A座　　邮　编：100084
社 总 机：010-62770175　　邮　购：010-62786544
投稿与读者服务：010-62776969，c-service@tup.tsinghua.edu.cn
质 量 反 馈：010-62772015，zhiliang@tup.tsinghua.edu.cn
印 装 者：三河市少明印务有限公司
经　销：全国新华书店
开　本：185mm×260mm　　印　张：15.25　　字　数：333千字
版　次：2015年9月第1版　　2020年5月第2版　　印　次：2020年5月第1次印刷
定　价：48.00元

产品编号：081851-01

前　言

为便于学习者能够更好地理解和掌握管理学的相关理论与知识，获得一定的实际管理技能，尤其是为了满足专科生、本科生、硕士研究生、培训人员等参加“管理学”多种应试的具体需要，我们编写了这本《管理学(第二版)教与学指导书》，作为与主教材《管理学(第二版)》(ISBN 9787302504733)配套使用的教学辅助用书。

在多年的教学工作中我们认识到，全面了解和熟练掌握管理学内容整体框架，尤其是各章节的重要知识点，需要通过大量的练习来巩固学习效果。考虑到当前很多经济管理领域的应试都涉及管理学的基础知识，因此为各类学习者在主教材之外，再提供一本供课下练习的实用性工具书是非常必要的。

本书与主教材的内容相互对照，在内容框架上采取了与《管理学(第二版)》主教材相同的结构，以便于配合学习。每一章的内容主要有：教学要点、重要名词解释、多种类型的测试题(填空题、单项选择题、多项选择题、判断题、计算、看图说明或绘图说明题、应用题、简答题)及参考答案，仿真模拟试卷，以及内容适中的案例题及其分析提示。

需要说明的是，编写本书主要是为了促进和强化读者对于《管理学》教材内容的理解和掌握，因此，本书给出的许多题目的答案只是一种参考答案，并非所谓的标准答案。坦率地说，除了一部分名词、概念，有相当多的题目并不存在唯一的、绝对正确的答案，这是读者在学习中需要加以注意的。另外，本书选用了一些教学案例并做了基本的分析提示，主要是为了帮助初学者通过案例分析运用管理理论和知识，掌握在特定情境下进行管理的方法，并尝试总结出一些可以用于不同情境的一般性结论，其作为方法论的意义远胜于作为标准答案的意义。

本书由李杰、张秋来共同编写，由于编者水平有限，疏漏和不当之处在所难免，敬请广大读者不吝指正。在编写中，我们参阅了国内外众多同行的大量教学成果和教学经验(见本书参考文献)，在此一并向有关作者致以诚挚的谢意。

编　者

2019 年 11 月

目　　录

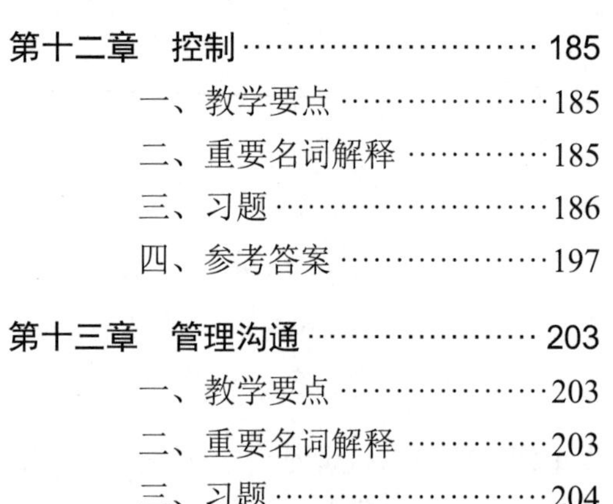

第一章

管理与管理学

一、教学要点

1. 人类活动的特点与管理的必要性
2. 管理基本概念的多种表述
3. 管理人员的概念及其与作业人员的区别
4. 管理人员的分类
5. 管理人员的基本技能
6. 管理的职能
7. 管理的二重性
8. 管理的研究对象及其研究方法

二、重要名词解释

1. 管理

管理是通过行使计划、组织、领导、控制等一系列职能，对组织所拥有的资源进行合理而有效的利用，从而实现组织既定目标的动态创造性活动。

2. 管理人员

管理人员即从事管理活动的人的总称。具体地说，就是对从事并负责对组织内的资源进行计划、组织、控制和领导的有关人员的总称。

3. 技术技能

技术技能是指在业务方法、过程和程序等方面的知识及掌握的熟练程度。这种技能包括业务活动中运用具体的知识、工具或技巧的能力。

4. 人事技能

人事技能也称人文技能或人际关系技能。人事技能是指管理人员能够以群体成员的身份有效地工作的行政能力，并能在他们领导的群体中发扬共同努力的协作精神。

5. 概念技能

概念技能又称思想技能或构想技能，是一种能够迅速形成正确认识，把握事物本质的能力。就管理而言，概念技能是指把组织看成一个整体，全面观察事物的能力。

6. 计划

计划是指管理者在实际行动前预先对应当追求的目标和应采取的行动方案做出选择和具体安排。

7. 组织

组织具有双重含义，一是指组织形态，如企业、学校、军队、政府等；二是指组织工作，主要是指组织的设计、人员配备、组织的规划与变动和授权等。

8. 领导

领导是指管理人员要带领和指挥组织和全体成员同心协力地执行组织的计划、实现组织的目标。

9. 控制

控制就是将计划的执行情况和计划的要求、目标相对照，然后采取措施纠正计划执行中的偏差，以保证计划目标的实现。

10. 管理的自然属性

管理的自然属性主要是指管理的过程是对人、财、物、信息、时间等客观存在的资源进行组合、协调和利用，这一过程包含许多客观的，不因意识形态、社会制度和社会文化的不同而变化的普适性规律，只与生产力发展相关。

11. 管理的社会属性

管理是人类活动，而人都生存在一定的生产关系和一定的社会文化中，必然要受到生产关系的制约和社会文化的影响。不同的生产关系、社会文化会使管理思想、管理目的及管理的方式方法呈现出一定的差别，从而使管理具有特殊性和个性，这就是管理的社会属性。

三、习题

(一) 填空题

1. 为实现共同目标而一起工作的群体称为________。

2. ________是社会组织中，为了实现预定的目标，以人为中心的协调活动。

3. 人类活动具有三个最基本的特点，即目的性、________和知识性。

4. 管理活动最基本的职能是计划、组织、________和控制。

5. ________对于高层管理最重要，对于中层管理较为重要，对于基层管理则较不重要。

6. 管理的本质是协调，协调的中心是________。

7. 管理的二重性指的是管理既具有________属性，又具有________属性。

8. 组织中的成员一般可分为两类，一类是________，一类是管理人员。

9. 按管理人员的层次分类，可分为________、________和________。

10. 管理人员按其所从事的管理工作的领域宽度及专业性质的不同，可分为________和________。

11. 美国管理学者罗伯特·卡茨将管理人员需要掌握的基本技能分成三类，即________、________和________。

12. 综合大多数中外著名管理学者的观点，可以认为，________、________、________和________是一切管理活动最基本的职能

13. 管理学研究的范围概括起来有两大方面：一是组织本身，二是________。

14. 管理学的研究方法主要是________、________和________。

(二) 判断题

1. 管理自从有了人类集体活动以来就开始了。(　)

2. 在马克思所述的管理二重性论述中，指挥劳动体现了管理的社会属性，监督劳动体现了管理的自然属性。(　)

3. 管理就是对一个组织所拥有的物质资源、人力资源进行计划、组织、领导和控制，去实现组织目标。(　)

4. 管理的基本活动对任何组织都有着普遍性，但营利性组织比非营利性组织更需要加强管理。(　)

5. 高层管理人员花在计划决策上的时间相对更多一些。(　)

6. 中级管理人员往往处理现场管理、指导操作等技术性工作较多。(　)

7. 组织中向外界发布信息的管理角色称为组织发言人。(　)

(三) 单项选择题

1. 对管理最形象的描述是(　　)。

A. 艺术　　B. 科学　　C. 艺术和科学　　D. 上述均不是

2. 管理者在作为组织的官方代表对外联络时，其扮演的角色是(　　)方面。

A. 信息情报　　B. 决策

C. 人际关系　　D. 业务经营

3. 管理者在进行经营决策时扮演着(　　)角色。

A. 企业家　　B. 纠纷调解者　　C. 信息传递者　　D. 组织发言人

4. 对基层业务管理人员而言，其管理技能侧重于(　　)。

A. 技术技能　　B. 财务技能　　C. 谈判技能　　D. 营销技能

5. 有时，一位工作表现很出色的基层主管在被提升为中层主管，尤其是高层主管后，尽管工作比以往更卖力，绩效却一直很差。其中的原因很可能就在于这位管理人员并没有培养起从事高层管理工作所必需的(　　)。

A. 概念技能　　B. 技术技能　　C. 人际技能　　D. 领导技能

6. 关于管理的应用范围，人们的认识不同，你认为说法最好的是(　　)。

A. 只适合于营利性工业企业　　B. 普遍适合于各类组织

C. 只适合于非营利性组织　　D. 只适合于营利性组织

7. 管理人员与一般工作人员的根本区别在于(　　)。

A. 需要与他人配合完成组织目标

B. 需要从事具体的文件签发审阅工作

C. 需要对自己的工作成果负责

D. 需要协调他人的努力以实现组织目标

8. 越是处于高层的管理者，其对于概念技能、人际技能、技术技能的需要，就越是按(　　)排列。

A. 概念技能、技术技能、人际技能

B. 技术技能、概念技能、人际技能

C. 概念技能、人际技能、技术技能

D. 人际技能、技术技能、概念技能

9. 对于高层管理人员而言，其工作活动范围(　　)。

A. 执行多项管理职能　　B. 极为广泛

C. 执行单项工作职能　　D. 以上说法都不对

10. 对于高层管理人员而言，在制定管理目标方面是(　　)。

A. 适当考虑　　B. 重要　　C. 不重要　　D. 以上说法都不对

11. 对于中层管理人员而言，其工作活动范围(　　)。

A. 执行多项管理职能　　B. 极为广泛

C. 执行单项工作职能　　D. 以上说法都不对

12. 王强向营销副总裁上报工作内容，同时他又是监督者，一些合同制员工直接向他汇报，那么王强是(　　)。

A. 基层管理者　　B. 中层管理者　　C. 高层管理者　　D. 执行者

13. 下列能区别管理职位和非管理职位的是(　　)。

A. 工资金额的多少　　B. 是否协调他人的工作

C. 是否组织新的项目　　D. 是否拥有技术技能

14. 李丽的上司要求她解释其所属部门的实际开支与公司预算数额不符之处。在这里，该上司执行的是(　　)管理职能。

A. 计划　　B. 组织　　C. 领导　　D. 控制

15. 如果刘小勇的工作是专注于减少材料浪费上，那么他更应该是(　　)管理者。

A. 有效率的　　B. 有效果的

C. 目标导向的　　D. 拥有技术技能的

(四) 多项选择题

1. 管理的特征具体体现在(　　)。

A. 动态性　　B. 科学性　　C. 艺术性

D. 创造性　　E. 经济性

2. 按管理者所从事管理工作的领域宽度及专业性质的不同，可以把管理者划分为(　　)。

A. 基层管理者　　B. 中层管理者　　C. 高层管理者

D. 综合管理者　　E. 专业管理者

3. 作为一名中层管理者，要肩负许多方面的管理职责。下列几项职责中，属于中层管理人员的工作范围的是(　　)。

A. 制订部门工作计划，并进行贯彻执行和检查

B. 与下级谈心，了解下级的工作困难和感受

C. 亲自制定有关考勤方面的规章制度，每月给员工打考勤，并将结果张贴

D. 经常与上级部门沟通，掌握上级部门对自己工作的要求

E. 对下级的工作表现给予评价并及时反馈给本人

4. 关于管理的应用范围，下列说法不妥的有(　　)。

A. 只适用于企业性组织

B. 普遍适用于各类组织

C. 只适用于非营利性组织

D. 只适用于营利性组织

E. 只适用于工商企业

5. 田力是某大型企业集团的总裁助理，年富力强，在助理岗位上工作得十分出色。他最近被任命为集团销售总公司的总经理，从而由一个参谋人员变成独立部门的负责人。下面是田力最近参与的几项活动，你认为这其中与他的领导职能有关的有(　　)。

A. 向下属讲解他对销售工作目标的认识

B. 与用户谈判签订销售协议

C. 召集公司有关部门的职能人员开讨论会，鼓励他们攻克难关

D. 召集各地分公司经理讨论和协调销售计划的落实情况

E. 向下属布置和安排销售计划

6. 某集团公司总经理当天上午参加某分公司成立庆典并致辞，以及接待主要来宾。下午回公司召开集团班子会议，讨论和拟订明年的经营计划和财务预算。该总经理扮演的管理者角色主要为(　　)。

A. 挂名首脑　　B. 联络者　　C. 监听者

D. 传播者　　　　E. 决策制定人

7. 不同类型的管理者，其所侧重的管理角色有所不同。(　　)等角色更多地表现在高层的管理者身上。

A. 挂名首脑　　　B. 联络者　　　C. 发言人

D. 传播者　　　　E. 领导者

(五) 简答题

1. 如何理解“管理”这一概念？
2. 如何理解管理的必要性？
3. 现代管理学对管理人员有何新的定义？
4. 企业中的管理人员与作业人员有何不同？
5. 如何对管理人员进行分类？不同类型管理人员有何差异？
6. 管理人员应该具备什么技能？
7. 管理具有哪些主要职能？当前对管理职能最主要的表述是什么？
8. 如何理解管理的二重性？有何重要意义？
9. 如何理解管理既是科学又是艺术？
10. 简述管理学的研究对象和研究方法。

(六) 案例分析题

1. 【案例一】

升任公司总裁后的思考

郭宁最近被一家生产机电产品的公司聘为总裁。在他准备去接任此职位的前一天晚上，回忆起了在该公司工作20多年的情景。他在大学时学的是工业管理专业，大学毕业获得学位后就到该公司工作，最初担任液压装配部门的助理监督。由于他对液压装配所知甚少，因此不知道如何开始工作，在管理工作上也没有实际经验，几乎每天都手忙脚乱。但是他非常认真好学，经常查阅公司所制定的工作手册，并努力学习与业务有关的技术书刊，而且监督长也主动指点他，使他渐渐摆脱困境，胜任了工作。经过半年多的努力，他已有能力独担液压装配的监督长工作。可是，当时公司没有提升他为监督长，而是直接提升他为装配部经理，负责包括液压装配在内的四个装配单位的领导工作。

当助理监督时，他主要关心的是每日的作业管理，技术性很强。而担任装配部经理时，他发现自己不能只关心当天的装配工作状况，还得做出此后数周乃至数月的规划，还要完成许多报告并参加许多会议，因而没有多少时间去从事自己过去喜欢的技术工作。当上装配部经理不久，他就发现原有的装配工作手册已基本过时，因为公司安装了许多新的设备，吸收了一些新的技术，这令他花了整整一年时间去修订工作手册，使之切合实际。在修订手册过程中，他发现要让装配工作与整个公司的生产作业协调起来是很有讲究的。

为此，他主动到几个工厂去访问，学到了许多新的工作方法，并把这些新方法吸收到修订的工作手册中。由于该公司的生产工艺频繁发生变化，工作手册也不得不经常修订，郭宁对此却完成得很出色。工作了几年后，他不但自己学会了这些工作，而且还学会了如何把这些工作交给助手去做，教他们如何做好，这样，他可以腾出更多的时间用于规划工作和帮助下属把工作做得更好，以及花更多的时间去参加会议、批阅报告和完成给上级的工作汇报。

郭宁担任装配部经理 6 年之后，正好该公司负责规划工作的副总裁辞职应聘于其他公司，郭宁便主动申请担任此职务。在同另外 5 名竞争者较量之后，郭宁被正式提升为规划工作副总裁。他自信拥有担任此职位的能力，但由于此高级职务工作的复杂性，仍使他在刚接任时碰到了不少麻烦，如他很难预测一年之后的产品需求情况。一个新工厂的开工，乃至一个新产品的投入生产，一般都需要在数年前做准备，而且在新的岗位上他还要不断处理市场营销、财务、人事、生产等部门之间的协调工作，这些他过去都不熟悉。他在新岗位上感觉到越是职位上升，越难于仅按标准的工作程序去进行工作。但是，他还是渐渐适应并做出了成绩，之后又被提升为负责生产工作的副总裁，而这一职位通常是由该公司资历最深、辈分最高的副总裁担任的。现在，郭宁又被提升为总裁。他知道一个人当上公司最高主管之时，应该自信自己有处理可能出现的任何情况的才能，但他也明白自己尚未达到这样的水平，因此，想到自己明天就要上任，今后数月的情况不知道会怎么样，他不免为此而担忧。

(资料来源：徐国良，王进 编著. 企业管理案例精选精析[M]. 北京：经济管理出版社，2003.)

问题：

(1) 你认为郭宁当上总裁后，他的管理责任与过去相比有了哪些变化？他应当如何去适应这些变化？

(2) 你认为郭宁要胜任总裁的工作，哪些管理技能是最重要的？你认为他有这些技能吗？

(3) 如果你是郭宁，你认为当上总裁后自己应该弥补哪些欠缺才能使公司有更好的发展？

2. 【案例二】

百年老院的现代管理启蒙

北京同仁医院(以下简称同仁)是一所以眼科闻名中外的百年“老店”。走进医院的行政大楼，其大堂的指示牌上却令人诧异地标明：五楼 MBA 办公室。目前该医院已经从北大、清华两所高校聘请了 11 位受过 MBA 教育的管理者(以下简称 MBA)，另外还有一名学习会计的研究生，而医院的常务副院长毛羽就是一位留美的医院管理 MBA。

内忧外患迫使同仁下定决心引进职业经理人并实施规模扩张，希望建立一套行政与技术相分离的现代医院管理制度。

根据我国加入世贸组织达成的协议，2003年，我国正式开放医疗服务业。2002年年初，圣新安医院管理公司对国内数十个城市的近30家医院及其数千名医院职工进行了调查访谈，得出结论：目前国内大部分医院还处于极低层次的管理启蒙状态，绝大多数医院并没有营销意识，普遍缺乏现代化经营管理常识。更为严峻的竞争现实是：医院提供的服务不属于单纯通过营销就可以扩大规模的市场——医院不能指望通过市场手段刺激每年病人数量的增长。

同仁显然是同行中的先知先觉者。2002年，医院领导层在职代会上对同仁医院的管理做过"诊断"：行政编制过大、员工队伍超编导致流动受限；医务人员的技术价值不能得到体现；管理人员缺乏专业培训，管理方式、手段滞后，经营管理机构力量薄弱。同时他们开出"药方"：引入MBA，对医院大手笔改造，涉及岗位评价及岗位工资方案、医院成本核算、医院工作流程设计、经营开发等。

目前，国内几乎所有的医院都没有利润的概念，只计算年收入。但在国外，一家管理有方的医院，其利润率可高达20%。这也是外资对国内医疗市场虎视眈眈的重要原因。

同仁要在医院中引入现代市场营销观念、启动品牌战略和人事制度改革，树立"以病人为中心"的服务观念：以病人的需求为标准，简化就医流程，降低医疗成本，改善就医环境；建立长期利润观念，走质量效益型发展的道路；适应环境、发挥优势、实行整合营销；通过扩大对外宣传、开展义诊咨询活动、开设健康课堂等形式，有效扩大潜在的医疗市场。

同仁所引进的MBA背景各异，绝大多数都缺乏医科背景。他们能否胜任医院的管理工作？医院职业化管理至少包括市场营销管理、人力资源管理、财务管理、科研教学管理、全面医疗质量管理、信息策略应用及管理、流程管理7个方面的内容。这些职能管理与医学知识相关但非医学专业。

同仁将各MBA"下放"到手术室3个月后，又悉数调回科室，单独辟出MBA办公室，以课题组的形式，研究医院的经营模式和管理制度。对于医院引入的企业化管理，主要包含医院经营战略、医疗市场服务营销、医院服务管理、医院成本控制、医院人力资源、医疗质量管理、医院信息系统和医院企业文化等多部分内容。其中，医院成本控制研究与医院人力资源研究是当务之急。

几乎所有的中国医院都面临着成本控制的难题，如何堵住医院漏洞，进行成本标准化设计，最后达到成本、质量、效益的平衡是未来中国医院成本控制研究的发展方向。另外，现有医院的薪酬制度多为"固定工资+奖金"的模式，而由于现有体制的限制，并不能达到有效的激励效果，医生的价值并没有得到真正的体现，导致严重的回扣与红包问题。如何真正体现员工价值，并使激励制度透明化、标准化，成为当前首先要解决的问题。

这一切都刚刚开始，指望几名MBA就能改变中国医院管理的现状是不可能的。不过，医院管理启蒙毕竟已经开始，这就是未来中国医院管理发展的大趋势。

(资料来源：吴亚平. 管理学原理实训指导[M]. 武汉：华中科技大学出版社，2009.)

问题：

(1) 结合案例说明你对管理及管理职能的理解。

(2) 同仁为什么要引进如此多的MBA？你认为各MBA能否胜任医院的管理工作？

四、参考答案

(一) 填空题

1. 组织
2. 管理
3. 依存性
4. 领导
5. 概念技能
6. 人
7. 自然属性　社会属性
8. 作业人员
9. 高层管理人员　中层管理人员　基层管理人员
10. 综合管理人员　专业管理人员
11. 技术技能　人事技能　概念技能
12. 计划　组织　领导　控制
13. 组织内依靠行政动作的各种管理方式和方法
14. 归纳法　试验法　演绎法

(二) 判断题

1. 对	2. 错	3. 对	4. 对
5. 对	6. 错	7. 对	

(三) 单项选择题

1. C	2. C	3. A	4. A
5. A	6. B	7. D	8. C
9. B	10. A	11. A	12. B
13. B	14. D	15. D	

(四) 多项选择题

1. ABCDE	2. DE
3. AD	4. ACDE
5. BE	6. AE
7. ABCDE	

(五) 简答题

1. 管理的概念具有多种表述，但必须强调以下几个方面：第一，计划、组织、领导、控制等是管理的几项具体工作，一般称为管理的职能，是目前管理界公认的最基本和最主要的管理职能。第二，管理的对象是组织所拥有的资源，通常包括人、财、物、信息、时间五个方面。管理最主要的对象是对人的管理，时间由于具有不可逆性，成为管理中最稀有、最特殊的资源。第三，管理所要解决的基本矛盾是资源的有限性和互相竞争的多种目标之间的矛盾。第四，管理为实现组织目标服务，这表明管理是一个有意识、有目的的行为过程。

2. 管理的必要性有如下几个：第一，实现社会发展的预期目标需要管理。第二，随着社会的发展，专业化水平越来越高，社会分工越来越细，管理活动越来越复杂，管理已经成为专业性的劳动。第三，中国作为一个发展中国家，资源短缺将是一种长期现象。另外，科学技术落后也是阻碍我国生产力发展的重要因素。从近年的情况来看，有些方面的制约条件较过去有所好转，但另外一些方面，情况则变得更加严峻了。这说明在我国管理的必要性和迫切性不是降低了，而是大大提高了。

3. 现代管理学对管理人员新的定义有：第一，关于管理人员的传统定义并不全面。就现实来看，有很多从事管理工作的人，并不一定对其他人的工作负责。第二，从新的意义上讲，管理人员可以泛指所有执行管理任务的人，不管他们是否具有监督管理权力。可以这样来定义管理人员，即把管理过程(计划、组织、领导、控制等)的一部分作为其主要活动的人。因此，管理人员不仅包括管理别人的人，也包括独立工作的专业人员。在现代组织中的知识工作者，只要其富有责任心，能利用职位和知识，对组织做出实质性的贡献，并使组织的工作有成效，就是一位管理人员。

4. 企业中的管理人员与作业人员的区别为：作业人员直接在企业中的某一岗位上或某一任务中制造产品或提供服务，他们不负有监管他人工作的责任。管理人员则是指挥别人活动的人，对他人的工作负有监管责任。

5. 管理人员最基本的两种分类方法是按照管理人员在组织中所处的层次和所从事的管理工作的领域来划分，即从组织的纵、横两个方向来进行划分。第一种分类将管理人员分为三类，即高层管理人员、中层管理人员和基层管理人员。第二种分类将管理人员划分为综合管理人员和专业管理人员。

不同类型的管理人员的差异如下。

(1) 高层管理人员是指站在组织整体的立场上，对组织负有全面责任，对整个组织进行综合指挥和统一管理的人员。中层管理人员是指处于高层管理人员和基层管理人员之间的中层管理人员，他们可以是地区经理、部门经理、车间主任、科室主管等。基层管理人员也称一线管理人员，是指组织中处于最低层次的管理者，他们管辖的仅仅是作业人员而不涉及其他管理者。

(2) 综合管理人员是指负责管理组织中若干类乃至全部活动的管理者。专业管理人员

则是组织中仅负责某一类活动(或职能)的管理者。

6. 美国管理学者罗伯特·卡兹(Robert L.Katz)把管理人员需要掌握的基本技能分成三类，即技术技能、人事技能和概念技能。技术技能是指在业务方法、过程和程序等方面的知识及掌握的熟练程度，该技能包括业务活动中运用具体的知识、工具或技巧的能力。人事技能也称人文技能或人际关系技能，是指管理人员能够以群体成员的身份有效地工作的行政能力，并能在他们领导的群体中发扬共同努力的协作精神。概念技能又称思想技能或构想技能，是一种能够迅速形成正确认识，把握事物本质的能力。

7. 关于管理所具有的基本职能，具有多种表述。最为经典的表述是20世纪初，由法国工业家亨利·法约尔提出的"五职能论"，即计划、组织、指挥、协调和控制。至20世纪50年代中期，美国著名管理学者哈德罗·孔茨和西里尔·奥唐奈采用计划、组织、人事、领导和控制五种职能作为其教科书的框架，影响至深。不过，管理学者们对管理职能持有不同的观点，有的提出六职能、七职能，也有的提出四职能、三职能，甚至两职能、一职能。目前，最常见的提法认为，计划、组织、领导和控制四种职能是一切管理活动最基本的职能。

8. 从本质上看，管理具有二重性，一是与生产力相联系的自然属性，二是与生产关系社会化相联系的社会属性。管理的性质，就是指管理的二重性。

深刻认识管理的二重性具有重要意义。首先，管理的自然属性为我们学习、借鉴发达国家先进的管理经验和管理方法提供了理论依据，使我们可以大胆地引进和吸收国外成熟的经验，来迅速提高我国的管理水平。其次，管理的社会属性告诉我们，在学习国外先进的管理经验时，绝不能全盘照搬国外的做法，必须考虑我们自己的国情，逐步建立有中国特色的管理模式。

9. 管理既有科学的规律可循，又有艺术运用之妙。

首先，我们说管理学是一门科学，这是因为它确实具有科学的特点，这些特点主要是客观性、实践性、理论系统性、真理性和发展性。这使我们清楚地认识到，管理学完全具备科学的特点，确实是一种反映了客观规律的综合知识体系。此外，管理学也要利用严格的方法来收集数据，并对数据进行分类和测量，建立一些假设，然后验证这些假设来探索未知的东西，所以管理学是一门科学。

其次，我们说管理学又是一种艺术。这是因为艺术的含义是指能够熟练地运用知识，并且通过巧妙的技能来达到某种效果，而有效的管理活动正需要如此。真正掌握了管理学知识的人，应该能够熟练、灵活地把这些知识应用于实践，并能根据自己的体会不断创新。

10. 管理学研究的范围概括起来有两大方面：一是组织本身，包括组织的动力学机制、组织的构造及运行等；二是组织内依靠行政动作的各种管理方式和方法，包括对资源配置的整体性系统方法和针对局部问题的种种职能性方法。可以说，管理学是研究和探讨组织及组织内资源配置的构造、过程、方式和方法的学科，是一门应用性理论学科，是管理学科中最为基础的学科。

管理学的研究方法主要有归纳法、演绎法和实验法。

(六) 案例分析题

1. 《升任公司总裁后的思考》案例分析。

(1) 变化趋势：一开始担任基层管理者，主要起到带领员工完成既定任务，起模范带头作用；继而担任中层管理者，即装配部经理，首先需要了解高层管理者的思路和想法，然后按照自己的工作方法和思路带领基层管理者及员工开展自己的工作；最后担任副总裁，要能给中层及基层员工带来一个发展的思路，保证企业平稳地前进。随着他职务的迁升，管理职责在不断扩大，从管理一个团队到一个部门，从部门之间的协作到整个企业的进步，反映了三个层次之间关注目标的差别。

(2) 对于高层管理者的总裁而言，首先，要具有概念技能，即对事物的洞察、分析、判断、抽象和概括的能力，具有概念技能的管理者往往把组织视为一个整体。其次，要具备人际技能，即成功地和人打交道并与他人沟通的能力，包括联络、处理和协调组织内外人际关系的能力，激励组织内外工作人员积极性和创造性的能力，正确指导和指挥组织成员开展工作的能力。这两种技能最重要。

从郭宁的工作经历来看，从基层开始，到中层，再到负责规划的副总裁和负责生产的副总裁，直到总裁，因此，他应该有良好的人际关系和沟通的能力。同时，他在担任副总裁时，负责规划与生产工作，都能很好地完成任务，做出了成绩，从这些方面来看，郭宁在调动员工的积极性和创造性方面应该也做得较好。因此，综合来看，他具有良好的人际技能。但是，作为从基层一步步上来的领导，郭宁可能在概念技能方面还缺少一些，也就是对事物的洞察、分析、判断、抽象和概括的能力。

(3) 如果我是郭宁，在当上公司总裁后，应补上概念技能方面的不足，使自己具备战略眼光，了解组织与外部环境是怎样互动及组织内部各组成部分是怎样互相作用的，从而为自己识别存在的问题，设计可供选择的解决方案，选择最后的方案并付诸实施提供便利。只有这样，才能使公司取得更好的绩效。

2. 《百年老院的现代管理启蒙》案例分析。

(1) 管理是指为了有效地实现组织目标，由专门的管理人员利用专门的知识、技术和方法对组织活动及其参与要素进行决策、组织、领导、控制与创新的过程。它是一个专门的职业，有自己的一整套系统的方法和理论，其本身不是目的而是手段。管理的职能具体包括计划、组织、领导、控制及创新。

(2) 同仁医院正是意识到了这一点才引进这样一批受过 MBA 教育的管理者或职业经理人。当然，有效的管理者不仅要注意理论的掌握，还要注意技巧的运用，管理的实践性要求职业经理人在具体的经营管理实践中去展现自己的能力。如同案例中说的，单靠几个 MBA 解决医院管理现状是不现实的，但不断地探索、积累和创新，不断地在改革的道路上走下去，假以时日一定会有所成效。

第二章

管理思想的演进

一、教学要点

1. 西方早期管理思想重要代表人物
2. 西方古典管理理论创始的背景
3. 泰罗的“科学管理”理论的基本思想
4. 泰罗的“科学管理”理论的基本内容
5. 对泰罗“科学管理”理论的评价
6. 早期“科学管理”学派的其他重要代表人物
7. 法约尔对企业六项经营活动的论述
8. 法约尔关于管理五项职能的重要思想
9. 法约尔的管理“十四条原则”
10. 对法约尔管理理论的评价
11. 马克斯·韦伯的行政组织理论
12. 人际关系理论的主要内容
13. 霍桑试验
14. 组织行为学的代表理论
15. “管理科学”学派的主要内容
16. 西方当代管理理论的新发展
17. 中国古代管理思想的要点
18. 中国近代管理思想的主要内容
19. 中国当代管理思想的发展

二、重要名词解释

1. 弗里德里克·泰罗

弗里德里克·泰罗，美国人，生活于19世纪末与20世纪之交，对现代工业企业的管理进行了开创性和系统性的研究，其管理思想被学界誉为“科学管理理论”或“泰罗制”，是管理学创始人的重要代表。

2. 泰罗制(科学管理理论)

泰罗制指美国人弗里德里克·泰罗于19世纪末至20世纪初在美国工厂所进行的关于工厂管理的系统性实践活动的总称，其主要内容包括标准化作业、差别计件工资制、职能工长制等，对管理学的产生具有重要作用。

3. 例外原则

简单地说，所谓例外原则就是将管理工作分为两类，即一般事务管理和例外事务管理。企业的高级主管应把处理一般事务的权限下放给下级管理人员，自己则负责对下级的监督和处理例外事务。

4. 动作研究

与泰罗同时代的吉尔布雷斯夫妇最先采用科学方法对工人在生产过程的动作进行研究，把工人劳动时手和臂的活动分解成17项基本动作，然后制定出标准的操作程序，对不合理、多余的动作予以去除，以提高劳动效率。

5. 甘特图

甘特图由与泰罗同时代的美国著名管理学家亨利·甘特首创，是一种用线条来表示计划内容和执行情况的图表，因此也称“线条图”。时至今日，甘特图及其各种改进形式，仍广泛作为各种组织安排工作进度计划的基本手段。

6. 亨利·法约尔

亨利·法约尔，法国人，生活于19世纪末20世纪初，是西方古典管理理论重要奠基人之一，其主要贡献是对管理职能进行了开创性研究。

7. 管理职能

管理职能主要指计划、组织、指挥、协调、控制五项职能，也有将决策和创新加入其中作为新的管理职能，目前比较流行的表述是指计划、组织、领导、控制四项职能。

8. 统一指挥

统一指挥指组织中作为下属的每个成员只能接受来自一个上级的直接指挥，它与统一领导共同构成管理学中的命令统一原则，是组织成功的重要保证。

9. 统一领导

统一领导指为组织中具有同一目标的各项活动制订一个计划，并且只能有一个领导人，它与统一指挥共同构成管理学中的命令统一原则，是组织成功的重要保证。

10. 等级链

组织中由高层管理者到低层管理者的直线职权组成了一个“等级链”，管理信息应当

按等级链上下传递。

11. 理想的行政组织

理想的行政组织是马克斯·韦伯组织理论研究的重要内容，即对组织所谓“纯粹形态”或“理想形态”的研究，在组织分工、职权等级、人员任用等方面按照合理、科学的理性原则预先设计。韦伯认为，这种理性的行政组织是人们进行强制控制的合理手段，是达到目标、提高效率的最有效形式。

12. 人际关系运动

人际关系运动是对西方行为科学创立时期的理论及实践活动的一种概括，通常是指发端于 20 世纪 20 年代，致力于弥补古典管理理论缺陷的理论及实践活动。当时，许多研究者采用科学的方法来研究组织中人的工作动机、情绪、行为等与工作之间的关系，研究按人的心理发展规律来激发人的积极性和创造性，这种理论和方法上的重大变革在理论和实践两个方面又一次推动了西方管理思想向纵深发展。

13. 霍桑试验

霍桑试验指 1927—1932 年主要由美籍学者乔治·埃尔顿·梅奥所领导的，在芝加哥西方电器公司霍桑工厂进行的多学科综合性实验研究项目，是西方组织行为学产生的主要标志，至今为管理学界所重视。史称“霍桑试验”。

14. 非正式组织

非正式组织是指人们在组织内共同工作的过程中，由于情感交流、兴趣爱好相近等原因所形成的一种非正式团体，其成员出于某种情感或爱好而采取一致的行动，其作用对正式组织既有利也有弊。

15. 组织行为学

组织行为学是现代管理科学的重要组成部分，运用类似自然科学的实验法和观察法，也运用社会科学的社会调查法，研究人在工作环境中的行为规律。

16. 需要层次理论

需要层次理论是由美国心理学家亚伯拉罕·马斯洛所提出的关于人们基本需要与满足的一种理论，对认识组织中人的行为有重要参考作用。马斯洛将人的基本需要分为生理需要、安全需要、社交需要、尊重需要和自我实现需要五种。

17. “X-Y”理论

“X-Y”理论是由美国学者道格拉斯·麦格雷戈提出的关于工人“人性”本质的一种理论。X 理论是从悲观否定的观点来看待工人，Y 理论则以积极的态度来看待工人。麦格雷戈认为 Y 理论是管理人员应坚持的哲学。他的思想对许多实际管理人员的影响很大。

18. 双因素理论

双因素理论是由美国管理学者弗雷德里克·赫茨伯格所提出的一种激励理论。把影响人的行为的因素分为两类，即保健因素和激励因素。保健因素只能消除职工的不满，只有激励因素才能使人们感到满意。管理者不仅要满足人们的保健因素，更要满足人们的激励因素。

19. 系统管理理论

系统管理理论致力于用系统的观念来考察组织结构及管理的基本职能，它来源于一般系统理论和控制理论，其代表人物为弗里蒙·卡斯特等，该理论将系统论观点运用于研究和组织企业管理活动。

20. 决策理论

决策理论是在系统理论的基础上，吸收了运筹学、行为科学和计算机科学等研究成果，经历了古典决策理论、行为决策理论和当代决策理论等几个阶段而发展起来的。该学派十分强调决策在组织中的重要地位，认为管理是以决策为特征的，管理的本质就是决策，决策贯穿于管理的各个方面和全过程。

21. 管理理论丛林

管理理论丛林是由美国已故著名管理学家哈罗德·孔茨分别在 20 世纪 60 年代和 80 年对现代管理理论学派众多、观点林立的现状所做的一种形象描述。孔茨对这些学派的理论观点加以分类，并且论述了这些观点对管理的性质和内容所做的不同解释。

22. 彼得·德鲁克

彼得·德鲁克是美国 20 世纪最为著名的管理学家之一，原籍奥地利，被誉为现代管理学之父，一生著述颇丰，成就卓著，最早提出目标管理的思想、论述经理人员的重要性，也是知识管理理论重要代表人物。彼得·德鲁克的管理思想深刻地影响了数代追求创新及最佳管理实践的学者和企业家们，各类商业管理课程也都深受其思想的影响。

23. 社会主义市场经济体制

社会主义市场经济体制是指在社会主义公有制基础上，在国家宏观调控下使市场机制在社会资源配置中发挥决定性作用的经济体制。具体地说是使经济活动遵循价值规律要求，适应供求关系的变化；通过价格杠杆和竞争机制的功能，把资源配置到效益较好的环节中，并给企业以压力和动力，实现优胜劣汰；运用市场对各种经济信号比较灵敏的优点，促进生产和需求的及时协调；针对市场自身的弱点和消极方面，国家对市场进行有效的宏观调控。

24. 现代企业制度

现代企业制度是指以市场经济为基础，以企业法人制度为主体，以有限责任制度为核心，以产权清晰、权责明确、管理科学为条件的新型企业制度。

25. 产权制度改革

产权制度改革又被称为“所有制改革”，简称“产改”或“改制”。此概念为中国经济市场化道路上最“正统”和最普遍的提法。其主要是指把社会主义经济中政企不分、产权不明、不自主经营、不自负盈亏的企业，改造成为政企分开、产权明确、自主经营、自负盈亏的企业，是对产权关系和产权运行规则进行的变革。通常所说的公司制改造、联合、兼并、股份合作制、出售等行为都属于产权制度改革，公司制改造是产权制度改革的一种主要形式。

26. 科学发展观

科学发展观由中共中央于 2003 年提出，其最初与基本表述为：坚持以人为本，树立全面、协调、可持续的发展观，促进经济社会和人的全面发展；按照统筹城乡发展、统筹区域发展、统筹经济社会发展、统筹人与自然和谐发展、统筹国内发展和对外开放的要求，推进改革和发展。

27. 国家创新战略

国家创新战略是指一个国家为提升其国家创新能力而对教育、科技、经济、国家安全等方面所制定的带有全局性的指导方针、发展思路、重大举措等。

三、习题

(一) 填空题

1. 梅奥对其领导的霍桑试验进行总结，认为工人是________。
2. 命令统一原则是指__________。
3. ________提出了著名的“X-Y”理论。
4. 第一个对管理职能进行系统论述的学者是_______。
5. 行为科学理论对人性的假设是“_______”。
6. 古典管理理论对人性的基本观点认为，人是_______。
7. 需要层次论的提出者是_______。
8. 最早提出管理十四项原则的管理学家是_________。
9. 双因素理论所说的“双因素”是指_________和_________。
10. 亚伯拉罕·马斯洛所提出的关于人们需求和满足的理论被称为_________理论。
11. 美国心理学家弗雷德里克·赫茨伯格于 1959 年提出_________理论。
12. 一个下级在任何活动中只应接受一位上级的直接命令，这就是法约尔提出的_________。
13. “福特生产方式”在世界工业化史上具有重大意义，它标志着人类进入________时代。

14. 吉尔布雷斯夫妇创立的管理体系被称为________。

(二) 判断题

1. 科学管理仅适用于工业企业。( )
2. 法约尔认为企业从事 6 项基本经营活动。( )
3. 法约尔认为企业具有 5 种基本管理职能。( )
4. 关于工长对工人的管理，泰罗提出一种“职能工长制”。( )
5. 科学管理对人性的假设是“社会人”的假设。( )
6. 吉尔布雷斯夫妇是管理方法中权变理论的重要贡献者。( )
7. 行政性组织体系仅适用于工业企业。( )
8. “霍桑试验”研究得出的结论让人们在组织管理和目标实现的过程中开始强调人的行为。( )
9. 管理的数量方法由解决第二次世界大战时军事问题的数学和统计方法演变而来。( )
10. 系统观点帮助管理者把企业当作一个独立的单元来看待，因此哪里出现问题就把哪里隔离起来。( )
11. 一个系统是一个相互关联和相互依赖的组成部分，它们共同构成一个统一的整体。( )
12. 霍桑试验持续了数年并由几个不同的实验组成，这一研究对组织行为学的发展做出了最重要的贡献。( )

(三) 单项选择题

1. “科学管理理论”的创始人是( )。

A. 泰罗　　B. 巴贝奇　　C. 甘特　　D. 福特

2. 用科学方法定义工作的“最好方法”是由( )开创的。

A. 泰罗　　B. 韦伯　　C. 法约尔　　D. 亚当 • 斯密

3. 吉尔布雷斯夫妇设计了一个分类体系，分析了 17 种手的动作，他们将这套体系称为( )。

A. 楔子　　B. 把手
C. 动作分类体系　　D. 莉莲体系

4. ( )提出了 14 项管理原则，并认为这些原则广泛适用于任何管理系统。

A. 玛丽 • 福莱特　　B. 马克斯 • 韦伯
C. 亚当 • 斯密　　D. 亨利 • 法约尔

5. 俗话说“一山难容二虎”“一条船不能有两个船长”。从管理的角度来看，对这些话的如下解释，你认为最为恰当的是( )。

A. 在领导班子中如果有多个固执己见的人物最终会降低管理效率

B. 对于需要高度集权管理的组织不能允许有多个直线领导核心
C. 一个组织中的能人太多必然会造成内耗增加从而导致效率下降
D. 组织中不能允许存在两种以上的观点，否则易造成管理混乱

6. 梅奥通过“霍桑试验”得出，人是(　　)。
A. 经济人　　B. 社会人　　C. 理性人　　D. 复杂人

7. “霍桑试验”对(　　)管理理念产生了巨大的影响。
A. 高层管理者承诺的重要性
B. 组织中个人行为的作用
C. 管理中科学原则的重要性
D. 组织可以通过多种方式运用官僚等级原则

8. 韦伯提出的理想组织形态是(　　)。
A. 行政性组织　　B. 神秘化组织　　C. 传统的组织　　D. 现代的组织

9. (　　)是一种组织形式，其特征是依赖劳动分工原则，具有清晰定义的层次，详细的规则和规章制度，以及非个人关系。
A. 官僚行政组织　　B. 学习系统　　C. 矩阵　　D. 电子企业

10. 根据马斯洛的需求层次理论，下列主导需要可能是安全需要的是(　　)。
A. 总经理　　B. 失业人员
C. 刚刚参加工作的大学生　　D. 工厂的一线操作人员

11. 根据麦格雷戈的理论，有人希望有正规化的组织与规章条例来要求自己的工作，而不愿参与问题的决策，这种人欢迎以(　　)指导管理工作。
A. X 理论　　B. Y 理论　　C. 超 Y 理论　　D. Z 理论

12. 双因素理论中的保健因素，是指(　　)。
A. 能影响和促进职工工作满意度的因素
B. 能保护职工心理健康的因素
C. 能影响和预防职工不满意感发生的因素
D. 能预防职工心理疾病的因素

13. 中国企业引入奖金机制的目的是发挥奖金的激励作用，但目前，许多企业的奖金已经成为工资的一部分，奖金变成了保健因素。这说明(　　)。
A. 双因素理论在中国不怎么适用
B. 保健和激励因素的具体内容在不同国家是不一样的
C. 防止激励因素向保健因素转化是管理者的重要责任
D. 将奖金设计成为激励因素本身就是错误的

14. 一般来说，(　　)来源并发展于第二次世界大战时期用数学和统计方法解决军队问题。
A. 官僚行政组织　B. 定量方法　　C. 学习型组织　　D. 电子商务

15. 王副厂长在检验其公司在生产产品过程中使用到的人力资源、资金和技术时，根据开放系统的观点，王副厂长是在检验这个系统的(　　)。
A. 输入　　B. 输出　　C. 转换过程　　D. 组织的相互依赖

16. 当今，我们把组织描绘为一个系统时，指的是(　　)。
A. 开放系统　　B. 封闭系统
C. 全面质量管理　　D. 全球化系统

(四) 多项选择题

1. 以下是在工业革命过程中发生的是(　　)。
A. 机器代替了人力
B. 商品的生产从家庭小作坊转移至工厂
C. 对管理人员的需求增加
D. 以上各项都是
E. 以上各项都不是

2. 法约尔提出管理的职能包括(　　)。
A. 计划　　B. 组织　　C. 指挥
D. 协调　　E. 控制

3. 在法约尔提出的管理十四条原则中包括(　　)。
A. 权责相当　　B. 统一领导　　C. 报酬合理
D. 集权和分权　　E. 集体精神

4. 韦伯理想的官僚组织的主要特征为(　　)。
A. 劳动分工与权力体系　　B. 正规选择
C. 规章制度　　D. 非人格化　　E. 职业导向

5. 人群关系学派的主要观点有(　　)。
A. 企业的职工是社会人
B. 满足工人的社会欲望是提高生产效率的关键
C. 企业中实际存在着一种非正式组织
D. 人的行为都是由一定的动机引起的
E. 企业应采用新型的管理方法

6. 马斯洛将人的需求划分为(　　)几个层次。
A. 生存的需求　　B. 安全的需求　　C. 社交的需求
D. 尊重的需求　　E. 自我实现的需求

7. 根据赫茨伯格的双因素理论，以下属于激励因素的有(　　)。
A. 与同事的关系　　B. 提升　　C. 个人发展的可能性
D. 工资　　E. 受到重视

8. 下列观点属于系统理论观点的是(　　)。
A. 强调相互依赖
B. 组织中一个部分的决策和行为会影响组织中其他的部分
C. 组织中一个部分的决策和行为不会影响组织中其他的部分
D. 组织并不能自给自足

E. 组织能够自给自足

9. “霍桑试验”得出的结论有(　　)。
   A. 行为和情绪紧密相关
   B. 团队因素对于个人的行为有重要影响
   C. 团队的标准决定个人的产出
   D. 在决定团队的产出标准上，金钱比起小组的情绪和工作保障来说是相对重要的因素
   E. 在决定团队的产出标准上，金钱比起小组的情绪和工作保障来说是相对次要的因素

10. 以儒家思想为代表的中国传统管理思想和管理文化的内核可以归纳为 (　　)。
    A. 民本　　B. 中庸　　C. 人和
    D. 义利　　E. 教育

11. 曾被毛泽东主席誉为旧中国实业界“四个不能忘记”的人物是指(　　)。
    A. 张之洞　　B. 张謇　　C. 荣德生
    D. 范旭东　　E. 卢作孚

12. 中共“十五大”对国有大中型企业的公司制改革必须按照(　　)的要求进行规范。
    A. 产权清晰　　B. 权责分明　　C. 政企分开
    D. 抓大放小　　E. 管理科学

13. 国家创新战略的提出有着重要的现实背景，主要是(　　)。
    A. 我国国民经济的科技贡献率不足，与世界创新型国家相比差距较大
    B. 与周边不少国家关系紧张趋势不断加剧
    C. 我国人均能源、水资源、土地资源的供应严重不足
    D. 多种形式的国际恐怖主义对我国威胁日益加强
    E. 在全球化进程当中，我国企业面临着越来越严重的国际竞争压力

(五) 简答题

1. 泰罗的科学管理理论的主要内容有哪些?
2. 为什么说泰罗是“科学管理之父”?
3. 法约尔提出了哪些管理职能和管理原则?
4. 韦伯所提出的理想的行政组织具有哪些特点?
5. 试述人群关系理论的主要内容。
6. 简述马斯洛需求层次理论的主要观点。
7. 试述麦格雷戈的 X 理论和 Y 理论的主要内容。
8. 简述赫茨伯格的“双因素”理论的基本观点。
9. 试述系统管理理论的基本观点。
10. 试述决策理论的主要观点。
11. 如何理解中国传统管理思想和管理文化的内核。

(六) 案例分析题

1. 【案例一】

管理理论真能解决实际问题吗?

海伦、汉克、乔、萨利都是美国西南金属制品公司的管理人员。海伦和乔负责产品销售，汉克和萨利负责生产。他们刚参加完在大学举办的为期两天的管理培训学习班。在培训班里主要学习了权变理论、社会系统理论和一些有关职工激励方面的内容。他们对所学的理论有不同的看法，现在正展开激烈的争论。

乔说："我认为社会系统理论对我们这样的公司是很有用的。例如，如果生产工人偷工减料或做手脚，当原材料价格上涨时，就会影响我们的产品销售。系统理论中讲的环境影响与我们公司的情况很相似。我的意思是，在目前这种经济环境中，一个公司会受到环境的极大影响。在油价暴涨期间，我们当时还能控制自己的公司。现在呢？我们在销售方面每前进一步，都要经过艰苦的战斗。个中艰辛你们大概都深有感触吧？"

萨利说："你的意思我已经知道了。我们的确有过艰苦的时期，但是我不认为这与社会系统理论之间有什么必然的内在联系。我们曾在这种经济系统中受到过伤害，当然，你可以认为这与系统理论是一致的，但是我并不认为我们就有采用社会系统理论的必要。我的意思是，如果说每个东西都是一个系统，而所有的系统都能对某一个系统产生影响，那么我们又怎么能预见到这些影响所带来的后果呢？所以，我认为权变理论更适用于我们公司。如果说事物都是相互依存的，那么系统理论又能给我们什么帮助呢？"

海伦对他们这样的讨论表示有不同的看法。她说："对社会系统理论我还没有很好地考虑。但是，我认为权变理论对我们是很有用的。虽然我们以前也经常采用权变理论，但是我却没有认识到自己是在运用权变理论。例如，我有一些家庭主妇顾客，经常听到她们讨论关于孩子、如何度过周末等问题，从她们的谈话中我就知道她们要采购什么东西了。顾客也不希望我们'逼'他们去买不需要的东西。我认为，如果我们能花上一两个小时的时间与他们自由交谈，那么肯定会扩大我们的销售量。但是，我也碰到过一些截然不同的顾客，他们一定要我向他们推荐产品，要我替他们在购货中做主。这些人也经常到我这里来，但不是闲谈，而是做生意。因此，你们可以看到，我每天都在运用权变理论来应对不同的顾客。为了适应形势，我经常改变销售方式和风格，许多销售人员都是这样做的。"

汉克显得有些激动地说："我不懂这些被大肆宣传的理论是什么。但是，关于社会系统理论和权变理论问题，我同意萨利的观点。教授们都把自己的理论吹得天花乱坠，他们的理论听起来很好，但是却无助于我们的实际管理。对于培训班上讲的激励要素问题我也不同意，我认为泰罗在很久以前就对激励问题有了正确的论述，要激励工人，就是要根据他们所做的工作付给他们报酬。如果工人什么也没有做，则不用付任何报酬。你们和我一样清楚，人们只是为钱工作，钱就是最好的激励。"

问题：

(1) 你同意哪一个人的意见？他们的观点有什么不同？

(2) 如果你是海伦，你如何让萨利信服系统理论？

(3) 你认为汉克关于激励问题的看法怎么样？他的观点是属于哪一种管理理论的观点？

2. 【案例二】

管理该如何去学？

从2002年起，上海对外贸易学院四年级工商管理专业的学生就迎来了一门由工商管理专业的教师和公司的管理者共同合作完成的新课程——管理理论与实践。

对于绝大多数的传统课程来说，一般都是由一位教师独立完成的。而“管理理论与实践”这门新课的创新之处在于，对工商管理专业的教师来说，其工作量只占全部课程时间的1/3，其工作主要包括课程的设计和组织、联系落实商界人士作为外聘教师进行授课、对所学的管理理论进行复习、带领学生去企业参观等；而另外2/3的课程，则由外聘教师来完成。

黄伟是上海利盟进出口有限公司的常务副总经理，作为上海对外贸易学院毕业的经济学硕士，黄伟非常愿意利用业余时间在大学的课堂上与未来的管理者共同探讨一些管理与进出口业务方面的问题，共同思考一些源于自己企业的新鲜而真实的案例，“管理理论与实践”这门新课的推出，为黄伟提供了与学生进行沟通交流的机会。

黄伟上课的方式是非常强调互动的。他在课上或者课后经常会要求学生进行信息反馈，不仅要求与学生在教学内容上进行双向沟通，而且也会经常要求学生对其教学方法和教学手段进行实时评估。

这是黄伟第二次给学生们上课了。这一天，黄伟与学生讨论的是一个几天前发生在自己公司的进出口贸易方面的案例，但学生对这个案例的讨论好像并不积极，即使发言的学生，似乎也都没有能讨论到这个案例的关键点上。

在课间休息时，学生张月对黄伟说道：“我们是工商管理专业的学生，外贸实务方面的知识是都学过了，但学得并不扎实，因此讨论起来难度太大。再说，我们大多数人今后也不会去从事国际贸易工作。因此，希望以后还是能讨论一些其他方面的案例吧。”

学生王以东说道：“黄总，在今后的课程中，您能否多给我们讲一些管理实务方面的知识，对我们大四的学生来说，学了大量的经济和管理理论之后，目前最想知道的是到底如何去运用、操作。”

学生姚青也有同感：“我们的国际贸易有实务操作方面的课程，但管理方面就没有类似的课程，因此，我们希望这堂课能为我们提供更多的管理业务操作方面的知识。”

“好的，我会在今后的课程中加强这方面的内容。”黄总说道，“但是，我对大家刚才上课时的表现并不太满意，很多知识，大家似乎都比较陌生。这些知识点大家在以前的课上都应该学到过，而且也是能够掌握的，但今天的实际情况却似乎并非如此，这让我感到很意外。”

姚青说道：“事实情况是，刚才的案例讨论所需的知识，我们以前所学的教科书上是有专门一章的，但当时老师在上课时并没有系统地讲解，考试时也不要求考这部分的内容，因此，才会有刚才讨论时的冷场。”

黄总说道：“我认为，对商学院的学生来说，在大学阶段，所有的知识点都是很重要的。将来工作的时候，领导安排的工作做不好，是不可以以老师没教过作为理由的。所有的知识都应该自己去学、去悟的。再说了，管理知识并非仅就是工商管理专业所涉及的知识，我这个常务副总经理每天最主要的工作就是审核业务经理所签的各种合同，如果我无法胜任工作，是不可能以我不是法律专业毕业为理由的。”

“那为什么你们公司不能设几个法务部呢，这不是更专业化吗？”张月表示不解。

“众所周知的理由——成本因素。”黄总回答道。

学生王以东问道：“黄总，你上课时曾提到过一个观点说，一个好的管理者一定要有悟性，但到底什么是悟性呢？”

“现在企业对大学生的要求是，你来了就能够派上用场。公司在一开始的几个月可能会让你熟悉一下不同的岗位。但是，不要指望别人会教你该如何做，这全靠自己去领悟的。再者，在进行具体的业务工作时，很多学生都是知道实务操作 ABC 的，即简单的、重复性的操作步骤，但实践中的很多问题并不都能简单地归纳为 ABC，因此，几个月之后，当你需要 DEF，即需要自己去构筑一个商务平台时，你可能就无法胜任新的挑战了。而完成这部分工作，常常需要你能够将各种所学的理论应用到实践中来。这时，每个人的应用能力往往是不一样的，因为在应用理论时，有各种各样的理论可供选择和运用，这还需要你能将实际面对的各种繁杂的问题归纳为一些理论所能解决的范式，并且往往还需要你能够综合地考虑自己公司所能承受的诸如成本、实力等内部条件。因此，我认为这种综合处理问题能力的核心就是悟性。所以，很多学生在毕业工作一两年之后，就能看出谁较有悟性，具有很大的发展潜力，而谁可能永远只能做简单的、重复性的工作了。”

姚青说道：“既然黄总认为管理更需要的是悟性，那么是否可以认为，管理本质上就是一门艺术呢？如果说管理是一门艺术，那对没有实践工作经验的本科学生来说，应具备怎样的管理知识和能力，才能适应未来的工作和实践呢？”

(资料来源：徐波. 管理学案例集[M]. 上海：上海人民出版社，2004.)

问题:

(1) 如何理解“管理既是科学又是艺术”？

(2) 管理理论有何作用？如何理解管理实务与管理理论应用的联系与区别？

四、参考答案

(一) 填空题

1. 社会人
2. 一个下级只接受来自一个上级的直接指挥
3. 道格拉斯 • 麦格雷戈
4. 亨利 • 法约尔
5. 社会人
6. 经济人
7. 亚伯拉罕 • 马斯洛
8. 亨利 • 法约尔
9. 保健因素　激励因素

10. 需要层次
11. 双因素
12. 命令统一原则
13. 大规模生产
14. 动作研究

(二) 判断题

1. 错	2. 对	3. 对	4. 对
5. 错	6. 错	7. 错	8. 对
9. 对	10. 错	11. 对	12. 对

(三) 单项选择题

1. A	2. A	3. C	4. D
5. B	6. B	7. B	8. A
9. A	10. B	11. A	12. C
13. C	14. B	15. A	16. A

(四) 多项选择题

1. ABCD	2. ABCDE
3. ABCDE	4. ABCDE
5. ABCDE	6. ABCDE
7. BCE	8. ABD
9. ABCE	10. ABCDE
11. ABDE	12. ABCE
13. ABCE	

(五) 简答题

1. 泰罗的科学管理理论的主要内容有：第一，进行了工作效率和工作定额的研究；第二，科学地挑选和使用工人；第三，实行标准化作业；第四，实行差别计件工资制；第五，进行工作职能分析；第六，提出管理的例外原则。

2. 泰罗所创立的科学管理在管理实践和理论上具有重要贡献。由于提倡科学管理，用科学的管理方法代替传统的、凭经验进行管理的方法，直接促进了当时美国工厂生产效率的提高和工厂管理的根本变革；科学管理思想开始在社会机构、出版物和各种会议中广泛传播和交流，当时的一些高等院校也开始纷纷设立管理学这门课程，这些都标志着管理学具有了自己独立的研究对象，成了一门独立的学科。

3. 法约尔提出了计划、组织、指挥、协调、控制五项管理职能及十四项管理原则，即劳动分工、职权与职责、纪律、统一指挥、统一领导、个人利益服从整体利益、人员报酬要合理、集权与分权、等级链与跳板、秩序、公平、人员稳定、首创精神、人员团结。

4. 韦伯所提出的理想的行政组织的特点有：第一，劳动分工。把组织内的工作进行分解，使每个职位都有明确规定的权责范围，人员按职业专业化进行分工。第二，职权等级。公职和职位应当按等级来组织，每个下级都处在一个上级的控制和监督下。第三，人员任用。人员任用要完全根据职务的要求，通过正式考试和教育培训来实行。第四，管理人员。管理人员有固定的薪金和明文规定的升迁制度，是一种职业化的管理人员。第五，遵守规则和纪律。管理人员必须严格遵守组织中规定的规则和纪律及办事程序。第六，组织中人员之间的关系。组织中人员之间的关系完全以理性准则为指导，形成职位关系而不受个人情感的影响。

5. 人群关系理论的主要内容有：第一，工人是“社会人”而不是“经济人”。第二，企业中存在着非正式组织。第三，生产效率主要取决于职工的工作态度及与周围人的关系。第四，企业管理者应树立新型的领导方式。

6. 马斯洛认为，人的基本需要按其重要性和由低到高发生的顺序可分为五个等级：①生理需要。这是人的最原始、最基本的需要，包括衣、食、住、行、医疗保健、婚姻等需要，不满足这些需要，人便无法生存下去，当然就没有动力进行其他活动。②安全需要。当生理的需要得到满足以后，就会有安全的需要了，包括劳动中的安全措施、职业病的避免、不公正待遇的去除及对未来的保障。③社交需要。在生理和安全的需要满足以后，人的社会性需要如协调的集体、同事的友谊、丰富多彩的业务条件等，就成为突出的了。它与民族、文化传统、教育、信仰等是密切相关的。④尊重需要。其包括个人自尊心、自信心、求知欲、地位欲望及受到他人尊重和赞赏等。⑤自我实现需要。这是需要等级中层次高的一级，它可以理解为我们通常所说的事业心，即人可以自觉地充分发挥自己的聪明才智的一种内在需要。

7. X 理论的主要内容包括：①一般的人天生好逸恶劳，尽可能地逃避工作；②一般的人情愿受人指导，尽可能地避免担负责任；③一般的人个人目标和组织目标往往相矛盾，必须用强迫、控制、指挥并用惩罚等手法，使其做出适当努力来实现组织目标；④一般的人都缺乏理智，不能克制自己，很容易受别人影响。

Y 理论的主要内容包括：①工作中消耗体力和脑力，正如游戏和休息一样，厌恶工作并不是人的本性；②外力的控制和处罚并不是促进人们为组织目标做出努力的唯一手段，还有自我控制和自我指导；③人们承担责任的程度是与他们的成绩及其报酬大小成比例的，即如果给人提供适当的机会，就能将其个人目标与组织目标相统一；④在适当的条件下，一般的人不仅学会接受任务，而且也学会寻求承担任务；⑤大多数人，而不是少数的人，具有运用相对而言的高度想象力、聪明才智和创造能力；⑥在现代工业生活条件下，一般的人只是部分地发挥了其潜在能力。

8. 赫茨伯格把影响人的行为因素分为两类：一类是工作环境和工作关系方面的因素，称为保健因素，如公司的政策、管理、监督、工资、同事关系，工作条件等；另一类是工作内容本身方面的因素，称为激励因素，如成就、上级赏识、工作责任、个人进步等。他认为保健因素只能消除职工的不满，但不能起到调动积极性的作用，只有激励因素才能使人们感到满意，调动人们的工作积极性。作为组织的管理者，不仅要满足人们的保健因素，更要满足人们的激励因素。

9. 系统管理理论的基本观点：第一，组织作为一个开放的社会技术系统，是一个由许多子系统或分系统构成的整体，这些分系统之间既相互独立，又相互作用，不可分割，从而构成一个整体。这些系统还可以继续分为更小的子系统。第二，企业是由人、物料、机器和其他资源在一定的目标下组成的一体化系统，它的成长和发展同时受到这些组成要素的影响，在这些要素的相互关系中，人是主体，其他要素则是被动的。管理人员需力求保持各部分之间的动态平衡、相对稳定、一定的连续性，以便适应情况的变化，达到预期目标。同时，企业还是社会这个大系统中的一个子系统，企业预定目标的实现，不仅取决于内部条件，还取决于企业外部条件，如资源、市场、社会技术水平、法律制度等，它只有在与外部条件的相互影响中才能达到动态平衡。第三，如果运用系统观点来考察管理的基本职能，可以把企业看成一个投入—产出系统，投入的是物资、劳动力和各种信息，产出的是各种产品(或服务)。运用系统观点使管理人员不至于只重视某些与自己有关的特殊职能而忽视了大目标，也不至于忽视自己在组织中的地位与作用，可以提高组织的整体效率。

10. 决策理论的主要观点有：第一，决策贯穿于管理的全过程，管理就是决策；第二，决策是一个复杂的过程，包括提出目标、拟订方案、比较方案、选定方案和实施方案等几个阶段；第三，在决策标准上，用“满意度”原则代替“最优化”原则；第四，决策可以进行多种分类，例如，根据决策活动是否反复出现，可分为程序化决策和非程序决策；根据决策条件可以分为确定型决策、风险型决策和不确定型决策等。

11. 中国古代传统管理思想在治国安邦、法制、经济管理、系统理论等方面，具有许多著名论断和独到的见解，需要我们认真学习、发掘和研究。近年来，国内管理学界关于“中国式管理”成为热门议题，恰是反映了人们希望从中国传统文化中发掘出管理智慧并运用于现代管理的热切愿望，其实质是一个如何正确认识、评价、继承和借鉴历史文化遗产并发扬光大的问题。

应该将中国传统管理思想和管理文化立足于中国特定的历史文化环境和条件上，突出中华文化传统、价值观和思维模式的民族特性，权变式地应用现代管理学理论、方法和技术解决中国的管理问题，并在这个过程中丰富、充实现代管理学这一科学理论大厦，这种态度和价值取向还是应该肯定的。但同时需要注意的是，不宜对作为独立性、系统性的所谓“中国式管理”做过高评价，而片面强调“中国式管理”的特异性，甚至将中国传统文化中的思想糟粕拿出来“发扬光大”，这是不可取的，也是有害的。

在科技发达、竞争激烈的全球化网络时代，我们要以海纳百川的广阔胸怀，发扬中华民族在文化上善于融合、善于吸收各方优点的长处，使中国传统文化中管理思想的精粹在现代条件下体现出应有的价值，为世界管理理论和思想的发展做出自己的一份贡献。

(六) 案例分析题

1. 《管理理论真能解决实际问题吗？》案例分析。

(1) 本案中的四个人物由于处在不同的管理岗位，所担负的工作内容和职责不同，所以他们都从各自岗位出发来认识管理问题，因而观点与结论迥然不同。乔从事销售管理工作，更关注产品的信誉、质量、价格等问题，因而他力图从系统理论中的内外因素相互联系与作用的观点来考虑销售。萨利从事生产管理工作，更注重生产过程的连续性、规范性、程序性、纪律性，因而更同意权变理论，即根据不同的产品设计、工艺、时间、批量等要求来合理安排人员、任务及生产过程，使生产过程管理能更有针对性和有效性。海伦从事的是销售工作中的推销工作，直接与各种顾客打交道，因而她认为权变理论更为实用，即根据不同顾客的特点采取不同的促销方式。汉克是从事现场生产管理的，因而更多地关心激励问题，由于管理对象是一线工人，因此汉克更赞成 X 理论观点，即认为工人只为金钱而工作，管理方式上采取奖勤罚懒。

(2) 要说服别人信服系统理论，主要应从系统的特性，即整体性、相关性、层次性、动态性、环境适应性等并结合企业情况来说明。例如：生产过程包括工序、工艺、质量、设备、人员、时间、库存、成本等方面的问题，这些问题都是相互联系的，同时与企业其他部分如营销、计划、财务、考勤、设计开发等部门都存在着相互关系，所以应以全局优化的系统观点来从事管理工作。

(3) 汉克关于激励问题的看法有其正确的一面，他的观点主要属于泰罗“科学管理”理论，是一种古典的管理思想，其基本出发点是基于“经济人”的假设，即认为人的工作动力来自对自身经济利益的追求，做有利可图的事，利大大干，利小小干，无利不干，趋利避害，是为经济人理性。应该指出的是，经济人理性的观点首先是一种历史的进步，并还将长期存在于人类社会生活的多个层面和多种场合，但是如果仅仅只看到人性的“经济人”一面，则失之简单，是片面的观点，强调了人的物质需要，而忽视了人的社会需要。现代西方管理学倾向于认为，人性具有多个层面，除“经济人”假设外，还有“组织人”“社会人”“复杂人”等多种假设，它们共同构成现代管理学激励理论的基础。

2. 《管理该如何去学？》案例分析。

(1) 关于管理是科学还是艺术，哈罗德·孔茨、海因茨·韦里克在其编著的《管理学》(第 10 版)中指出：管理工作，如同医学、作曲、工程设计、会计工作甚至棒球运动等实践活动，是一门艺术。管理是“技巧”，即依据实际情况行事。运用条理有序的管理学知识，管理人员会把管理工作完成得更好，也正是这种知识构成了科学。因此，管理实践是一门艺术，而指导这种实践活动的有条理的知识，可以称之为一门科学。

(2) 管理理论的作用。在管理领域，理论的作用在于提供一种手段，把重要的和有关的管理知识进行分类。管理方面的原则是基本真理(或者说，在一定时间内被认为是真理)，用于解释两组或多组变量之间的关系，通常说明一个自变量和一个因变量之间的关系。原则可能是叙述性的，或者是预测性的，但绝不是指示性的。也就是说，原则用以说明变量间的联系，说明变量相互作用时，会发生什么情况。原则并不规定人们应该做什么。

第三章

管理道德与社会责任

一、教学要点

1. 管理道德问题的提出
2. 道德的概念
3. 管理道德的含义
4. 道德功利观的含义
5. 道德权利观的含义
6. 道德公正观的含义
7. 综合社会契约道德观的含义
8. 影响管理道德的因素
9. 改善管理道德行为的途径
10. 企业社会责任的含义
11. 两种不同的社会责任观
12. 企业对其主要利益相关者所承担的社会责任

二、重要名词解释

1. 道德

道德通常指用来明辨是非的规则或原则，它是一定社会用以调整人与人之间及人与社会之间关系的行为准则和规范的总和。

2. 管理道德

管理道德是指规定管理行为是非的惯例或原则的总和。简而言之就是人们判断已结案事情对与错的原则和信条。这些原则与信条是企业处理与他人和社会关系的指导，也是判断自己行为是否正确或恰当的基础标准。

3. 道德功利观

道德功利观主张以行为结果即所获得的功利来判断人类行为是否道德。当某行为能给行为所及的大多数人带来最大利益时，它便是道德的；反之，便是不道德的。道德功利观鼓励人们提高效率，符合多数人的利益最大化。

4. 道德权利观

所有人都享有基本权利，诸如个人隐私权、言论自由权、受教育权、医疗保障权及法律规定的其他各项基本权利，只有尊重和保护个人基本权利的行为才是道德的。

5. 道德公正观

管理者在决策时应公正公平地实施规则，即公平地对待每个人，不偏不倚才符合道德原则。管理者不会因为种族、性别、个性、国籍、户籍等因素对部分员工产生歧视。

6. 综合社会契约道德观

综合社会契约道德观主张把实证(是什么)和规范(应该是什么)两种方法并入管理道德中，即要求决策人在决策时综合考虑实证和规范两个方面的因素。这种道德观综合了两种“契约”：一种是一般的社会契约，这种契约规定了交易的程序；另一种是一个社区中特定数量的人当中的较特定的契约，这种契约规定了哪些行为是可以被接受的。

7. 企业社会责任

企业在承担法律义务(企业遵守所在国和地区的有关法律法规)和经济义务(为投资者实现保值增值的义务)之外，还应承担追求对社会有利的长期目标的义务。

8. 社会义务

社会义务是对企业在法律上和经济上最基本的要求，是企业参与社会责任的基础。一个企业仅履行了法律上和经济上的义务，可以说它已履行了自己的社会义务，但还不能认定它承担了社会责任。

9. 社会反应

社会反应是企业适应不断变化的社会环境的能力，它是企业对社会压力做出的反应。它需要对社会变化保持一种敏感，更多地认识到流行的社会准则，然后改变其社会参与方式，从而对社会状况做出积极的反应。

三、习题

(一) 填空题

1. 从广义上来讲，一个企业的管理道德取决于组织环境中的________、________和高层管理人员的________。

2. 当前，在企业的管理道德中有几种相关的道德观，即________、________________和________。

3. 功利主义的目标是为尽可能多的人提供尽可能多的________。

4. 道德权利观认为，只有尊重和保护________的行为才是道德的。

5. 研究表明，人们的道德意识及其行为表现有一个发展过程，一般要经历__________、________和________三个层次。

6. 遵守规则以避免受到物质惩罚及只在符合你的直接利益时才遵守规则，这是道德发展过程中________道德所经历的两个阶段。

7. 做你周围的人所期望的事及通过履行你允诺的义务来维持平常秩序，这是道德发展过程中________道德所经历的两个阶段。

8. 个人特征对道德行为具有影响，而个人特征主要受两个变量影响，即_________和________。

9. 在企业中对某个问题如果采取不道德的处理行为所带来的后果的严重程度，被称为________。

10. 在企业是否需要承担社会责任这一问题上，存在两种截然不同的观点，一是________，二是________。

11. ________是对企业最基本的要求，是企业参与社会责任的基础。

12. 调查研究已证明，企业承担社会责任与其经营绩效之间呈________关系。

13. 员工、顾客、投资者、竞争者、社区、环境等与企业构成了经济利益共同体，它们是企业履行社会责任的主要________。

14. 企业对环境的社会责任主要表现在两个方面，即_________和________。

(二) 判断题

1. 挑选高道德素质的员工并不能改善企业的伦理行为。(　)

2. 合乎伦理的管理超越了法律的要求。(　)

3. 伦理与法律一样，需要通过行政命令或法定程序来制定或修改。(　)

4. 功利主义的目标是为尽可能多的人提供尽可能多的利益。(　)

5. 权利至上的道德观认为决策要在尊重和保护个人基本权利的前提下做出。(　)

6. 一般来讲，公平主义的伦理观不利于培养员工的风险意识和创新精神。(　)

7. 只受个人利益影响的道德发展层次是惯例层次的道德。(　)

8. 企业面临的压力越大，越可能降低其伦理标准。(　)

9. 如果大多数人认为某种行为是邪恶的，那么对管理者的伦理行为也会产生较大的影响。(　)

10. 一般来说，某种管理行为发生并造成实际伤害的可能性越高，表明其问题强度就越大，则管理者就越有可能采取道德行为。(　)

11. 定期或不定期培训员工的举措不属于企业的伦理行为。(　)

12. 正式的规章制度会减少伦理行为的产生。(　)

13. 关于企业社会责任有两种截然不同的观点，其中古典观认为，企业的社会责任就是为股东增加利润。(　)

14. 在企业社会责任问题上，社会经济观认为，企业追求社会目标会冲淡企业提高生产率这一基本使命。(　)

15. 企业对顾客的伦理行为的首要表现是应该提供安全的产品。(　)

16. 企业对自己的竞争对手也负有社会责任。(　)

(三) 单项选择题

1. 市场经济中要提倡“以义治商”和“以义取利”，这里的“义”指的是(　　)。
A. 义气　B. 法律　C. 和气　D. 伦理道德

2. 下列关于伦理的说法正确的有(　　)。
A. 合乎伦理的管理具有他律的特征
B. 具有外在控制中心的人，伦理判断和伦理行为可能更加一致
C. 合乎伦理的管理超越了法律的要求
D. 合乎伦理的管理仅把遵守伦理规范视作组织获利的一种手段

3. 下列理论观当中，要求管理者考察各行业和各公司中现有的伦理规则的是(　　)。
A. 功利主义伦理观　B. 权利至上伦理观
C. 公平原则伦理观　D. 综合社会契约伦理观

4. 接受(　　)的管理者可能决定向新来的员工支付比最低工资高一些的工资。
A. 功利主义伦理观　B. 权利至上伦理观
C. 公平原则伦理观　D. 综合社会契约伦理观

5. 如果一个人做周围人所期望的事，那么他正处于道德发展的(　　)阶段。
A. 前惯例　B. 惯例　C. 原则　D. 强化

6. 如果一个人坚定地遵守自己所选择的伦理准则，即使这些准则违反了法律，他应该是处于道德发展的(　　)阶段。
A. 前惯例　B. 惯例　C. 原则　D. 强化

7. 下列概念中用于衡量人们在多大程度上是自己命运主宰的是(　　)。
A. 自我强度　B. 控制中心　C. 强化中心　D. 目标效价

8. 当公司向非洲发展中国家销售不利于健康的、焦油含量较高的香烟时，具有较高自我强度的管理者很可能会(　　)。
A. 认为，因为香烟不利于健康，所以公司不应该销售，并积极阻止公司出售这种香烟
B. 认为，因为香烟不利于健康，所以公司不应该销售，但不采取措施阻止公司出售这种香烟
C. 不说出自己的想法，只是非正式地建议公司停止出售这种香烟
D. 不采取任何措施改变公司的现行做法，尽管也认为这种香烟不利于健康

9. 你不私自打开他人的钱包，窃取他人的钱财，却擅自携带公司办公用信纸回家私用，而不考虑道德问题。这种二分法的道德行为是由于(　　)所致。

A. 控制点　　B. 社会契约整合的影响
C. 问题强度　　D. 结构变量

10. 克制冲动并遵守内心信念的可能性最大的人是(　　)的人。

A. 自我强度高　　B. 自我强度低
C. 具有内在控制中心　　D. 具有外在控制中心

11. 为了改善组织的伦理行为，组织的高层管理者应该特别重视(　　)。

A. 新员工招聘　　B. 建立明确可行的工作目标
C. 定期的道德培训　　D. 以上都是

12. 如果一个管理者认为解雇其工厂中 20%的工人是正当的，因为这将增强工厂的盈利能力，使余下的 80%工人的工作更有保障及符合股东的利益。这位管理者的伦理观是(　　)。

A. 功利主义伦理观　　B. 权利至上伦理观
C. 公平原则伦理观　　D. 综合社会契约伦理观

13. 下列问题对管理者的道德行为影响较大的是(　　)。

A. 受伤害的人较少　　B. 很多人认为这种行为是邪恶的
C. 行为的后果出现得很晚　　D. 行为发生并造成实际伤害的可能性小

14. 企业提高空气污染标准以达到法律规定的最低水平是在实践(　　)。

A. 社会责任　　B. 社会义务　　C. 社会响应　　D. 问题强度

15. 企业发现自己生产的玩具存在安全隐患时，主动召回该产品是在实践(　　)。

A. 社会责任　　B. 社会义务　　C. 社会响应　　D. 问题强度

16. 研究表明，(　　)。

A. 社会责任与公司利润之间存在负相关关系
B. 社会责任对公司利润无直接影响
C. 社会责任与公司利润之间存在正相关关系
D. 社会责任对公司利润的影响依赖于问题强度

(四) 多项选择题

1. 伦理的特性包括(　　)。

A. 非强制性　　B. 非官方性　　C. 普适性
D. 扬善性　　E. 官方性

2. 从管理角度来讲，有关伦理的几种观点主要是指(　　)。

A. 功利主义的伦理观　　B. 权利至上的伦理观
C. 无政府主义的伦理观　　D. 公平原则的伦理观
E. 综合社会契约的伦理观

3. 影响管理伦理的主要因素中，下列应该包括的有(　　)。
   A. 当地所实行的经济制度
   B. 伦理道德的发展阶段
   C. 行为本身所涉及的伦理问题的严重程度
   D. 组织文化的内容和强度
   E. 管理者个人的道德信念强度
4. 道德发展所经历的三个层次，其顺序排列不正确的是(　　)。
   A. 原则层次、前惯例层次、惯例层次
   B. 原则层次、惯例层次、前惯例层次
   C. 前惯例层次、惯例层次、原则层次
   D. 前惯例层次、原则层次、惯例层次
   E. 惯例层次、前惯例层次、原则层次
5. 道德发展的前惯例阶段具有的特征有(　　)。
   A. 通过履行允诺的义务来维持平常秩序
   B. 只受个人利益的影响
   C. 尊重他人的权利
   D. 遵守规则以避免受到物质惩罚
   E. 做你周围的人所期望的事
6. 下列的企业措施与改善组织的伦理行为有关的是(　　)。
   A. 对绩效进行全面的评估
   B. 以市场占有率最高而不是利润最大化作为经营目标
   C. 建立伦理守则
   D. 建立独立的社会审计与监察
   E. 提供正式的保护机制
7. 关于影响管理伦理的结构变量，下列说法中不正确的是(　　)。
   A. 正式的规章制度会减少伦理行为的产生
   B. 在仅根据手段来评估绩效的组织，伦理标准会降低
   C. 管理者的行为是其个人的事情，对企业的管理伦理没有影响
   D. 压力越小，越可能降低伦理标准
   E. 压力越大，越可能降低伦理标准
8. 企业对员工的伦理行为主要体现在(　　)。
   A. 不歧视员工　　B. 不干涉员工　　C. 定期或不定期培训员工
   D. 营造一个良好的工作环境　　E. 民主管理、提高待遇、充分奖励等
9. 企业对顾客的伦理行为主要包括(　　)。
   A. 提供安全的产品　　B. 提供正确的产品信息
   C. 提供售后服务　　D. 提供必要的指导
   E. 赋予顾客自主选择的权利

10. 企业对投资者的伦理行为主要体现在(　　)。
    A. 要为投资者带来有吸引力的投资回报
    B. 要经常与投资者联络感情
    C. 要将企业财务状况及时、准确地报告给投资者
    D. 让投资者介入企业日常管理
    E. 让投资者减少投资
11. 企业对社区的伦理行为主要体现在(　　)。
    A. 参与所在社区的日常管理
    B. 为所在社区的居民提供劳动就业机会
    C. 增加当地的财政资源
    D. 对所在社区或特定社区的建设进行福利投资
    E. 以上都是
12. 企业对环境的伦理行为主要体现在(　　)。
    A. 与竞争者主动协调
    B. 环境保护
    C. 以“绿色产品”为研究和开发的主要对象
    D. 治理污染
    E. 对消费者主动让利

(五) 简答题

1. 什么是管理道德？
2. 管理道德有哪些基本观点？哪一种观点在企业经营中最流行？为什么？
3. 影响管理道德的因素有哪些？它们是如何影响管理者道德的？
4. 管理者可以通过哪些方法改善组织成员的道德行为？
5. 如何理解企业的社会责任？
6. 如果你是企业经营管理者，你将如何承担社会责任？

(六) 案例分析题

1. 【案例一】

开县井喷事故案警醒中国企业社会责任

“一二·二三”井喷特大事故是中国石油天然气行业事故伤亡人数最多的一次。2004 年 9 月，重庆市第二中级人民法院做出一审判决，“一二·二三”井喷事故案 6 名被告人分别被判刑 3～6 年。此次判决也给中国企业中漠视社会责任者敲响了警钟。

发生在 2003 年岁末的这场灾难造成了巨大伤亡，243 人因硫化氢中毒死亡、2142 人住院治疗、65 000 人被紧急疏散。一起石油天然气开采过程中常见的井喷，因为一些员工的疏忽和违章操作，酿成了令人潸然泪下的人间悲剧。中国石油天然气集团公司总经理马富才因此次事故辞去了总经理的职务。

石油行业曾经是中国能源工业发展史上的一个骄傲。人们至今忘不了20世纪60年代被誉为“铁人”的石油工人王进喜。他曾在危急时刻挺身而出，保住了巨大的国家财产，王进喜成了当时中国社会的英雄，同时也为石油行业赢得了荣誉。

中石油是中国目前超大型国有企业，在财富500强为数不多的中国企业中位列第一，也是H股中最赚钱、中国海外上市盈利最高的企业之一。此间一位分析人士认为，中石油对中国经济发展的贡献有目共睹，但企业的制度性缺失、员工的疏忽与失职等因素造成的这次特大事故，大大损害了这家企业的荣誉和形象。

据介绍，天然气开采这种高危行业的工作，应该进行事先的安全和环保评估，像发生事故的罗家16号井这样的天然气井，在1千米之内不应有常住居民。但事实是，井喷“重灾区”高桥镇的晓阳、高旺两个村的2400多名村民大都居住在距矿井1千米范围内。

灾难发生后，调查人员发现，忙于生产的钻井队从来没有给气井附近居住的村民讲解过井喷的危险和基本的安全防护知识，而这恰恰是从事高危产品生产的企业应尽的义务。

在法庭庭审中，被告人、原四川石油管理局川东钻探公司钻井十二队副司钻向一明表示，自己的“井控操作证”早过期了，按照规定无法承担副司钻岗位。被告人肖先素则表示，她任录井工以来，从来没有被培训过，关于录井工的业务知识和技能都是自学的。

法院的判决书中亦认为，目前，高含硫、高产天然气水平井的钻井工艺不成熟，罗家16号井在管理、技术、科学等层面存在欠缺，石油天然气开采行业缺少系统的安全生产规范、规程等，同样是造成井喷事故的客观因素。

中国经济近年来的高速发展让世界瞩目，但一些忽视自己社会责任的企业带来的环境和社会危害令人担忧。中国政府的决策层意识到这个问题后，提出了确保经济与社会、人与自然和谐发展的科学发展观。

一位参加了旁听的民众表示，希望这次判决不只是一种对事故直接责任人法律上的惩罚，它应当促使中国企业更多地关注和思考自己的社会职责。

(资料来源：http://www.chinanews.com/news/2004/2004-09-04/26/480444.shtml)

问题:

(1) 造成此次井喷事故的原因有哪些？其中的根本原因是什么？

(2) 企业忽视社会责任将造成什么样的危害？

(3) 结合案例谈一谈，企业应该怎样去重视并承担社会责任？

2. 【案例二】

中国移动“断臂扫黄”，每日损失1000万元

“宁可错杀三千，也不放过一个”——为彻底撇清与手机黄色网站之间的关系，中国移动宣布，从2009年11月30日起对所有WAP(一种向移动终端提供互联网内容和增值服务的全球统一的开放式协议标准)类业务合作伙伴暂停计费，全面清理。这是继2006年出台“二次确认”的SP政策之后，中国移动在行业监管方面打出的第二记重拳。不少SP、WAP网站及广告联盟现下都如坐针毡。一位SP负责人表示：“中国移动的做法确实打掉了黄色手机网站，但也将对整个产业链产生致命打击。”

手机淫秽色情网站往往是通过层层转包的收费链来获取经济利益，有的服务提供商在与电信运营商签订网络服务代收费合同后，又一层层地往下转包，每一层都有可能被手机淫秽色情网站利用。

为了切断这个产业链，除了清理下层收费链外，更重要的是对第一层严格管理，“第一层防线”就是运营商的 WAP 类业务合作伙伴。

中国移动的声明称，已全面暂停所有与中国移动有 WAP 业务收费协议的服务提供商和内容提供商的计费，并从业务名称、业务内容、推广渠道等多个方面全面清查，要求提供“信息安全责任承诺保证书”，确保自身内容不能有任何涉黄信息，同时禁止利用广告联盟等第三方进行业务推广，杜绝与手机淫秽色情网站产生利益关系的一切可能。

随着手机上网的普及，WAP 收入迅猛增长，并逐渐成为移动增值业务中第二大收入来源。据统计，2009 年第三季度 WAP 市场份额达到 43.9 亿元，占移动增值市场份额的 12.2%，超过彩铃、彩信，位居增值业务收入第二位。

此次停止与所有 WAP 网站的计费，将对中国移动的收入产生巨大影响。据中国移动 2009 年上半年财报显示，当期其 WAP 收入增长 39.0%，是增幅最快的移动增值业务，收入达 73.13 亿元人民币，相当于中国移动每天 WAP 收入都在 1000 万元人民币以上，目前尚不清楚这个“暂停期”将持续多久，但暂停计费的做法将给中国移动造成一笔不小的损失。而中国移动暂停对合作伙伴 SP 的 WAP 结算，这些 SP 自然会停止跟下一级合作伙伴的结算，然后这些合作伙伴又会停止跟第三方的结算，形成连锁反应。

(资料来源：http://www.educity.cn/shenghuo/782294.html)

问题:

(1) 在巨大经济利益和坚持社会责任之间，企业应该如何选择？请运用管理学有关理论给出你的分析。

(2) 结合案例谈一谈坚持社会责任对企业经营的重要意义。企业应该如何体现对顾客的伦理行为？

四、参考答案

(一) 填空题

1. 社会人道德　职业道德　个人道德
2. 道德功利观　道德权利观　道德公正观　综合社会契约道德观
3. 利益
4. 个人基本权利
5. 前惯例层次　惯例层次　原则层次
6. 前惯例层次
7. 惯例层次
8. 自我强度　控制中心

9. 问题强度
10. 古典观(或纯经济观) 社会经济观
11. 社会义务
12. 正相关
13. 利益相关者
14. 防止污染环境 治理受污染的环境

(二) 判断题

1. 错	2. 对	3. 错	4. 对
5. 对	6. 对	7. 错	8. 对
9. 对	10. 对	11. 错	12. 对
13. 对	14. 错	15. 对	16. 对

(三) 单项选择题

1. D	2. C	3. D	4. C
5. B	6. C	7. B	8. A
9. C	10. C	11. D	12. A
13. B	14. B	15. A	16. C

(四) 多项选择题

1. ABCD	2. ABDE
3. BCDE	4. ABDE
5. BD	6. ACDE
7. ABCE	8. ACE
9. ABCDE	10. AC
11. BCD	12. BCD

(五) 简答题

1. 管理道德或称为道德规范，是指规定管理行为是非的惯例或原则的总和。简而言之就是人们判断已结案事情对与错的原则和信条。这些原则与信条是企业处理与他人和社会关系的指导，也是判断自己行为是否正确或恰当的基础标准。

2. 管理道德的基本观点有：①道德功利观。这种观点主张以行为结果即所获得的功利来判断人类行为是否道德。当某行为能给行为所及的大多数人带来最大利益时，它便是道德的；反之，便是不道德的。功利观鼓励人们提高效率，符合多数人的利益最大化。②道德权利观。这种观点认为，所有人都享有基本权利，诸如个人隐私权、言论自由权、受教育权、医疗保障权及法律规定的其他各项基本权利，只有尊重和保护个人基本权利的行为才是道德的。例如，针对雇员揭发雇主的违法行为，有的人认为这是不道德的，雇员要忠

于雇主。但道德权利观认为，应该尊重和保护雇员的言论自由权，谴责雇员揭发雇主是不道德的行为。权利观积极的一面维护了每个人的基本权利，并把它作为评判道德与否的标准，符合道德的本意，对随意侵犯他人权益的行为无疑有制约的作用。但它也有消极的一面，接受这种观点的管理者把对个人权利的保护看得比工作的完成更加重要。在个人权益与组织利益发生矛盾时，权利观会优先考虑个人利益，从而影响组织在生产过程中的生产率和效率的提高。③道德公正观。这种观点认为，管理者在决策时公正公平地实施规则，公平地对待每个人，不偏不倚才符合道德原则。管理者不会因为种族、性别、个性、国籍、户籍等因素对部分员工产生歧视，而是通过在企业内部建立相对公平的规章制度，根据员工的技能、经验、绩效或职责等因素作为衡量标准，使员工努力工作并取得与努力程度相应的报酬。④综合社会契约道德观。这种观点主张把实证(是什么)和规范(应该是什么)这两种方法并入管理道德中，即要求决策人在决策时综合考虑实证和规范两个方面的因素。这种道德观综合了两种“契约”：一种是经济参与人当中的一般社会契约，这种契约规定了做生意的程序；另一种是一个社区中特定数量的人当中的较特定的契约，这种契约规定了哪些行为是可接受的。综合社会契约道德观与其他三种的区别在于，它要求管理者考察各行各业和各公司中的现有道德准则，以决定什么是对的或错的。

实证研究表明，功利主义道德观最为流行，即大多数企业经营者对道德行为持功利主义态度。这不足为奇，因为功利观与利润、效益紧密联系在一起，在追求利润最大化的过程中，可以为多数人谋取尽可能多的好处。

3. 影响管理道德的因素主要有以下几个。

(1) 道德发展阶段。人们的道德意识及其行为表现有一个发展过程，一般要经历三个层次，每个层次又分为两个阶段。管理者达到的阶段越高，就越倾向于采取符合道德的行为。具体来说，道德发展的最低层次是前惯例层次。在这一层次，人们的道德选择仅受个人利益的影响，其行为特征是为避免物质惩罚严格遵守组织规则或只在符合直接利益时才遵守规则。道德发展的中间层次是惯例层次。在这一层次，人们的道德选择受他人期望的影响，道德判断的标准是个人是否维持平常的秩序并满足他人的期望。道德发展的最高层次是原则层次。在这一层次，人们的道德选择具有自主性，受自己认为是正确的个人行为准则的影响，个人试图在组织或社会的权威之外建立道德原则。

(2) 个人特征。通常是指组织中的每个人一般都会有一套相对稳定的判断是非的价值准则，它们是关于正确与错误、善与恶、勤奋与懒惰、诚信与虚假等基本信条的认识。这些认识是个人在长期生活实践中发展起来的，也是教育与训练的结果。管理者通常也有不同的个人准则，它构成道德行为的个人特征。由于管理者的特殊地位，这些个人特征很可能转化为组织的道德理念与道德准则。这里所说的个人特征主要受两个变量的影响：自我强度和控制中心。自我强度用来衡量一个人的信念强度。管理者的自我强度对管理者的道德选择至关重要。一个人的自我强度越高，克服冲动并遵守其信念的可能性越大。控制中心实际上是指管理者自我控制、自我决策的能力。控制中心作为个性特征对道德的影响表现为：具有内在控制中心的管理者比具有外在控制中心的管理者在道德判断与道德行为之间具有更大的一致性。

(3) 组织结构。组织的结构设计有助于管理者道德行为的产生。一些结构提供了清晰而有力的指导，而另一些则令管理者产生模糊和困惑。“道德”的结构设计有可能促进道德行为的产生。正式的规章制度可以降低模糊程度，职务说明和明文规定的道德准则就是正式指导的例子。

(4) 组织文化。组织文化的内容和强度也会影响道德行为。最有可能产生高道德标准的组织文化是有较强的控制能力及风险和冲突承受能力的组织文化。在弱组织文化中，管理者可能以亚文化准则作为行为的指南。

(5) 问题强度。影响管理者道德行为的最后一个因素是道德问题本身的强度。所谓问题强度是指该问题如果采取不道德的处理行为可能产生后果的严重程度。管理者如果比较在意道德评价，认为道德问题很重要，其就会自觉遵循道德规范和道德原则，并且会不断提高自身的道德水平；否则，就会我行我素。

4. 管理者可以通过以下方法改善组织成员的道德行为。

第一，挑选高道德素质的员工。每个人由于所处的道德发展阶段、生存环境、所接受的教育等不同，具有不同的个性特征，形成不同的价值观念和道德准则。这些不同的价值观念和道德准则可能会带到工作中，因此组织在员工特别是管理人员的招聘过程中，就必须进行道德考察，剔除道德上不符合要求的求职者和候选人。挑选的过程，应当视为了解个人道德发展水平与道德品质的一个机会。

第二，建立道德准则和决策准则。道德准则是表明一个组织基本价值观念和希望员工遵守的道德规则的正式文件。道德准则不能太笼统，其内容要相当具体，以便让员工明白应该以什么样的精神来从事工作，以什么样的态度来对待工作。同时，规定的内容也要相当广泛，允许员工在不违反原则的前提下有个人的见解和行动自由。因此，建立道德准则是减少道德问题、改善道德行为的一项有效的措施。

第三，管理者以身作则。实施道德管理要求管理者尤其是高层管理者应以身作则。因此，要使组织的管理道德准则得到员工的认同与有效执行，组织的管理者必须做好以下两件事情，即言传身教及在人员提升和奖惩方面必须把好道德关。

第四，设立合理的工作目标。工作目标集中体现组织管理者对员工工作的要求。员工应该有明确和现实的目标。如果目标对员工的要求不切实际，即使目标是明确的，也会产生道德问题。例如，过低的目标，降低实现目标的门槛，减轻应尽的责任，如此设定目标也是不道德的；过高的目标把员工压得透不过气，即使是素质较高的员工也会迷惑，很难在道德和目标之间做出选择，有时为了达到目标不得不牺牲道德。一些组织的工作目标不合理，还表现在目标体系中只有数量指标而没有或极少有质量指标，使产品质量得不到保证，最终伤害客户利益。

第五，重视对员工的道德教育。对员工进行适当的道德教育可以在一定程度上改善员工的道德状况、提高其道德素质，企业应该采取各种方式积极改善员工的道德行为，如开

设研修班、组织专题讨论会等，至少可以实现如下目标：向员工讲授解决道德问题的方案，提升个人的道德发展阶段，增强有关人员对职业道德的认识。

第六，对绩效进行全面科学的评估。绩效评价全面与否，对道德建设有重要影响。许多组织的奖励之所以没有达到预期的效果，主要是绩效评价的片面性造成的，如仅以经济成果来衡量绩效，无视工作中的道德影响，人们为了取得成果就会不择手段，从而产生不符合道德的行为。如果组织想让其管理者坚持高的道德标准，那么在评价的过程中必须把道德方面的要求包括进去。在对管理者的评价中，不仅要考察其决策带来的经济成果，还要考虑其决策带来的道德后果。

第七，进行独立的社会审计与监察。独立的社会审计与监察，是制止和预防这些不良行为产生的有效手段。根据组织的道德准则对管理者进行独立审计，可发现组织的不道德行为；惧于社会审计的威慑力，可以降低不道德行为发生的可能性。这种措施抓住了人们害怕被抓住的心理，被抓住的可能性越大，产生不道德行为的可能性就越小。

第八，提供正式的保护机制。当人们面临道德困境即处于两难选择时，究竟是坚持道德原则，勇于和坏人坏事做斗争，还是放弃原则，同流合污，或者明哲保身，这不仅取决于个人的道德水准，还和组织与社会是否提供正式的道德保护机制有关。正式的保护机制可以使面临道德困境的员工在不用担心受到斥责或报复的情况下自主行事。

5. 可以将企业社会责任理解为，企业在承担法律义务(企业遵守所在国和地区的有关法律法规)和经济义务(为投资者实现保值增值的义务)之外，还应承担追求对社会有利的长期目标的义务。社会责任虽然没有法律的直接规定，但道德伦理要求企业承担对社会的责任。况且，法律的规定也不能包罗万象、面面俱到，社会责任便成为法律责任的必要补充。

为了更好地理解社会责任的含义，有必要对它与社会义务和社会反应两个概念做一个比较。社会义务是对企业最基本的要求，是企业参与社会责任的基础。一个企业仅履行了法律上和经济上的义务，可以说它已履行了自己的社会义务，还不能认定它承担了社会责任。社会责任是一种比社会义务更高的道德标准。社会反应是企业适应不断变化的社会环境的能力，它是企业对社会压力做出的反应。它需要对社会变化保持一种敏感，但却不是从长期的社会利益出发，而更多是认识到流行的社会准则，然后改变其社会参与方式，从而对社会状况做出积极的反应。而社会责任则从长期的社会利益着眼，看企业何种行为对社会有益、何种行为对社会有害，并加入了一种道德准则，促使人们从事使社会变得更美好的事情，而不做有损于社会的事情。

6. 如果我是企业经营管理者，将通过以下几个方面承担社会责任。

第一，承担企业对员工的社会责任。具体体现：一是不歧视员工，要同等对待所有员工，保证员工拥有平等待遇和机会，避免在性别、年龄、宗教信仰、户籍、国籍等方面的歧视行为；二是营造一个良好的工作环境，要为员工营造一个健康、安全、关系融洽、压力适中的工作环境；三是定期或不定期地培训员工，有社会责任的企业会根据员工的综合素质对其进行培训，使员工得到全面发展，能够胜任更具挑战性的工作。

第二，承担对顾客的社会责任。主要表现在：尊重顾客，为顾客提供真正需要的、安全的产品或服务；赢得顾客信赖，提高回头客的购买次数；做好售后服务工作，及时解决顾客在使用企业产品时遇到的困难。

第三，承担对投资者的社会责任。企业管理者受投资者的委托经营企业，必须为投资者带来有吸引力的投资报酬，给投资者以合理回报的企业。企业有责任与投资者进行及时的沟通，将其财务状况及时、准确地报告给投资者，假报或误报是对投资者的欺骗和不负责任的表现。

第四，承担对竞争者的社会责任。有社会责任的企业不会为了一时之利，逞一时之勇，通过不正当手段恶意挤垮对手。企业要处理好与竞争对手的关系，在竞争中合作，在合作中竞争。

第五，承担对社区的社会责任。企业要为所在的社区居民提供劳动就业机会，增加当地的财政资源；通过适当的方式尽可能地为所在社区做出贡献，如不以盈利为目的对所在社区或其他特定社区的建设进行福利投资，包括学校、医院、老人院、公共娱乐设施、图书馆等。

第六，承担对环境的社会责任。主要表现在以下两个方面：一是防止污染环境，有社会责任的企业会主动节约能源和其他不可再生资源的消耗，尽可能减少企业活动对生态的破坏。同时，积极采用生态生产技术，开发绿色产品。二是治理受污染的环境，要采取切实有效的措施及时地处理生产经营过程中产生的各种污染，承担治理费用，不推脱，更不能采取转嫁生态危机的不道德行为。

(六) 案例分析题

1.《开县井喷事故案警醒中国企业社会责任》案例分析。

(1) 造成此次井喷事故的原因是多方面的，如管理规章制度不完善，员工素质较差及其疏忽失职、事后应对不力等，但最根本的原因是该企业的社会责任意识淡薄，缺乏对经济、社会、环境协调发展的重要性的深刻认识。

(2) 企业忽视社会责任造成的危害：首先，造成了重大的经济损失，使国家、人民生命财产严重受损，企业自身也因为事后赔偿、停产等使过去已取得的经济成果受损；其次，严重损害企业的社会声誉和形象，危及企业的可持续发展，且后果在短期内难以挽回；最后，对生态环境造成严重损害，危及整个社会的可持续发展。

(3) 结合本案例，加强企业的社会责任，首先要在观念方面牢固树立企业的社会责任意识；其次是加强相关制度建设，包括企业内部的规章制度和社会性的法律法规，并切实严格执行；最后要提高企业的员工队伍素质，增强企业履行其社会责任的实际能力。

2.《中国移动“断臂扫黄”，每日损失1000万元》案例分析。

(1) 企业应该将坚持社会责任放在首位(联系案例的具体内容，运用管理学中关于管理道德或管理伦理的理论进行分析)。

(2) 坚持企业社会责任是事关企业在社会上立足和企业经营长远发展的根本举措。企业应该从如下方面体现对顾客的伦理行为：①提供安全的产品；②提供正确的产品信息；③提供售后服务；④提供必要的指导；⑤赋予顾客自主选择的权利。

第四章

计划工作

一、教学要点

1. 计划工作的概念，计划在管理活动中的作用
2. 计划工作的主要内容
3. 计划工作的基本特性
4. 计划的类型
5. 计划编制工作的原则和程序
6. 目标管理法
7. 滚动计划法
8. 计划评审技术(PERT 图)

二、重要名词解释

1. 计划工作

计划工作是指管理者确定组织目标、根据组织现状分析目标实施的可能性、制定活动方案，并以此作为开展活动或执行任务的行动指南。

2. 长期计划

长期计划指的是规定组织各部门在较长时期内从事某种活动应达到的目标和要求，重点在绘制组织长期发展的蓝图，它是为实现组织的长期目标服务的，其时间跨度一般是 5 年以上的计划。

3. 中期计划

中期计划一般只涉及目标指标数量的调整，较少有结构性的变化。实践中，中期计划一般为 1 年以上 5 年以下，它是长期计划的具体化，又是短期计划的依据。

4. 短期计划

短期计划一般为 1 年以内的计划，是长期计划与中期计划的具体落实计划，又可表现为月度计划、季度计划、年度计划等。

5. 战略计划

战略计划是指为实现战略目标，为组织确立未来一段时间的总体目标，并规定组织的总纲领和政策的计划。

6. 战术计划

战术计划是组织内各具体部门在未来时期内的行动方案，是战略计划的分解和具体化。它涉及的时间长度比战略计划短，空间范围比战略计划窄，具有较大的灵活性。

7. 作业计划

作业计划是在战术计划的基础上，将战略计划进一步具体化、细节化的规定。其主要内容是管理者根据组织设置的目标，确定工作程序、划分合理的工作单位、分派任务和资源，以及确定权力与责任。

8. 指导性计划

指导性计划只规定某些框架性的目标、方向、方针和政策等，为管理者指出重点但并不限定其具体目标和特定行动方案。

9. 指令性计划

指令性计划又称具体性计划，一般是由上级主管部门向下级下达的具有明确规定目标的计划，即在某一时期内必须按照明确的程序、预算方案、日程进度表及人员配备等开展活动。

10. 目标管理法

目标管理(management by objectives，MBO)思想源于德鲁克在 1954 年提出的“目标管理和自我控制”的主张。目标管理法是指由组织的最高领导层根据组织面临的形势和社会需要，制定出一定时期内组织活动所需要达到的总目标，然后层层落实，要求组织的各部门以至于全体员工根据组织的总目标确定各自的分目标、子目标，形成一个目标体系，并把目标完成情况作为各部门或个人考核的依据的一种管理方法。

11. 滚动计划法

滚动计划法是一种动态编制计划的方法，其特点表现在这种计划方法将根据计划的实际执行情况和环境的变化情况，定期修订未来计划并逐期向前推移。

12. 计划评审技术

计划评审技术通常也被称为 PERT 或 PERT 网络分析技术，利用网络图表示计划任务的进度安排及其中各项工作之间的先后顺序和相互关系，并进行网络分析，计算出相应的

网络时间值，找出影响整体工作的关键线路，利用时间差不断地改善网络计划，最终求得工期、成本、资源等的优化方案。

三、习题

(一) 填空题

1. 管理活动还包括了组织、领导、控制和创新等其他职能，但是_________职能却是其中最首要和最基本的职能，是其他各项职能展开的基础。

2. 一份完整的计划通常包括 6 个方面的内容，俗称“5W1H”，即_________、_________、_________、_________、_________和_________。

3. 根据计划所涉及的时间长短，可将计划分为_________、_________和_________。

4. 根据计划对未来工作的影响力大小，可将其分为_________、_________和_________。

5. 根据计划对其执行者的约束力大小，可将其分为_________和_________。

6. 根据制定工作的程序化程度，计划可分为_________和_________。

7. 根据计划的针对对象范畴，可将计划分为_________、_________和_________。

8. 根据计划的表现形式及所起作用的不同层次，可以将计划分为_________、_________、_________、_________、_________、_________、_________、_________八个层次。

9. 目标管理的程序分为三个阶段：_________、_________和_________，它们共同形成一个完整的管理过程。

10. 目标制定所谓的 SMART 原则包括：_________、_________、_________、_________与_________。

11. 绘制 PERT 网络图需要明确三个概念：_________、_________和_________。

(二) 判断题

1. 计划按明确性来分，可分为战略计划和作业计划。(　　)

2. 制订计划是为了实现组织期望达到的最终目标。(　　)

3. 目标管理是由管理学家斯蒂芬・罗宾斯提出的。(　　)

4. 环境不确定性越大，计划就越需要精确。(　　)

5. 计划就是一个组织要做什么和怎么做的行动指南。(　　)

6. 成功的管理者认为，组织的目标是单一的，这样才能集中力量去实现它。(　　)

7. 组织的目标不仅说明了它要从事的是一项什么样的事业，而且也具体指明了从事这项事业的预期后果。(　　)

8. 使所做的计划在正确的假设下保持相对的稳定是计划得以实现的基本条件之一。(　　)

9. 在计划中体现的灵活性越大，则所制订的计划越实际，越能保障计划得到切实实现。(　　)

10. 企业的目标和使命一旦确定，不管企业内、外环境发生什么变化，都不应调整或修改。(　　)

11. 环境的变化越快，计划就更应该是导向性的，计划期也应更短。(　)
12. 如果未来的一切情况都是肯定的，通常就没有必要做计划工作。(　)
13. 组织中的各类目标有时并不一致，要使它们协调起来是不可能的。(　)
14. 只有明确地规定了组织的宗旨与使命，才能树立起明确而又现实的具体目标。(　)
15. 企业最主要的目标是利润最大化。(　)
16. 目标并不决定未来，但它们是动员企业各种资源和力量去创造未来的手段。(　)
17. 在网络图中以圆圈表示活动(工序)。(　)

(三) 单项选择题

1. “凡事预则立，不预则废。”这说明人们在长期的管理活动中，早就认识到计划工作领先于各项管理工作，这主要是强调了组织管理各方面工作都应是(　　)。

A. 有章可循的　　B. 动态变化的
C. 有固定模型的　　D. 清晰可辨的

2. 计划工作应该是(　　)的工作。

A. 普遍　　B. 高层管理人员
C. 专业计划人员　　D. 基层员工

3. 高层管理部门的计划着重组织(　　)。

A. 在环境中的定位和确定组织总体目标
B. 内部各个组成部分的定位
C. 每一岗位、人员、时间的工作安排与协调
D. 内、外条件的评价与协调

4. 应用目标管理应当由(　　)发起。

A. 基层员工　　B. 高层管理部门
C. 外部的管理顾问　　D. 中级管理人员

5. 下列活动中不属于计划活动范畴的是(　　)。

A. 计划　　B. 政策　　C. 预算　　D. 实施

6. 为了明确企业计划的外部条件，其关键是(　　)。

A. 定量预测　　B. 定性预测　　C. 环境预测　　D. 销售预测

7. 计划工作的最基本要求是(　　)。

A. 通过确定组织的目标和宗旨，为组织落实最佳行动方案
B. 通过确定组织的任务与目标，为组织选取合适的行动和行动方法
C. 通过确定组织的战略重点，为组织进行合理的资源配置
D. 以上都不是

8. “根据实际情况，通过科学的预测，权衡客观的需要和主观的可能，提出未来一定时间内所达到的目标及实现目标的途径。”这句话描述的管理职能是(　　)。

A. 预测　　B. 计划　　C. 决定　　D. 目标管理

9. 滚动计划法的计划内容是依据(　　)原则。

A. 远粗近细　　B. 远细近粗　　C. 统一　　D. 逐期滚动

10. 计划工作的步骤有：①确定目标；②评估机会；③编制预算；④总结经验；⑤确定计划前提条件；⑥制订辅助计划；⑦制定可行方案；⑧评估与确定方案。请选择正确的排序(　　)。

A. ②①④⑧⑤⑦③⑥　　B. ①②③④⑤⑥⑦⑧
C. ③①⑥②⑦④⑤⑧　　D. ②①④⑤⑦⑧⑥③

11. 企业在做计划时，应优先保证(　　)。

A. 长期计划、作业计划、局部计划
B. 项目计划、管理计划、短期计划
C. 战略计划、长期计划、综合计划
D. 中期计划、战略计划、局部计划

12. 上班后，面对纷繁复杂的工作，我们将怎样开始呢？正确的方法应该是(　　)。

A. 来什么工作就做什么工作，事先无准备
B. 按照自己的最大的能量来安排并紧张地工作
C. 把一天的工作按重要程度、价值的大小、时间的紧迫做一个分析，排出一天的先后顺序
D. 把一半交给部下

13. 在管理的基本职能中，属于首位的是(　　)。

A. 计划　　B. 组织　　C. 领导　　D. 控制

14. 计划职能的主要作用是(　　)。

A. 确定目标　　B. 管理
C. 确定实现目标的手段　　D. A 和 C

15. 管理的计划职能的主要任务是要确定(　　)。

A. 组织结构的蓝图　　B. 组织的领导方式
C. 组织目标及实现目标的途径　　D. 组织中的工作设计

16. 可以依据(　　)把计划分为战略计划、管理计划、业务计划。

A. 决策层次　　B. 对象　　C. 时间　　D. 范围

17. 企业计划从上到下可分成多个层次，通常越低层次目标就越具有(　　)。

A. 定性和定量结合　　B. 趋向与定性
C. 模糊而不可控　　D. 具体而可控

18. 企业计划从上到下可分成多个等级层次，并且(　　)。

A. 各层次的目标都是具体而可控的
B. 上层的目标与下层的目标相比，比较模糊和不可控
C. 各层次的目标都是模糊而不可控的
D. 上层的目标与下层的目标相比，比较具体而可控

19. 当代最新的计划形成方法是(　　)。

A. 从上往下的形成方法　　B. 从中间开始的形成方法
C. 从下往上的形成方法　　D. 先上后下，最后在中间形成的方法

20. 实行参与式管理的计划形成方法是(　　)。
A. 从上往下形成的方法　　B. 从下往上的形成方法
C. 由专门计划人员制订计划　　D. 由各层领导共同制订计划

21. 下述关于计划工作的认识中，观点不正确的是(　　)。
A. 计划是预测与构想，即预先进行的行动安排
B. 计划的实质是对要达到的目标及途径进行预先规定
C. 计划职能是参谋部门的特有使命
D. 计划职能是各级、各部门管理人员的一个共同职能

22. 组织在未来特定时限内完成任务程度的标志是(　　)。
A. 目标　　B. 可行　　C. 选择　　D. 满意

23. 实施目标管理的主要环节是：①逐级授权；②目标的制定与展开；③实施中的自我控制；④成果评价。这些环节的逻辑顺序是(　　)。
A. ①→②→③→④　　B. ②→③→①→④
C. ③→②→①→④　　D. ②→①→③→④

24. 实施目标管理的主要难点是(　　)。
A. 不利于有效地实施管理　　B. 不利于调动积极性
C. 难以有效地控制　　D. 设置目标及量化存在困难

25. “目标管理”方法最大的缺点是(　　)。
A. 不能很好地激励员工
B. 强调数量或短期目标，而忽略质量或长期目标
C. 对员工绩效评估的公开性和透明性
D. 需要的时间短

26. 根据Y理论，你认为持此理论观点的管理者在为下属制订计划时，会倾向于(　　)。
A. 战略计划　　B. 具体计划　　C. 综合性计划　　D. 指导性计划

27. 企业计划从上到下可分成多个层次，通常越高层次目标就越(　　)。
A. 定性和定量结合　　B. 趋向于定性
C. 模糊而不可控　　D. 具体而可控

(四) 多项选择题

1. 计划的特征有(　　)。
A. 目的性　　B. 预见性　　C. 统一性　　D. 普遍性

2. 按照计划影响范围的维度来划分，可将计划划分为(　　)。
A. 战略计划　　B. 战术计划　　C. 作业计划　　D. 一般计划

3. 计划工作的核心是(　　)。
A. 制定目标　　B. 做出决策　　C. 制定方案　　D. 选择方案

4. 评价计划成功的标准特征是(　　)。
A. 灵活性　　B. 客观性　　C. 结构化程度　　D. 机动性

5. 目标管理的目标转化过程是一个( )的过程。
   A. 自上而下 B. 从高到低 C. 从低到高 D. 从下而上
6. 目标管理法中目标制定应坚持的原则有( )。
   A. 具体性原则 B. 可度量性原则
   C. 可实现性原则 D. 可接受性原则
   E. 时限性原则
7. 当企业处于低度不确定的经过环境时，组织应采取( )。
   A. 指导性计划 B. 中长期计划 C. 具体性计划 D. 常备性计划
8. 下列活动属于计划活动范畴的有( )。
   A. 程序 B. 目的 C. 预算 D. 使命
9. 滚动计划的好处有( )。
   A. 灵活性 B. 连续性 C. 统一性 D. 精确性
10. 目标管理的缺陷有( )。
   A. 适当的目标不易确定 B. “自我控制”不可行
   C. 一般是短期的 D. 不灵活
11. 战略计划与战术计划的不同在于( )。
   A. 时间跨度不同 B. 涉及的范围不同
   C. 计划的重点不同 D. 计划的目的不同

(五) 简答题

1. 简述计划的概念及性质。
2. 理解计划的类型及作用。
3. 计划编制包括哪几个阶段的工作？
4. 何谓目标管理？其特点是什么？如何利用目标管理组织计划的实施？
5. 网络计划技术基本原理是什么？
6. 滚动方式计划有何基本特点？

(六) 绘图说明题

试绘出箭线式网络图的示意简图，并指出图形中主要构成要素的基本含义。

(七) 案例分析题

1. 【案例一】

快餐店的计划

约瑟夫·斯卡格斯先生在美国公共卫生局工作了 20 年，退休后，他用储蓄存款投资了五家快餐馆。这五家快餐馆是依照获得很大成功的肯塔基油煎鸡全国联营公司的情况经营的。快餐馆以前的老板是一个小城市的银行家，他一度想重新创新肯塔基油煎鸡公司所取得的成就。当事实证明不能如愿以偿时，他把商店卖给了斯卡格斯。

斯卡格斯在投资前进行了研究，这使他深信，只要运用基本的管理原则和技术，这五家商店的利润就能增加。首先，他以为，以前的商店所有者放任这五家商店的经理各自经营，而没有给予集中的指导，这种做法是一个错误，即使这些商店遍及整个州，因而无法对它们进行日常的监督，但是仍应设法做出努力。同时，他也不想用呆板的章程和程序来约束商店的经理，从而挫伤他们的主动性。他认为，把“良好的管理”引进这个系统的最好的办法是执行主要的管理职能——计划。

斯卡格斯在同五家商店的经理举行的一次会议上提出的计划的概念是以他在公共卫生局的经验为基础的。对这个被称为 POAR 的计划可做如下解释：POAR 是由组成计划的四个要素——问题(problem)、目标(objectives)、活动(activities)和资源(resources)四个词的第一个字母缩写而成的。因此，计划人员(在这个实例中是五家商店的经理)奉命为他们各自的商店所确定的每一个问题制订年度行动计划，此后分配资金及报告进展情况都将以这些计划为依据。

商店的经理们同意斯卡格斯的以上看法，并对计划予以了更多的强调，应该使人们更明白需要做些什么事情，使五家商店获得更多的利润。他们也同意斯卡格斯有权期望他们按他的指示办事，但是他们对 POAR 能否适用于商店的计划，多少有点儿怀疑。他们要求斯卡格斯用例子来说明他的主张。于是他把在公共卫生局工作时制订的关于家庭计划的规划拿出来给他们看，具体如下。

1) 问题的确定

甲：预期的情况。应向居住在该县的所有 2500 名育龄妇女提供计划生育服务。

乙：目前的情况。500 名妇女在公立或私立医院或医生事务所接受计划生育指导。

丙：具体的问题。现在的问题是，预期的情况和目前的情况有差距，因此要解决的问题是向 2000 名妇女提供计划生育的指导。

2) 目标

到本财政年度结束时，将有 1500 名妇女接受公立或私立医疗单位对计划生育的指导。

3) 活动

为了实现上述目标，要求进行下列活动。

甲：举办 100 次每周一次的门诊，估计每次将有 30 人，总共将达 3000 人次。

乙：安排医生事务所为 100 个病人视诊。

丙：为七年级到十二年级的老师举办十次计划生育讲座，参加的教员人数可达 250 名，以后学生人数可达 5000 名。

丁：举办 20 次正式展览会，向社会和市民小组传播知识。

4) 资金来源

计划的预算开支将为每项活动开支的总和。

门诊费	2000 美元
医生事务所视诊费用	500 美元
举办讲座费用	100 美元
传播知识所需费用	200 美元
总支出	2800 美元

在研究了上述例子后，一位经理说，POAR 可能适用于卫生事务的管理，但是他看不出与商业的管理有什么关联。

问题：

(1) 你对这位经理关于 POAR 适应性的说法做何回答？

(2) 你是否认为：在一家油煎鸡商店，POAR 作为计划的一种形式是适宜的？

(3) 你是否同意斯卡格斯应像他所做的那样来推行计划职能？

2. 【案例二】

目标管理？

王勇曾经在一家有名的外商独资企业中担任过销售部经理，成绩卓著。几年前，他离开了这家企业，自己开了一家建材贸易公司，由于有以前的工作底子，所以生意很不错。年初，他准备进一步扩大业务，在若干个城市设立经销处，同时，扩大经营范围，增加货物花色品种。

面对众多要处理的问题，王勇决定将部分权力授予下属的各部门经理。他逐一与经理们谈话，一一落实要达到的目标。其中他给采购部经理定下的目标是：保证每一个经销处所需货物的及时供应；所采购到的货物的合格率需保持在98%以上；采购成本保持在采购额的5%以内。采购部经理当即提出异议，认为有的指标不合理。王勇回答说："可能吧，你尽力而为就是了。"

到年终考核时发现，采购部达到了王勇给他们规定的前两个目标，但采购成本大大超出，约占当年采购额的8%。王勇问采购部经理怎么会这样时，采购部经理解释说："有的事情也只能如此，就目前而言，我认为，保证及时供应和货物质量比我们在采购时花掉多少钱更重要。"

问题：

你认为王勇在实施目标管理中有问题吗？他应如何改进？

3. 【案例三】

10分钟提高效率

美国某钢铁公司总裁舒瓦普向一位效率专家利请教如何更好地执行计划的方法。利声称可以给舒瓦普一样东西，在10分钟之内就能把他公司的业绩提高50%。接着，利递给舒瓦普一张白纸，说："请在这张纸上写下你明天要做的6件最重要的事。"舒瓦普用了约5分钟时间写完。利接着说："现在用数字标明每件事情对于你和公司的重要性次序。"舒瓦普又花了约5分钟做完。利说："好了，现在这张纸就是我要给你的。明天早上第一件事是把纸条拿出来，做第一项最重要的。不看其他的，只做第一项，直到完成为止。然后用同样办法对待第二项、第三项……直到下班为止。即使只做完一件事，那也不要紧，因为你总在做最重要的事。你可以试着每天这样做，直到你相信这个方法有价值时，请将你认为的价值给我寄支票。"

一个月后，舒瓦普给利寄去一张2.5万美元的支票，并在他的员工中普及这种方法。5年后，当年这个不为人知的小钢铁公司成为世界最大的钢铁公司之一。

问题：

(1) 为什么总裁舒瓦普有计划却难以执行？效率专家利的方法的关键在哪里？

(2) 效率专家利认为“即使只做完一件事，那也不要紧，因为你总在做最重要的事”。你认为制订计划光是做最重要的事就够了吗？

(3) 效率专家利执行计划的方法使这个不为人知的小钢铁公司成为世界最大的钢铁公司之一，为什么计划能有这么大的作用？

4.【案例四】

忙碌的王厂长

王厂长是光明食品公司江南分厂的厂长。早晨7点，当王厂长驱车上班时，他的心情特别好，因为最近的生产率报告表明，由于他的精心经营，其管辖的江南分厂超过了公司其他两个分厂，成为公司人均劳动生产率最高的分厂。昨天，王厂长在与其上司的通话中得知，他的半年绩效奖金比去年整整翻了两倍！

王厂长决定今天要把手头的许多工作清理一下，像往常一样，他总是尽量做到当日事当日毕。除了下午3点30分有一个会议外，今天的其他时间都是空着的，因此，他可以解决许多重要的问题。他打算仔细审阅最近的审计报告并签署意见，并仔细检查工厂TQM计划的进展情况。他还打算计划下一年度的资本设备预算，离申报截止日期只有10天时间了，他一直抽不出时间来做这件事。王厂长还有许多重要的事项记在他的“待办”日程表上：他要与副厂长讨论几个员工的投诉；写一份10分钟的演讲稿，准备在后天应邀的商务会议上致辞；审查他的助手草拟的贯彻食品行业安全健康的情况报告。

王厂长到达工厂的时间是7点15分，还在走廊上，就被会计小赵给拦住了。小赵告诉他负责工资表制作的小张昨天没有将工资表交上来，昨天晚上她等到9点，也没有拿到工资表，今天实在没办法按时向总部上报这个月的工资表了。王厂长做了记录，打算与工厂的总会计师交换一下意见，并将情况报告给他的上司——公司副总裁。王厂长总是随时向上司报告任何问题，他从不想让自己的上司对发生的事情感到突然。

随后，王厂长来到办公室，打开计算机，查看了有关信息，他发现只有一项事情需要立即处理。他的助手已经草拟了下一年度工厂全部管理者和专业人员的假期时间表，必须经王厂长审阅和批准。处理这件事只需10分钟，但实际上占用了他20分钟的时间。

接下来要办的事是资本设备预算。王厂长在他的计算机工作表程序上，开始计算工厂需要的设备及每项的成本。这项工作刚进行了1/3，王厂长便接到工厂副厂长打来的电话。电话中说在夜班期间，三台主要的输送机有一台坏了，维修工要修好它得花费5万元，这些钱没有列入支出预算，而要更换这个系统大约要花费12万元。王厂长知道，他已经用完了本年度的资本预算。于是他在10点安排了一个会议，与工厂副厂长和总会计师研究这个问题。

王厂长又回到他的工作表程序上，这时工厂运输主任突然闯入他的办公室，说他在铁

路货车调度计划方面遇到了困难，经过20分钟的讨论，两个人找到了解决办法。王厂长把这件事记下来，要找公司的运输部长谈一次，好好向他反映一下工厂的铁路货运问题，什么时候公司的铁路合同到期及重新招标。

王厂长今天日程的事情还没有做完，就又接到了公司总部负责法律事务的职员打来的电话，他们需要数据来为公司的一桩诉讼辩护，因为原江南分厂的一位员工由于债务问题向法院起诉公司。王厂长把电话转接给人力资源部。这时，王厂长的秘书又送来一大叠信件要他签署。突然，王厂长发现10点到了，总会计师和副厂长已经在他办公室外面等候。3个人一起审查了输送机的问题并草拟了几个选择方案，准备将它们提交到下午举行的例行会议上讨论。现在是11点5分，王厂长刚回到他的资本预算编制程序上，就又接到公司人力资源部部长打来的电话，对方花了半个小时向他说明公司对即将与工商所举行的谈判策略，并征求他特别是与江南分厂有关问题的意见。挂电话后，王厂长下楼去人力资源部部长办公室，他们就这次谈判的策略交换了意见。

王厂长的秘书提醒他与地区另一家公司的领导约定共进午餐的时间已经过了，王厂长赶紧开车前往约定地点，好在不过迟到了10分钟。

下午1点45分，王厂长返回办公室，工厂工长已经在那里等着他。两个人仔细检查了工厂布置的调整方案及周边环境的绿化等工作要求。会议的时间持续得较长，因为中间被三个电话打断。到了3点35分时，王厂长和工厂副厂长穿过大厅来到会议厅。例行会议通常只需要一个小时，不过讨论工人工资和利益分配及输送系统问题的时间拖得很长。这次会议持续了3个多小时，当王厂长回到他的办公室时，已经精疲力竭了。12个小时以前，他还焦急地盼望着一个富有成效的工作日，现在一天过去了，王厂长不明白："我完成了哪件事？"当然，他知道他干完了一些事，但是本来有更多的事他想要完成的。是不是今天有点特殊？王厂长承认不是的，每天开始时他都有着良好的打算，而回家时却不免感到有些沮丧。他整日就像置身于琐事的洪流中，中间被不断地打断。他是不是没有做好每天的计划？他说不准。他有意使每天的日程不要排得过紧，以使他能够与人们交流，使得人们需要他时，他能抽得出时间来。但是，他不明白是不是所有管理者的工作都经常被打断和忙于"救火"，他能有时间用于计划和防止意外事件发生吗？

问题：

(1) 王厂长在该分厂属于(　　)。

A. 基层管理人员　　B. 中层管理人员

C. 高层管理人员　　D. 专业管理人员

(2) 王厂长应该履行的主要职责是(　　)。

A. 贯彻执行分厂的重大决策，并监督和协调基层管理者的工作

B. 负责制定组织的大政方针，沟通组织与外界的交往联系等

C. 抓部下解决不了或无力解决的重大问题、部门间的协调等

D. 直接指挥和监督操作者，保证上级下达的各项计划和任务的完成

(3) 根据卡特兹的三大技能，在本案例中，对于王厂长来说，(　　)更重要。

A. 概念技能比技术技能　　B. 技术技能比概念技能

C. 技术技能比人际技能　　　　　　D. 人际技能比概念技能

(4) 根据明茨伯格的管理者角色理论，王厂长打算计划下一年度的资本设备预算时所扮演的管理者角色是(　　)。

A. 挂名首脑　　B. 谈判者　　C. 领导者　　D. 资源分配者

(5) 王厂长疲于奔命，忙碌了一天，效果却不尽如人意，对其工作最恰当的评价是(　　)。

A. 重效率、轻效果　　　　B. 轻效率、重效果

C. 重效率、重效果　　　　D. 轻效率、轻效果

(6) 对于案例中王厂长总是随时向上司报告任何问题的做法，你认为最合理的评价是(　　)。

A. 充分体现了下级对上级高度负责的态度

B. 公司在组织运行中较好地贯彻了统一指挥原则

C. 体现了总公司与分厂间的有效沟通

D. 没有很好地把握权责一致的原则

(八) 应用题

1. 表 4-1 所示为一个汽车库及引道的施工资料，根据该资料绘制网络图并标示出关键工序。

表 4-1　一个汽车库及引道的施工资料

工序代号	工序内容	作业时间/天	紧前工序
A	清理场地、准备施工	10	—
B	备料	8	—
C	车库地面施工	6	A、B
D	墙及房顶预制	16	B
E	车库地面混凝土保养	24	C
F	竖立墙架	4	D、E
G	竖立房顶架	4	F
H	装窗及边架	10	F
I	装门	4	F
J	装天花板	12	G
K	油漆	16	H、I、J
L	引道混凝土施工	8	C
M	引道混凝土保养	24	L
N	清理场地，交工验收	4	K、M

2. 某工程工序资料如表 4-2 所示，请绘制网络图并标示出关键工序。

表 4-2　某工程工序资料

工序代号	箭尾编号	箭头编号	作业时间	紧后工序
A	1	2	2	B、C、D
B	2	3	3	E、F
C	2	4	6	G、H
D	2	5	4	I
E	3	6	6	J
F	3	4	5	G、H
G	4	6	7	J
H	4	7	8	K
I	5	7	9	K
J	6	7	4	K
K	7	8	3	—

3. 某房地产公司写字楼的施工资料如表 4-3 所示，请绘制网络图并标示出关键工序。

表 4-3　某房地产公司写字楼的施工资料

工序代号	紧前工序	工序时间
A	—	60
B	A	36
C	B	84
D	C	36
E	C	18
F	C	18
G	D、E、F	30
H	G	30
I	D	24
J	I、H	18
K	J	6

四、参考答案

(一) 填空题

1. 计划
2. 做什么(what)　为什么做(why)　何时做(when)
   何地做(where)　谁去做(who)　怎样做(how)
3. 长期计划　中期计划　短期计划
4. 战略计划　战术计划　作业计划
5. 指导性计划　指令性计划
6. 程序性计划　非程序性计划
7. 综合性计划　专业性计划　项目计划
8. 宗旨　目标　战略　政策　程序　规则　方案　预算
9. 目标的制定　目标的实施　成果的评价
10. 具体性原则　可度量性原则　或实现性原则　可接受性原则　时限性原则
11. 事件　工序　路线

(二) 判断题

1. 对	2. 对	3. 错	4. 错
5. 对	6. 错	7. 错	8. 对
9. 错	10. 错	11. 对	12. 错
13. 错	14. 对	15. 错	16. 对
17. 错			

(三) 单项选择题

1. B	2. A	3. A	4. B
5. D	6. C	7. B	8. B
9. A	10. D	11. C	12. C
13. A	14. D	15. C	16. A
17. D	18. B	19. C	20. B
21. C	22. A	23. D	24. D
25. D	26. D	27. C	

(四) 多项选择题

1. ABD	2. ABC
3. BC	4. BCD
5. AD	6. ABCDE

7. BCD　　8. ABCD

9. ABC　　10. ABCD

11. ABCD

(五) 简答题

1. 很多管理界的学者都对“计划”做了详细的解释。无论在名词意义上还是在动词意义上，计划内容都包括 5W1H。what——做什么？目标与内容。why——为什么做？原因。who——谁去做？人员。where——何地做？地点。when——何时做？时间。how——怎样做？方式、手段。

计划具有如下性质：①计划工作是为实现组织目标服务，“计划工作”是对“决策工作”在时间和空间两个维度上的进一步展开和细分；②计划工作是管理活动的基础；③计划工作具有普遍性和秩序性；④计划工作要追求效率。

2. 计划的类型及作用如下。

(1) 长期计划和短期计划。长期计划：描述了组织在较长时期的发展方向和方针，绘制了组织长期发展的蓝图。短期计划：具体规定了组织各部门在当前的各个较短时期阶段，特别是最近的时段中的目标和实施内容。

(2) 业务计划、财务计划、人事计划。从职能空间分类，可将计划划分为业务计划、财务计划、人事计划。

(3) 战略性计划、战术性计划。战略性计划：指用于整体组织的，为组织较长时间设立总体目标和寻求组织在环境中的地位的计划，具有整体性和长期性。战术性计划：规定总体目标如何实现的细节的目标。

(4) 具体性计划、指导性计划。具体性计划：具有明确规定的目标，不存在模棱两可。指导性计划：规定一些一般的方针和行动原则，给予行动者较大的自由处置权。

(5) 程序性计划、非程序性计划。

3. 计划编制包括如下几个阶段的工作。

(1) 确定目标。确定目标是决策工作的主要任务。

(2) 认清现在。目的是寻求合理有效的通向对岸的途径——实现目的的途径。

(3) 研究过去。研究过去不仅是从过去发生的事件中得到启示和借鉴，更重要的是探讨过去通向现在的一条规律。

(4) 预测并有效地确定计划重要的前提条件。

(5) 拟订和选择可行性行动的计划。

(6) 制订主要计划。

(7) 制订派生计划。其是与基本计划密切联系的计划。

(8) 制定预算，用预算使计划数字化。

4. 目标管理是一种程序，使一个组织中的上下各级管理人员会一起来制定共同的目标，确定彼此的成果责任。

目标具有如下特征：①目标的层次性。组织目标形成一个有层次的体系，范围从广泛的组织战略性目标到特定的个人目标。②目标网络。从某一具体目标的实施规划的整体协调方面进行工作。③目标的多样性。④目标的可考核性。⑤目标的可接受性。⑥目标的挑战性。⑦目标的伴随信息反馈性。

可通过以下目标管理的过程组织计划的实施：①制定目标(包括确定组织的总体目标和各部门的分目标)；②明确组织的作用；③执行目标；④成果评价；⑤实行奖惩；⑥制定新目标并开始新的目标管理循环。

5. 网络计划技术的基本原理是：把一项工作或项目分成各种作业，然后根据作业顺序进行排列，通过网络对整个工作或项目进行统筹规划和控制，以便用最少的人力、物力、财力，用最高的速度完成工作。

网络图中最基本的三个要素：工序、事项、路线图。

网络计划技术的评价有：①能把整个工程的各个项目的时间顺序和相互关系清晰地表明，并指出了完成任务的关键环节和路线；②可对工程的时间进度与资源利用实施优化；③可事先评价达到目标的可能性；④便于组织与控制；⑤易于操作，适用于各行各业和各种任务。

6. 滚动方式计划是根据计划的执行情况和环境变化情况定期修订未来的计划，并逐期向前推移，使短期计划、中期计划有机结合起来。滚动方式计划法可以避免这种不确定性可能带来的不良后果。滚动方式计划法虽然使得计划编制和实施工作的任务量加大，但优点十分明显：①滚动计划更加实际，并且使战略性计划的实施也更加切合实际；②滚动方式计划法使长期计划和中期计划与短期计划相互衔接；③滚动方式计划法加强了计划的弹性，这对于环境剧烈变化的时代来说尤为重要。

(六) 绘图说明题

箭线式网络图的示意简图如图4-1所示。该图名称为网络图，它在工程项目、新产品开发、生产运作管理等方面有广泛应用。

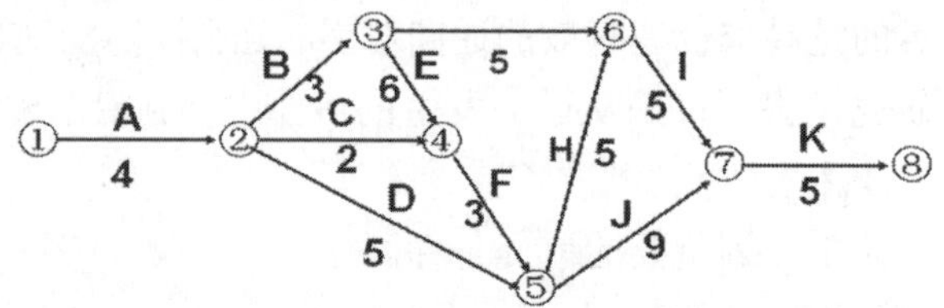

图4-1　箭线式网络图的示意简图

其构成要素主要有：A.工序，即图中的实箭头，一般用来表示既占用时间又占用资源的作业或工作；B.事项，即图中的小圆圈，也称结点，一般表示工序之间的连接点；C.路线，即图中由起始结点出发，沿箭线方向不间断地到达终结结点的各个通道；D.虚工序，即图中的虚箭头。

(七) 案例分析题

1. 《快餐店的计划》案例分析。

(1) 制订计划是选择目标和设计实现目标最好方案的过程。由于计划提供了方向、提供了整体框架、帮助识别机会与威胁、防止随意性和方便控制，所以制订计划对于各种形式的组织均十分重要。

(2) 制订计划的过程是一个循环的过程，包括一些必要的步骤：建立目标，评估当前的环境、条件并预测未来的环境和条件，提出并评价各种可供选择的方案，执行计划并监督检验效果。

(3) 在一个企业中，计划常常按照层次结构安排，并自上而下逐层细化，计划应该具备系统性。

2. 《目标管理？》案例分析。

目标管理通过专门设计的过程使目标具有可操作性，在这一过程中，组织的整体目标被转换为每一级组织单位的具体目标，再到部门目标，最后到个人目标。这一过程既是自上而下的，又是自下而上的，最终形成了一个目标的层次结构。在这一结构中，不同层次之间的目标连接在一起，而对每一位员工，目标管理都提供了具体的个人绩效目标。

目标管理有四个共同的要素：明确目标、参与决策、规定期限、反馈绩效。

目标设置的合理性可参考 SMART 法则。

3. 《10 分钟提高效率》案例分析。

(1) 舒瓦普总裁作为一个管理者，明确了有效的管理需要合理的计划，但是没有做好协调和组织各方面力量的工作，而且对计划的制订不够明确，所以他花了近 5 分钟的时间来安排仅仅 6 件事情。应该明确的是，计划工作的内容不仅要制定目标，还包括原因、人员、时间、地点、手段等。而总裁舒瓦普没有列出执行计划的具体时间、地点等，因此计划常常难以执行，而效率专家利恰恰抓住了这些关键，即即时、即地要实现的目标是什么，马上完成这些紧急计划。

(2) 我认为远远不够。首先，效率专家利的做法是旨在说明制订计划应遵循的重点原则，切忌“眉毛胡子一把抓”，到时候“丢了西瓜捡了芝麻”，使得原有的计划都难以实现，公司的效益也上不去。其次，我认为制订计划除重点原则外，还应遵循统筹、连锁、发展、便于控制和经济原则，强调人这个灵活因素，毕竟整体除了部分就只剩下了躯壳。如果一味机械地强调重要性，一直盯着做，事实上就会难以完成任务，或者会荒废过量的时间与精力，反而弄得得不偿失。

(3) 计划作为管理的首要职能，是组织实施的纲要，为控制提供标准，领导在计划实施中确保计划取得成功。计划的最终成果是对未来发展的行动方针做出预测和安排，有效的计划是一切成功的秘诀，计划做得好可取得很多收益，如提供方向；有效配置资源；适应变化，防患于未然；提高效率，调动积极性；为控制提高标准等。计划的作用主要还表现在：弥补不肯定性和变化带来的问题；有利于管理人员把注意力集中于目标;有利于提高组织的工作效率；有利于有效地进行控制。因此，制订合理的计划并进行有效实施，会取得巨大的成就。

4. 《忙碌的王厂长》案例分析。

(1) C　(2) BC　(3) A　(4) D　(5) B　(6) D

(八) 应用题

1. 汽车库及引道的施工网络计划图，如图 4-2 所示。

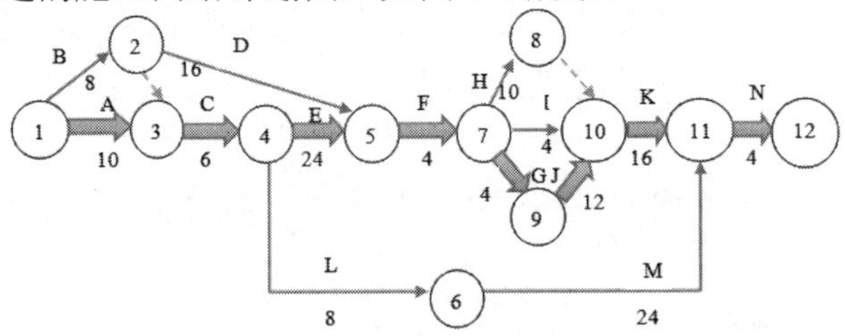

图 4-2　汽车库及引道的施工网络计划图

2. 某工程施工网络计划图，如图 4-3 所示。

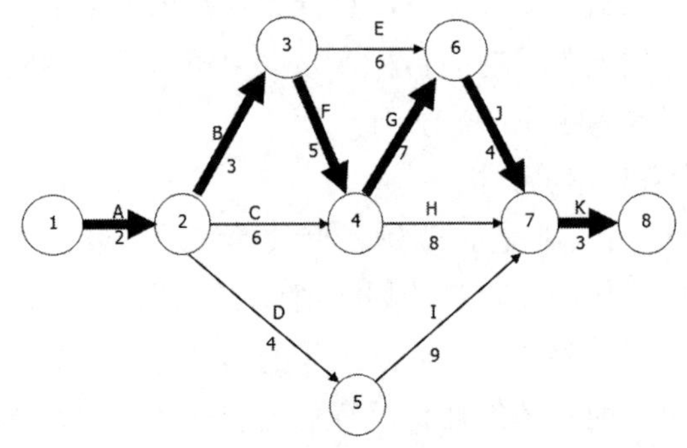

图 4-3　某工程施工网络计划图

3. 某房地产公司写字楼的施工网络计划图，如图 4-4 所示。

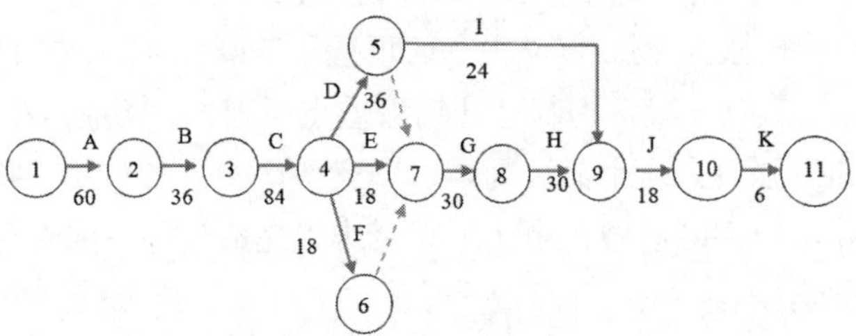

图 4-4　某房地产公司写字楼的施工网络计划图

第五章

战略性计划

一、教学要点

1. 战略性计划的重要概念及其主要内容
2. 战略环境分析在企业战略管理中的重要地位
3. 企业战略环境分析的具体内容
4. 企业战略选择的分类
5. 企业的基本战略姿态
6. 企业的成长战略

二、重要名词解释

1. 计划

计划有广义和狭义之分。广义的计划包括制订计划、执行计划和检查计划执行情况三个紧密衔接的工作过程。狭义的计划就是制订计划，即通过科学的预测，权衡客观的需要和主观的可能，提出未来一定时期内要达到的目标及实现目标的途径和方法。

2. 战略性计划

战略性计划是应用于整体组织的、为组织未来较长时期设立总体目标和寻求组织在环境中的地位的计划。战略性计划的主要内容包括远景和使命陈述、战略定位、战略选择、战略实施等。

3. 成本领先战略

企业强调以低单位成本价格为用户提供标准化产品，其目标是要成为其产业中的低成本生产厂商。

4. 差异化战略

企业力求就顾客广泛重视的一些方面在产业内独树一帜。它选择被产业内许多客户视为重要的一种或多种特质，并为其选择一种独特的地位以满足顾客的要求。

5. 目标集聚战略

企业选择产业内一种或一组细分市场，并量体裁衣使其战略为它们服务而不是为其他细分市场服务。

6. 一体化成长战略

一体化成长战略是指企业充分利用自己在产品、技术、市场上的优势，根据物资流动的方向，使企业不断地向深度和广度发展的一种战略。

7. 多元化成长战略

多元化成长战略是指在现有业务领域基础之上增加新的产品或业务的经营战略。根据现有业务领域和新业务领域之间的关联程度，可以把多元化战略分为同心多元化战略、横向多元化战略及混合多元化战略。

8. 战略管理过程

战略管理过程包括战略制定、战略实施和战略评价三个阶段。在战略制定阶段，战略环境分析是其主要内容，它是为完成企业使命服务的，并为战略选择服务，它包括外部一般环境分析、行业环境分析、竞争对手分析、企业自身分析、目标市场分析等。

9. SWOT 分析法

SWOT 分析法是指企业在战略制定和战略实施之前，对企业所处的外部环境，即机会(opportunities)和威胁(threats)所造成的影响，以及企业内部资源，即优势(strengths)和劣势(weaknesses)状况，通过调查罗列出来，并依照一定的次序，按照矩阵形式排列起来，然后运用系统分析的思想，把各种因素相互匹配起来加以分析，从中得出一系列相应的结论或对策。

三、习题

(一) 填空题

1. “我们想成为什么”描述的是企业的________。

2. 企业的各种价值活动分为两类，即________和________。

3. SWOT 分析法的四个字母 S、W、O、T 分别代表了________、________、________和________。

4. 战略环境分析包括外部一般环境、________、________、企业自身和________。

5. 可持续竞争优势的四个标准是________、________、________和_______。

6. 市场细分一般包括________、________和________三个阶段。

7. 产品生命周期分为四个阶段，分别是________、________、________和_______。

8. 企业的基本战略有________、________和_______。

9. 企业的成长战略有________、________和_______。

10. 企业的防御战略有________、________和_______。

(二) 判断题

1. 核心价值观是随着竞争性市场的变化而变化的。(　　)

2. 核心目标是指企业具体的目标或公司战略。(　　)

3. 战略之所以需要调整，是因为在战略执行的过程中产生的实际结果与预定目标有明显的差距。(　　)

4. 企业的核心竞争力就是企业自身的竞争优势，因而它可以具备多种优势。(　　)

5. 组织的优势和劣势与环境中的机会和威胁是相互联系、相互转换的。(　　)

6. 所有企业无论规模大小都必须重视战略管理，建立经营单位以实现其战略计划。(　　)

7. 战略控制是战略管理过程中的重要环节，其实质就是进行计划执行情况的检查，并对计划执行过程中出现的偏差进行纠正。(　　)

8. 协同作用体现的是一种联合作用的效果，因此，企业内部各经营单位联合起来所产生的效益一般都会大于各个经营单位各组努力所创造效益的总和。(　　)

9. 企业战略一经确定就不能改变，否则会影响企业发展的稳定性。(　　)

10. 定量计划比定性计划重要。(　　)

11. 制定战略时应注意内部的统一性和资源的配套性。(　　)

12. 战略管理是建立在对总体环境预测的基础之上的，因此其选择依据多为假设性结论。(　　)

13. 企业获得分销商或零售商的所有权或加强对他们的控制，是属于一体化战略中的后向一体化。(　　)

14. 企业为实现其有形资产价值而将公司资产全部或分块出售，是属于防御战略中的收缩战略。(　　)

15. 企业通过改进或改变产品或服务而提高销售的方法，是属于加强型战略的产品开发。(　　)

(三) 单项选择题

1. 《孙子兵法》中的“知天地、知彼己”对应到战略环境分析中，“天”“地”“彼”“己”分别是指(　　)。

①行业环境　②企业自身　③竞争对手　④一般环境　⑤目标市场
A. ④⑤①②　B. ①④③②　C. ④①③②　D. 上述均不是

2. 以下不属于加强型战略的是(　　)。
A. 产品开发战略　B. 合资经营战略
C. 市场开发战略　D. 市场渗透战略

3. 以下不属于防御型战略的是(　　)。
A. 合资经营战略　B. 收缩战略　C. 剥离战略　D. 差异化战略

4. 以下不属于公司成长战略的是(　　)。
A. 加强型战略　B. 一体化战略　C. 多元化战略　D. 差异化战略

5. 以下属于核心能力企业外扩张的是(　　)。
A. 市场开发　B. 出售核心产品
C. 剥离战略　D. 横向一体化

6. 为了获取垄断，企业可能采取(　　)。
A. 前向一体化战略　B. 后向一体化战略
C. 横向一体化战略　D. 纵向一体化战略

7. 通过开发新型产品或提供新型服务来拓展公司业务的是(　　)。
A. 市场开发战略　B. 协同业务开发战略
C. 产品开发战略　D. 市场渗透战略

8. 海尔集团为了扩大其彩电生产规模，整体收购了合肥黄山电子集团，这种企业并购被称为(　　)。
A. 纵向一体化　B. 横向一体化　C. 相关多元化　D. 非相关多元化

9. 进入一个市场相关但是技术不相关的业务领域，即向现有客户提供新的不相关产品，是属于(　　)。
A. 横向多元化　B. 横向一体化　C. 混合多元化　D. 以上说法都不对

10. 称霸酒业多年的五粮液已先后进入了服装、电子、制药等行业，而且正准备择机大步踏入汽车业，这说明它在实施(　　)战略。
A. 横向多元化　B. 合资经营　C. 集中多元化　D. 混合多元化

11. 当(　　)情况发生时，会有后向一体化。
A. 一个公司有自己的产品分销渠道来源
B. 一个公司集中在单一的行业中
C. 一个公司的业务间没有联系
D. 一个公司生产自己的原料

12. 汽车制造商生产冰箱属于(　　)战略。
A. 混合多元化　B. 同心多元化　C. 一体化　D. 产品开发

13. 现在都因农民自己进城卖粮或小贩转卖粮食，使得粮站门可罗雀，于是采取了深加工的对策，制作馒头、油饼、麻花等方便食品，既利民又获利，可谓“双赢”。这一对策

属于(　　)。

A. 后向一体化　　B. 前向一体化　　C. 横向一体化　　D. 多元化

14. 国内一家公司在其使命宣言中说，我们的追求是成为电子信息领域中世界级的设备供应商，永不进入信息服务领域。如果该陈述在实际经营中得到了遵守，那么这是一家(　　)。

A. 保守型企业，不关注信息时代的环境变迁

B. 在核心业务经营领域采取守势的防御型企业

C. 集中精力于发展核心业务的进攻型企业

D. 受核心价值观所束缚的不求发展的企业

15. 相传某市一条大街上开有两家百货商店，从一开始，这两家商店就互相在价格上斗个不停，甲的布匹降一成，乙马上就降两成，于是乎，乙的布匹销得很快。为了报复，甲针对乙的糕点买一赠一的策略，推出了买一赠二，将乙的顾客抢过来。两家商店经常这样同“市”操戈，可乐坏了当地的老百姓，临近的居民也常慕名光顾。直到这条街道改建搬迁，人们意外地发现，两家商店有一条地下通道相连，商店的主人实际上是两兄弟。对此，以下四种评论中最有道理的是(　　)。

A. 两兄弟在同业竞争中成了冤家，不停的价格战使买者无形中坐收渔翁之利

B. 两兄弟通过同“市”操戈戏扩展了市场，从而给他们两家店和顾客都带来了好处

C. 两兄弟利用地下通道相勾结，欺骗和坑害了购买者

D. 两家商店间的频频价格战是布点不合理和重复建设所必然引起的竞争恶果

16. 一个国家的财政税收政策发生了变革，意味着该国的企业组织所面临的(　　)发生了变化。

A. 内部环境　　B. 一般环境　　C. 任务环境　　D. 特殊环境

17. 某公司以前主要生产塑料制品，经营状况不理想。后来注意到，影视作品及电视广告中出现的家庭居室多使用各色塑料百叶窗，这种现象渐成时尚。于是公司推出了各种款式、尺寸、颜色的百叶窗，取得了不错的经营业绩。该公司的这一调整是对(　　)环境要素所做出的(　　)反应。

A. 技术环境　利用与引导　　B. 经济环境　利用与引导

C. 社会文化环境　适应　　D. 自然环境　利用

18. 战略联盟至少需要(　　)个企业。

A. 2　　B. 3　　C. 4　　D. 5

19. 某电脑生产厂商针对女性顾客开发了一款色彩鲜艳、体积较小的笔记本电脑，这种战略在理论上被称为(　　)。

A. 集中化战略　　B. 市场渗透战略

C. 市场细分战略　　D. 差异化战略

(四) 多项选择题

1. 战略管理对企业的益处有(　　)。
   A. 使人们识别、重视和利用机会
   B. 使重要决策更好地支持已建立的目标
   C. 将不利条件变为有利条件
   D. 鼓励前瞻式思维
   E. 加强对业务活动的协调与控制
2. 在下述情况下，企业可以考虑采用市场渗透战略的有(　　)。
   A. 现有用户对产品的使用率还可以显著提高
   B. 企业特定产品与服务在当前市场中还未达到饱和
   C. 企业拥有很强的研发能力
   D. 在整个产业的销售额增长时主要竞争者的市场份额在下降
   E. 规模的提高可以带来很大的竞争优势
3. 清算战略适用的情形有(　　)。
   A. 已经采取收缩和剥离战略，但均未成功
   B. 除了清算和破产外没有其他选择
   C. 企业在本产业中属于弱者
   D. 通过出售企业资产可以将损失降至最小
   E. 企业在战略上遭受失败，或者企业迅速发展，需要大规模改组
4. 社会文化环境包括(　　)。
   A. 宗教信仰　　B. 人口数量　　C. 消费习惯
   D. 审美观点　　E. 价值观念
5. 多元化成长的形式，按照跨行业产品与企业原有产品的联系程度，可以划分为(　　)。
   A. 横向多元化　　B. 纵向多元化　　C. 混合多元化
   D. 同心多元化　　E. 品种多元化
6. 核心价值观(　　)。
   A. 是组织持久的本质的原则
   B. 是一般性的指导原则
   C. 可以为了经济利益和短期好处暂时放弃
   D. 不需要理性的和外在的理由
   E. 强调企业是一种营利性组织
7. 行业内现有竞争对手分析，包括(　　)。
   A. 竞争对手基本情况研究
   B. 主要竞争对手研究
   C. 主要竞争对手的发展动向研究
   D. 次要竞争对手研究

E. 次要竞争对手的发展动向研究

8. 企业可以(　　)。
A. 选择环境　　B. 适应环境　　C. 利用环境
D. 改造环境　　E. 脱离环境

9. 下列情况下可以选择横向多元化战略的有(　　)。
A. 企业所在行业明显快速增长或预期快速增长
B. 增加新的相关产品可以显著地增加现有产品的盈利
C. 规模扩大有利可图
D. 新产品的生产和销售波动与企业现有产品正好互补
E. 企业可以利用现有的销售渠道销售新产品

10. 以下属于消费品市场细分变量的有(　　)。
A. 生产运作变量　B. 行为因素　　C. 状态因素
D. 人口统计因素　E. 地理因素中的城市规模

(五) 简答题

1. 简述加强型战略的主要内容。
2. 简述防御型战略的主要内容。
3. 战略环境分析的主要内容有哪些?
4. 简述一体化战略的类型及各自的选择原则。
5. 简述差异化战略，并说明它有哪些优势与风险。
6. 简述成本领先战略，并说明它有哪些优势与风险。
7. 增长型战略有哪些类型？具有哪些优势与风险?
8. 决定行业竞争力的五种力量是什么?
9. 简述产品生命周期各个阶段的特点。
10. 简述聚焦战略及其内容。

(六) 案例分析题

1. 【案例一】

谁是成本领先者

沃尔玛是世界上最大的零售商之一，它凭借规模经济和分销系统使成本降得非常低，因此，多年来它一直是低价商品的市场领导者。然而最近，沃尔玛的销售量在下滑，而 Dollar Stores 和亚马逊(以及其他一些公司)的商品销量却在上升，发生了什么呢?

沃尔玛决定在商店的一些边远位置改变战略，企图吸引更多高层次的消费者。例如，引入有机食品，重新设计商场的通道，让它变得更加宽敞，不那么凌乱，还减少了商品种类。这样做使得沃尔玛的部分商品价格上涨，事实上，它的一些商品的价格并不比塔吉特低。另外，这一战略看上去是要抢占塔吉特的市场份额，然而，沃尔玛在做出这种挑战性的行动以吸引塔吉特的顾客和其他一些新顾客时，却偏离了成本领先战略。

沃尔玛的行动给许多竞争对手提供了机会。例如，一些在线竞争对手能够获得成本和价格优势。根据一个作家的讲述，他在寻找一个新的Waste-King垃圾处理器时发现，亚马逊的售价比沃尔玛的售价低20%。有趣的是，亚马逊2010年的销售量增加了40%。同时，Dollar Stores和其他一些竞争对手也开始整理商店，引入更多的品牌商品，并保持较低的价格。这种做法使得它们凭借低价和便利性吸引了很多沃尔玛的顾客，也使得Dollar Stores所有商店的销售收入全部增加，还新开了上百家店。

沃尔玛意识到它犯了一个错误，于是，它把原先停止销售的商品又重新摆回货架，此外，它更加专注于保持成本和低价格战略。最后，沃尔玛还新开了40家快捷购物店，共1300多平方米。然而，有分析家质疑这种行动能否把失去的顾客重新吸引回来，因为这40家快捷购物店对Dollar Stores的上千家店并不会构成太大的威胁。当然，沃尔玛还要凭借比竞争对手更低的商品价格和更丰富的商品种类重新赢回顾客，但如果顾客对目前的购物店比较满意，那么沃尔玛只有使自己的商品价格足够低才能把顾客吸引过来。时间会证明沃尔玛能否重新获得市场上的成本领先地位。

问题：

运用波特五力对材料进行分析，解释沃尔玛的做法，并谈一谈成本领先战略的竞争性风险。

2. 【案例二】

蓝海战略

2005年2月，哈佛商学院出版社出版了钱·金和勒妮·莫博涅的《蓝海战略》一书，书中第一次提出了蓝海战略。其主要思想是，与其在拥挤的市场上(红海)做激烈竞争，不如开发新的、没有竞争的市场空间(蓝海)，有些蓝海是在已有产业以外创建的，但大多数蓝海是通过红海内部扩展已有产业边界而开拓出来的。

《蓝海战略》一经面世就显得不同凡响，在获得巨大成功的同时也引起了很多争议。有一种观点认为，蓝海战略不过是“新瓶装旧酒”式的概念炒作，在很大程度上仅是基于迈克尔·波特早期提出的“差异化竞争战略”的一种显性化提炼与引申而已；有人指出蓝海战略更多地体现在战术表现上，并未触及战略层面；还有一种批评认为，蓝海战略过于强调了创新的开拓性，而忽略了竞争的意志力，过于乐观地看到了新领域的收益，而忽略了机会成本和机会风险。

潘石屹在房地产界的成功在于，他找到了独特的产品定位——只为少数人盖房子。当大多数房地产商纠缠于公寓、写字楼、商铺、别墅市场时，潘石屹宣布：只给那些处于发展阶段的“创造阶层”盖房子，要给他们盖前卫、另类的房子。凭着这样的理念，潘石屹真正做到了“不与竞争者竞争”，从而开创了自己的“蓝海”。

把潘石屹的理念稍加解释就是，他做的是高端市场，但不用于一般意义上的豪宅，而是瞄准所谓“有知识、有创造力、有风格、正在升起”的中青年消费阶层——既有能力，又有品位和另类需求的小众人群，这些理念，正反映了潘石屹对“蓝海战略”的理解。

问题：

请你结合竞争战略理论，对“蓝海战略”进行分析与评价。

3. 【案例三】

通用电气

通用电气(GE)总共参与了16个不同行业的竞争：设备制造、飞机制造、电子消费品、配电、能源、娱乐、金融、天然气、保健、照明、机车、石油、软件、水、武器和风力发电机。从这个清单中我们可以看出，这些行业各不相同，当然其中有一些也具有一定的相似性。实际上，GE的业务被组合为四大集团：GE资本、GE能源、GE技术基础设施、GE家庭和工业解决方案。近几年，GE年收入的一半以上来自金融服务业务。因此，GE可以被定义为一个拥有雄厚行业基础的服务公司。2011年，GE名列全球《财富》500强第六位。它是唯一一个从1896年至今一直列入琼•道斯工业平均指数(Dow Jones Industrial Average)的公司。在过去的119年里，GE的股票价格平均每年增长5.8%。

这些数据表明，GE有着辉煌的历史，取得了巨大的成功。GE是一个能对全球经济产生影响的公司。该公司的CEO杰弗里•伊梅尔特(Jeffery Immelt)被奥巴马总统任命负责一个经济和就业问题的咨询小组。然而，GE的发展之路也并非一帆风顺，如GE曾经因为限制旗下的新闻媒体NBC报道对它有影响的新闻内容而备受批评。另外，GE还因为一些业务导致的环境问题而遭到指责。在21世纪初，GE的股票价格因为这些问题而不断下跌。

现在，GE已经走出了这些困境，它克服并纠正了许多环境问题，并成为清洁能源行业的主要参与者，如设计开发风力发电机和太阳能设备。GE开始从对新兴经济体(如中国和巴西)的投资中获得了强有力的利益增长。在这些国家，GE与当地合作者共同进行大规模业务投资，还发展研发中心。这些年，GE能得到如此增长靠的就是合并和收购。例如，2011年，GE以32亿美元收购了法国公司Converteam，这一收购可以为GE的风力发电机业务提供设备支持。2010年和2011年初的几个月，GE在收购方面花费了110多亿美元，以加强能源业务。

问题：

根据材料说明通用电气用了哪些战略使公司发展壮大？

四、参考答案

(一) 填空题

1. 远景
2. 基本活动　辅助活动
3. 优势(strengths)　劣势(weaknesses)　机会(opportunities)　威胁(threats)
4. 行业环境　竞争对手　目标市场
5. 有价值的　稀缺的　难以模仿的　不可替代的
6. 调查阶段　分析阶段　细分结果描述阶段
7. 导入期　成长期　成熟期　衰退期
8. 成本领先战略　差异化战略　目标集聚战略
9. 一体化战略　多元化战略　加强型战略
10. 收缩战略　剥离战略　清算战略

(二) 判断题

1. 错	2. 错	3. 对	4. 错
5. 对	6. 错	7. 错	8. 对
9. 错	10. 错	11. 对	12. 对
13. 错	14. 错	15. 对	

(三) 单项选择题

1. C	2. B	3. D	4. D
5. B	6. C	7. C	8. B
9. A	10. D	11. D	12. A
13. A	14. C	15. B	16. B
17. C	18. A	19. D	

(四) 多项选择题

1. ABDE	2. ABDE
3. ABD	4. ADE
5. AD	6. ABD
7. ABCE	8. ABCD
9. DE	10. BDE

(五) 简答题

1. 加强型战略是公司层战略的一种类型，实施加强型战略是企业对现有核心业务的现状及其未来充满信心的体现，这一类型战略的共同特征是扩大现有业务规模，加强其在行业中的竞争地位。围绕着核心思想，加强型战略可以分为以下四种形态。

(1) 市场渗透。市场渗透指通过努力，提高现有产品或服务在吸纳现有市场上的销售量和市场份额。这种渗透可以通过两种途径来实现：一是地理上的渗透，二是营销上的渗透。市场渗透的基本战略理论是：现有产品在现有市场上还有足够的增长潜力，通过渗透可以将这种潜力充分地挖掘出来。

(2) 市场开发。市场开发指以现有产品或服务打入新的地区市场，市场开发的战略考虑基于对新市场和自身实力的信心。

(3) 产品开发。产品开发战略通过开发新型产品或提供新型的服务来拓展公司的业务，这种战略是不满足于现有产品经营状态的体现。

(4) 协同业务开发。协同业务开发指进入一个新的产业，其根本目的一是在该新业务领域内获利，二是希望通过这一新业务的开发而为企业的现有主业带来更大的回报或增强主业的竞争能力。协同产业开发的准则只有一个，就是对现有主业提供强大的支持。

2. 防御型战略属于一种弱战略，这种战略基本上处于一种退或守的态势，其更多的是处于风险防范或产业退出的考虑。但是，从另一个方面来看，某一业务的退出在很大程度上也是为了在一个更好的领域内有所作为，因此不能把这种战略看成消极的行为。防御型战略可以分为合资经营、收缩、剥离和清算四种类型。

(1) 合资经营。合资经营是指与其他企业合资，共同组成一个新的企业，其目的可能是借用双方的力量共同把握一个机会、增加抵御风险的能力、绕开某种政策的限制等。

(2) 收缩。收缩战略是指通过减少某项业务的资产与成本，或者陆续抽出资金，使该业务逐步萎缩，以减少损失。这种战略也被称为转向或重组战略。收缩战略包括出售资产、压缩产品系列、停产、裁员等一系列手段。破产也是一种常用的收缩方法，破产可使公司躲避大额的债务或使一些重大的合同失效。

(3) 剥离。剥离战略是指出售公司的分公司、分部或者一部分业务。剥离可以是全面收缩战略的一部分，也可以是为下一步战略投资筹集资金的手段。在竞争不断加剧、分工日益细化的今天，剥离成为非常风行的战略性活动。

(4) 清算。清算是指将公司全部资产整体或分块出售，又称结业清算。清算是对业务经营的彻底放弃，也是避免更大损失的无奈之举。

3. 战略环境分析主要有以下内容。

(1) 外部一般环境。外部一般环境，或称总体环境，大致可以归纳为政治、社会、经济、技术、自然五个方面。政治环境包括一个国家的社会制度，执政党的性质，政府的方针、政策、法令等。社会文化环境包括一个国家或地区的居民教育程度和文化水平、宗教信仰、风俗习惯、审美观点、价值观念等。经济环境主要包括宏观和微观两个方面的内容。宏观经济环境主要指一个国家的人口数量及其增长趋势，国民收入、国民生产总值及其变化情况，以及通过这些指标能够反映的国民经济发展水平和发展速度。微观经济环境主要指企业所在地区或所服务地区的消费者的收入水平、消费偏好、储蓄情况等因素。技术环境要考虑与企业所处领域的活动直接相关的技术手段的发展变化及国家相关技术支持政策等。自然环境主要是指企业经营所处的地理位置及其气候条件和资源禀赋状况等因素。

(2) 行业环境。行业环境主要包括行业竞争结构、行业内战略群分析等内容。一个行业内部的竞争状态取决于五种基本竞争作用力，分别是行业内现有竞争对手研究、入侵者研究、替代品生产商研究、买方的讨价还价能力研究及供应商的讨价还价能力研究；行业内战略群，又称为战略集团，一个战略群指某一行业内在某些战略特征方面或相似公司的集合。

(3) 竞争对手。竞争对手研究的第一步是识别竞争对手。竞争对手分析的目的是，认识在行业竞争可能成功的战略的性质、竞争对手对各不同战略可能做出的反应，以及竞争对手对行业变迁及其更广泛的环境变化可能做出的反应。

(4) 企业自身。企业自身与竞争对手相对应地进行研究，其目的是“识长短”，即与对手相比，认清企业自身的实力与不足。

(5) 目标市场，也即顾客。企业的产品和服务是为顾客服务的，但是企业不能在产品和服务创造出来后才考虑顾客的需求，而应该在战略制定阶段就分析企业所服务的顾客及需求。企业顾客研究的主要内容是：总体市场分析、市场细分、目标市场确定和产品定位。总体市场分析是不仅要注意分析如经济、基础建设等硬件，更要注意分析如政治、法律、社会、文化等软件；市场细分就是将一个总体市场划分为若干个具有不同特点的顾客群，每个顾客群需要相应的产品或市场组合；目标市场确定即在市场细分之后评价各个细分市场并选择出企业所服务的目标市场；产品定位是企业为了满足目标市场，确定产品(或服务)的功能、质量、价格、包装、销售渠道和服务方式等。

4. 一体化战略的类型及其各自的选择原则如下。

(1) 前向一体化，即企业获得分销商或零售商的所有权或加强对他们的控制。选择原则是：企业现在利用的销售商或成本高昂，或不可靠，或不能满足企业需要；可利用的高质量销售商数量很有限；企业所在行业明显快速增长或预期快速增长；企业具有销售自己产品所需要的资金和人力资源；企业有稳定的生产；现在利用的经销商或零售商有丰厚的利润。

(2) 后向一体化，即企业获得供应商的所有权或加强对他们的控制。选择原则是：企业现在利用的供应商或成本高昂，或不可靠，或不能满足企业需要；可利用的供应商数量少且需求方数量多；企业所在行业明显快速增长或预期快速增长；企业具有自己生产原材料所需要的资金和人力资源；原材料价格稳定和供货稳定对企业十分关键；现在利用的供应商有丰厚的利润；企业需要尽快地获取所需要的资源。

(3) 横向一体化。企业所在行业目前较为零散，但具备集中的基本经济条件；企业在一个成长的行业中进行竞争；规模扩大有利可图；企业具备管理更大组织的能力。竞争者由于管理原因或资源限制而停滞不前。

5. 差异化战略也叫特色优势战略，指企业力求就顾客广泛重视的一些方面在产业内独树一帜。它选择被产业内许多客户视为重要的一种或多种特质，并为其选择一种独特的地位以满足顾客的要求。

差异化战略的优势是：①形成进入障碍；②降低顾客的敏感程度；③增强讨价还价的能力；④防止替代品的威胁。

差异化战略的风险是：①形成产品差异化的成本过高，大多数购买者难以承受产品的价格，企业也就难以盈利；②竞争对手退出相似的产品，降低了产品的差异化特色；③竞争对手推出更有差异化的产品，使得企业原有购买者转向竞争对手；④购买者不再需要本企业赖以生存的那些产品差异化的因素。

6. 成本领先战略，即企业强调以低单位成本价格为用户提供标准化产品，其目标是要成为其产业中的低成本生产厂商。

成本领先战略的优势是：①形成进入障碍；②保持领先的竞争地位；③增强讨价还价的能力；④防止替代品的威胁。

成本领先战略的风险是：①竞争对手开发出更低成本的生产方法；②竞争对手采用模仿的办法；③顾客需求的改变。

7. 增长型战略主要有以下三种类型。

(1) 一体化战略。包括：①前向一体化，即企业获得分销商或零售商的所有权或加强对他们的控制；②后向一体化，即企业获得供应商的所有权或加强对他们的控制；③横向一体化，即企业获得与自身生产同类产品的竞争对手的所有权或加强对他们的控制。

(2) 多元化战略。包括：①同心多元化，即企业增加新的，但与原有业务相关的产品与服务；②横向多元化，即企业向现有顾客提供新的、与原有业务不相关的产品与服务；③混合多元化，即企业增加新的、与原有业务不相关的产品或服务。

(3) 加强型战略。包括：①市场渗透，即企业通过加强市场营销，提高现有产品或服务在现有市场上的市场份额；②市场开发，即企业将现有产品或服务打入新的区域市场；③产品开发，即企业通过改进或改变产品或服务而提高销售。

增长型战略的优势有：①企业可以通过增长型战略发展，扩大自身价值，这体现了经过扩张后的公司市场份额和绝对财富的增加；②企业能通过不断变革创造更高的生产经营效率与效益，使企业总是充满生机和活力；③增长型战略能保持企业的竞争实力，实现特定的竞争优势。

增长型战略的风险有：①在采用增长型战略获得初期的效果后，很可能导致盲目地发展和为了发展而发展，从而破坏企业的资源平衡；②过快的发展很可能降低企业的综合素质，使企业的应变能力虽然表面上不错，但由于企业新增机构、设备、人员太多而未能形成一个有机的相互协调的系统，从而引发内部危机和混乱；③增长型战略很可能使企业管理者更多地注重投资结构、收益率、市场占有率、企业的组织结构等问题，而忽视产品的服务或质量，重视宏观发展而忽视微观问题，因而不能使企业达到最佳状态。

8. 迈克尔·波特所提出的五种竞争力量分析模型被广泛应用于行业环境的分析。根据波特的观点，在任何行业里，无论是国内还是国际，无论是提供产品还是提供服务，竞争的规则都包括在五种竞争力量之内，它们共同决定了产业的吸引力和盈利能力。具体而言，这五种力量分别是行业内现有的竞争对手、潜在的进入者、潜在的替代品、供应商的讨价还价能力及购买者的讨价还价能力。

(1) 行业内现有的竞争对手。该力量包括竞争对手的数量、分布、规模、资金及技术力量、未来发展动向等。把握竞争对手的基本信息，使企业在竞争中处于主动地位。

(2) 潜在的进入者。由于它新的业务能力和充裕的资源，这将导致行业竞争更加激烈，其结果是产品价格可能被压低或从业者的经营成本上升，从而导致行业利润率下降。

(3) 潜在的替代品。替代品的使用价值或功能相同，能够满足消费者的需要相同，在使用过程中就可以相互替代，生产这些产品的企业之间就可能形成竞争。再者，替代品限定了行业内厂商可能的最高限价，从而限制了一个行业的潜在收益。因此，一旦替代品生产形成强大的经济规模，从而定价能力增强，那么，本行业将受到威胁，因为其潜在理由或许在某个时刻突然消失。在判断威胁最大的替代品时，应特别重视以下两类替代品研究：容易导致价格改变的替代品、现行盈利率很高的替代品。

(4) 供应商的讨价还价能力。因为企业生产所需的许多生产要素是从外部获得的，从而提供这些生产要素的经济组织也制约着企业的经营。供应商对企业经营的影响表现在以下两个方面：第一，供应商能否根据企业的需要按时、按质、按量地提供所需的生产要素，影响着企业生产规模的维持和扩大；第二，供应商提供货物时所要求的价格决定着企业生产成本，影响着企业的利润水平。

(5) 购买者的讨价还价能力。消费者对行业内企业经营的影响体现在以下两个方面：第一，消费者对产品的总需求决定着行业的市场潜力，从而影响行业内所有企业的发展边界；第二，不同消费者的讨价还价能力会诱发企业之间的价格竞争，从而影响企业的获利能力。

9. 产品生命周期各个阶段的特点如下。

(1) 在导入阶段，需求可能很高，优势甚至超过企业的供应能力。在这一阶段，经理们首要的工作是在不牺牲品质的条件下“将产品卖出家门”。聘用新员工、管理库存和现金流也是这一阶段经理们应当关心的问题。

(2) 在成长阶段，市场上制造同类产品的企业多了起来，销售持续增长。这一阶段中重要的管理问题包括保证品质和供货，企业开始实行差异化的方法。在成长阶段进入这一产业的企业可能会威胁现有组织的竞争优势，因此如何组织竞争对手的进入是这一阶段中重要的管理问题。

(3) 经过一段成长期，产品进入了生命周期中的第三个阶段，即成熟阶段，产品总需求的增长开始放慢，制造这种产品的新企业的数目开始减少，现有的制造该产品的企业的数目也开始减少。对于期望长期经营该产品的企业来说，成熟阶段是非常重要的。产品的差异化在这一阶段仍然极为重要，但同时保持低成本、寻找新产品和服务业已经成为重要的战略考虑。

(4) 在衰退阶段，产品或技术的需求出现下降，制造产品的组织的数目出现下降，总销售额也下降了。需求下降通常是因为有兴趣采购某一特定产品的人已经买过了。在产品生命周期的早期阶段未能预见到衰退阶段的企业可能退出经营，对产品实行差异化、保持低成本或开发出新产品或服务的企业在这一阶段将做得很好。

10. 聚焦战略是指通过一系列行动来生产产品或提供服务，以满足特定的竞争性细分市场的需求。当公司利用核心竞争力来满足特定细分市场的需求时，或者想要把他人排挤出这个市场时，就可以使用聚焦战略。可以运用聚焦战略的细分市场有：①某个特定的购买群体(如年轻人或老年人)；②某一产品线的特定部分(如专业油漆匠或 DIY 一族使用的产品)；③某一特定地理区域的市场。

聚焦战略的本质在于“从均衡的行业中探索出窄目标市场的差别”。使用聚焦战略的公司试图比行业内的其他公司更有效地服务于某一特定的细分市场。当公司能有效地服务于特定的细分市场，并且该细分市场的需求特殊到其他竞争者都不为这一市场提供服务，或者公司能够满足其他竞争对手无法很好地满足的需求时，使用聚焦战略才会取得成功。

聚焦战略可以分为以下两种形式：①聚焦成本领先战略。该战略下的产品或服务具有低成本和差异化的特点；②聚焦差异化战略。该战略下的产品或服务针对某些特定的群体，如女人或小孩。

聚焦战略的风险有：①竞争对手可能会聚焦于更窄的竞争性细分市场，从而使公司的聚焦战略变得“不再聚焦”。②在行业范围内开展竞争的公司可能会认为执行聚焦战略的公司所服务的细分市场很有吸引力，值得一争，如此，便会加大竞争。③随着时间的推移，窄细分市场的顾客需求会与整个行业的顾客需求趋于一致，因此，聚焦战略的优势就会减少或者消除。

(六) 案例分析题

1. 《谁是成本领先者》案例分析。

(1) 运用波特五力对沃尔玛的做法解释如下。

① 与现有竞争对手的竞争。在应对竞争对手时，低成本是非常有价值的。由于成本领先者占据着有利的位置，竞争对手在决定是否进行价格竞争时会犹豫不决，尤其是在评估这种竞争的潜在后果之前。沃尔玛以它的低成本而闻名，不断地为顾客创造价值。然而，当它进行改革以吸引高层次消费者时，它的低成本地位变得非常脆弱，从而给了 Dollar

Stores 和亚马逊等可乘之机。亚马逊成为低成本的领先者，Dollar Stores 则在更便于消费者购物的地方销售低价商品，这两个竞争对手已经开始将沃尔玛的顾客吸引了过来。由于沃尔玛在销售和市场地位上遭受了空前的损失，因此，它开始转回原来的战略，并采取新的竞争行动(如成立新的快捷购物店)。

② 潜在进入者。成本领先者不断努力使成本低于竞争对手，进而使自己变得更有效率。这是因为效率的不断提高(如规模经济)可以巩固毛利率，给潜在竞争对手造成巨大的进入壁垒。为了获得平均利润，新进入者必须能够把成本降低到其他竞争对手的水平，而不是向成本领先者看齐。较低的毛利率(与执行差异化战略的公司获得的毛利率相比)使得成本领先者必须销售出大量的商品才能获得超额利润。然而，试图成为成本领先者的公司应当尽量避免将产品价格定得过低，否则，即使销量增加，公司的获利仍然会减少。

③ 替代品。在替代品方面，成本领先者的市场地位比其他竞争对手更有利。当替代品的特性和特征在成本和差异化方面更能吸引顾客的注意力时，这个替代品就成为一个令公司非常头疼的问题。面对可能出现的替代品，成本领先者往往比其他竞争对手更灵活。为了留住顾客，成本领先者可以降低产品或服务的价格。有了低价的产品和具有竞争性的差异化，成本领先者可以提高顾客对自己产品而非替代品的偏好程度。

④ 供应商的议价能力。成本领先者赚到的毛利润比其他竞争对手要多。成本领先者希望不断降低成本来增加它的毛利润。另外，较高的毛利润还使成本领先者能更好地消化供应商的提价。当整个行业的供应成本大幅增加时，只有成本领先者能负担得起该价格，并且继续获得平均利润或超额利润。从另一个角度来讲，强有力的成本领先者也可以迫使供应商维持原价，从而使供应商的毛利润降低。沃尔玛的错误就在于此，由于减少了商品的数量和种类，导致降低了与供应商议价的能力，这使它无法保持最低的商品价格，因此，Dollar Stores 和亚马逊开始通过低价赢得沃尔玛的市场份额。

⑤ 购买者的议价能力。强有力的购买者可以迫使成本领先者降低价格，但是这个价格不会低于行业内排在第二位的成本领先者赚到的平均利润的水平。尽管强有力的购买者能够迫使成本领先者把价格降到这个水平之下，但是他们通常不会选择这样做，因为如果价格低到让排在第二位的竞争者连平均利润都赚不到，就会导致排名第二的竞争者退出该市场，这样市场上就只剩下成本领先者，而该成本领先者面对的竞争更少，地位就会变得更强，如果购买者必须购买该公司的产品，那么他将没有讨价还价的能力，只能为产品支付高价。

(2) 成本领先战略的竞争性风险有如下几个。

① 成本领先者用来生产和分销产品的流程可能会因为竞争对手的创新而过时。这些创新可以让竞争对手以更低的成本进行生产，或者在不提高价格的情况下给顾客带来额外的差异化特征。

② 过分强调低成本会使公司无法很好地理解顾客对于“竞争性差异化水平”的感知。

③ 通过利用核心竞争力，竞争对手有时可以学会如何成功地模仿成本领先者的战略。一旦这种情况发生，成本领先者必须增加产品或服务的价值。通常来说，公司可以通过降低产品的价格，或者在保持价格不变的情况下增加产品的差异化特征来创造价值。

2. 《蓝海战略》案例分析。

(1) 在任何产业，都存在着五种竞争力量左右着竞争规则，这五种力量共同决定了产业的吸引力和盈利性。这五种力量是：新进入者的威胁、替代产品或服务的威胁、购买者讨价还价的能力、供应商讨价还价的能力、现有公司之间的竞争。

(2) 一旦管理者评估了五种力量和确定了存在的威胁和机会，接下来就是要选择合适的竞争战略。竞争战略主要通过产业分析，选择适当的战略获取竞争优势。其中重要的一个工具就是波特的五力模型。同时，每个企业都会有许多优点或缺点，任何优点或缺点都会对相对成本优势和相对差异化产生作用。成本优势和差异化都是企业比竞争对手更擅长应对五种竞争力的结果。将这两种基本的竞争优势与企业相应的活动相结合，就可以导出让企业获得较好竞争位置的三种一般性战略：成本领先战略、差异化战略及成本聚焦战略。

(3) 竞争战略的内容有以下几个方面。

① 成本领先战略就是瞄准较宽的大规模市场的低成本战略。这种战略要求建立高效、大规模的生产设施，通过经验曲线和严格的成本与费用控制努力寻求成本消减，在研究开发、服务、营销等方面实现成本最小化。

② 差异化战略就是瞄准较宽的大规模市场，生产在整个产业看来都比较独特的产品或服务。这种独特性可以与设计、品牌形象、技术、性能、代理商网络或客户服务有关。产品或服务的要价可能比较高，它主要是通过满足特定客户的需求，给客户带来特殊价值来实现。

③ 成本聚焦战略针对某一购买群体或区域市场采用低成本战略，只服务于这一市场空隙(细分市场)。采用成本集中的公司或事业部在目标市场中寻求成本优势。那些认为自己集中努力能够比竞争对手在目标细分市场做得更好的公司或者事业部采用成本集中战略更有价值。成本集中战略要求在市场占有率与盈利性之间能够较好平衡。差异化战略就是针对某一购买群、产品细分市场或区域市场采用差异化战略。采用集中一点的战略时，公司或事业部在目标细分市场寻求差异化。那些认为自己集中努力能够比对手更有效地满足目标市场中特殊需求的公司或事业部，采用集中一点的战略就更有价值。

(4) 对蓝海战略的分析和评价。蓝海战略应该是竞争战略中成本聚焦战略的差异化聚焦，集中公司力量开发竞争对手没有发现的市场，更好地满足目标市场的需求。需要注意的是，采用差异化竞争战略的公司必须保证，它为更高质量索取的更高价格没有比竞争对手高一大截，以及不能让顾客觉得额外质量不值得额外花费。市场定位较为狭窄的，也许可以在细分市场中获得更好的差异化或更低的成本，但当细分市场的特殊性逐渐丧失或需求消失时，它很可能败给定位较宽的企业。

3. 《通用电气》案例分析。

从材料中可以看出通用公司用了以下两种战略。

(1) 多元化战略。GE 在几个不同的独立产品市场上运营不同的业务，使得公司的投资灵活地转向回报高的市场，而不是“将所有鸡蛋都放在一个篮子里”。企业采用多元化战略，可以更多地占领市场和开拓新市场，也可以避免单一经营的风险。

(2) 一体化战略。GE 通过合并和收购获得有利于自身发展的竞争对手的所有权，扩大了公司规模，也提供了公司发展所必需的一些资源，在市场上获得以成本为基础和以收入为基础的协同效应，来增强公司的市场影响力。

第六章

决策

一、教学要点

1. 决策的定义、特点及原则
2. 决策按不同分类标准划分的类型
3. 决策的过程
4. 影响决策的因素
5. 决策的三大理论
6. 主观决策法
7. 有关活动方向的决策方法
8. 有关活动方案选择的决策方法

二、重要名词解释

1. 决策

决策是指管理者识别并解决问题及利用机会的过程。具体含义可理解为：①决策的主体是管理者(既可以是单个的管理者，也可以是多个管理者组成的集体或小组)；②决策的本质是一个过程，这一过程由多个步骤组成；③决策的目的是解决问题或利用机会，也就是说，决策不仅是为了解决问题，有时也是为了利用机会。

2. 长期决策

长期决策又称长期战略决策，是指有关组织今后发展方向的长远性、全局性的重大决策，如投资方向的选择、人力资源的开发与组织规模的确定等。

3. 战略性决策

战略性决策是指关系到组织的生存发展的全局性、长远性问题的决策。

4. 战术性决策

战术性决策又称策略决策或管理决策，是为了保证战略决策的实现所做的决策，面临的大多是实施方案的选择、资源的分配、实际业绩的评估等方面的问题，比较具体，带有局部性且灵活性较大。

5. 程序性决策

程序性决策也称例行决策、常规决策，是指经常发生的能按规定的程序和标准进行的决策，多指对例行公事所做的决策。

6. 非程序性决策

非程序性决策通常要处理的是偶然发生的、无先例可循的、非常规性的问题。在这种情况下，决策者难以照章行事，需要有创造性思维。

7. 确定型决策

确定型决策是指面临一种比较确定的自然状态，可选方案的预期结果是相对明确的，因而方案之间的比较和择优是不难做到的。

8. 风险型决策

风险型决策是指面临多种可能的自然状态，可选方案在不同自然状态下的结果不同，未来会出现哪一种自然状态，事前虽难以肯定，但却可以预测其出现的概率。

9. 不确定型决策

不确定型决策是指各备选方案可能出现的后果是未知的，或只能靠主观概率判断时的决策。与风险型决策条件基本相似，不同的只是不能预测未来自然状态出现的概率，因而不确定因素更多，决策风险更大。

10. 德尔菲法

德尔菲法也称专家意见法或函询调查法，是对传统专家会议法的改进和发展。德尔菲法采用匿名通信或反复征求意见的形式，使专家们在互不知晓、彼此隔离的情况下交换意见，这些意见经技术处理后会得出预测的结果。

11. 头脑风暴法

头脑风暴法是由一群人通过相互启发以尽可能地形成多种方案的一种方法。小组一般由5～9人组成，在讨论过程中，鼓励参加者提出各种建议，并禁止对他人想法进行批评，以便各种创新方案不断地被提出。

12. 政策指导矩阵

政策指导矩阵即用矩阵来指导决策。具体来说，从市场前景和相对竞争力两个角度来分析企业活动各个经营单位的现状和特征，并把它们标示在矩阵上，据此指导企业活动方向的选择。

三、习题

(一) 填空题

1. 按照决策条件(或称自然状态)的可控程度，决策可分为________、________和________。

2. 按照决策目标的影响程度不同，决策可分为________、________和________。

3. 按照决策是否具有重复性，决策可分为________和________。

4. 按照决策权限的制度安排，决策可分为________和________。

5. 决策遵循的原则是________，而不是________。

6. 决策是指为________的过程。

7. 决策的过程大致包括判断问题、________、拟定可供选择的方案、________各行动方案、选择________方案并组织实施、________。

8.________是一切决策的基本特点，因此当前的决策不可能不受过去决策的影响。

9. 决策理论的三大代表性理论是________、________和________。

10. 政策指导矩阵从________和________两个标准来对企业各个经营单位进行分析。

11. 波士顿矩阵中高增长/弱竞争地位业务是________，低增长/高竞争地位业务则是________。

12. 量本利分析法是分析________、________、________三者的依存关系。

13. 常用的确定型决策方法有________和________等。

(二) 判断题

1. 管理者进行决策是为了解决问题，而不是利用机会。(　)

2. 业务性决策是为了保证战略决策的实现所做的决策，所面临的大多是实施方案的选择、资源的分配、实际业绩的评估等方面的问题。(　)

3. 按照决策条件的可控程度，决策可分为程序性决策和非程序性决策。(　)

4. 通常决策者的地位越高，其所做出的决策越接近于战略性决策。(　)

5. 决策就是要选择一个最佳的方案来实现组织的目标。(　)

6. 不确定型决策面临的是多种可能的自然状态，可选方案在不同自然状态下的结果不同，未来会出现哪一种自然状态，事前虽难以肯定，但却可以预测其出现的概率。(　)

7. 古典决策理论认为，进行决策的目的始终是使本组织获取最大的经济利益。(　)

8. 组织管理者在决策时离不开信息，信息的数量和质量直接影响决策水平，也就是说管理者要不计成本地收集各方面的信息。(　)

9. 小中取大法是在各方案都处于最好结局的情况下，从中选择收益值最大的方案为最优方案。(　)

10. 群体决策的决策权由集体共同掌握，是群体成员相互妥协以求得一致意见的决策。(　)

11. 在盈亏平衡点，产品的单位价格等于产品的单位变动成本。(　　)

(三) 单项选择题

1. (　　)大多由中层管理者进行，主要是对组织内部的资源进行有效的组织和利用，以提高管理效力。

A. 业务性决策　　B. 战略性决策
C. 战术性决策　　D. 程序化决策

2. “管理就是决策”这种说法，意味着(　　)。

A. 管理者只要善于做决策就一定能获得成功
B. 决策能力对管理者的成功具有特别重要的作用
C. 进行管理首要的是在面对复杂环境时做出决策
D. 管理者只有做出最优的决策才是好的管理者

3. 决策的重点或者核心是(　　)。

A. 明确目的　　B. 制定方案
C. 进行主观判断　　D. 分析选择

4. 在管理决策中，许多管理人员认为只要选取满意的方案即可，无须刻意追求最优方案。下列最能解释此类观点的是(　　)。

A. 现实管理决策中常常由于时间太紧而来不及寻找最优方案
B. 现实中不存在所谓最优方案，所以最后只能选择满意方案
C. 管理者难以就最优决策达成共识，只有退而求其次
D. 刻意追求最优方案，常常会因成本过高而得不偿失

5. 某公司的研发部打算对新产品进行开发，这属于(　　)。

A. 风险型决策　　B. 不确定性决策
C. 程序化决策　　D. 非程序化决策

6. 波士顿矩阵中的瘦狗型业务是指(　　)。

A. 高增长、低市场份额　　B. 低增长、低市场份额
C. 高增长、高市场份额　　D. 低增长、高市场份额

7. 不确定型决策的主要特点是(　　)。

A. 各方面所面临的自然状态未知
B. 各自然状态发生的概率未知
C. 各自然状态发生的概率已知
D. 各方案在各自然状态下的损益值未知

8. 作为某公司总经理的老吴，最应该亲自拍板的管理事项是(　　)。

A. 客户的投诉　　B. 组织结构的调整
C. 资金的安排　　D. 办公设备的购置和分配

9. 完整决策过程的第一步是(　　)。

A. 确定目标　　B. 发现问题
C. 拟定可行方案　　D. 组织有关人员

10. 某企业生产某产品，固定成本 8 万元，单位可变成本每件 5 元，该产品每件售价 13 元，则产品的盈亏平衡点产量是(　　)件。

A. 8000　　B. 10000　　C. 12000　　D. 20000

11. 决策是管理的核心内容，企业中的各层管理者都要承担决策的职责。下面关于决策的解释，更准确的是(　　)。

A. 越是企业的基层管理者，所做出的决策越倾向于战术性、风险型的决策

B. 越是企业的基层管理者，所做出的决策越倾向于非常规的、肯定型的决策

C. 越是企业的高层管理者，所做出的决策越倾向于战略性、风险型的决策

D. 越是企业的高层管理者，所做出的决策越倾向于常规的、科学的决策

12. 相对于古典决策理论而言，行为决策理论假设人的理性是(　　)。

A. 完全理性　　B. 完全非理性　　C. 有限理性　　D. 以上都不是

13. 现有两个初始投资相同的方案。A：若市场条件好可获利 100 万元，不好时损失 10 万元。B：市场条件好可获利 1100 万元，不好时损失 1010 万元。若这两个方案实施时市场条件好坏的概率各为 50%，则下列观点正确的是(　　)。

A. 由于这两个方案都有 50%失败的可能性，所以均不可能获利

B. 这两个方案的获利期望值都是 45 万元，因此没什么差别

C. 综合考虑获利期望的机会与经营风险，可知 B 方案优于 A 方案

D. B 方案在市场条件好时可获利 1100 万元，远高于 A 方案，由此可见，B 方案优于 A 方案

14. 在不确定性决策中，采用(　　)准则可保证决策者至少可获得某一收益，不会有亏损情况发生。

A. 小中取大　　B. 大中取大　　C. 乐观系数　　D. 最小最大后悔值

15. 决策树的基本原理是以(　　)为基础，选择最佳决策。

A. 损益矩阵　　B. 客观概率　　C. 可行方案　　D. 期望值

16. 下列关于决策的描述中，正确的是(　　)。

A. 大多数管理者都愿意冒险

B. 大多数管理者都讨厌风险

C. 对风险的态度因人而异

D. 应用定量决策方式可以排除决策中的人为因素

17. 某企业打算开发一种新产品，预计该产品未来市场销路可能有三种自然状态：销路好、销路一般、销路较差。各种自然状态的概率不知道。现有两个方案可供选择，即自行开发和购买专利。预计这两个方案在上述三种自然状态下的损益值见表 6-1。

表 6-1　两个方案在三种自然状态下的损益值

方案	销路好	销路一般	销路较差
自行开发	500	300	100
购买专利	800	500	-100

用后悔值法判断选择的结果应是(　　)。

A. 自行开发　　B. 购买专利

C. 无法判断　　D. 自行开发和购买专利均可

(四) 多项选择题

1. 以下不属于决策过程步骤的有(　　)。

A. 制订计划和标准　　B. 组织内部沟通

C. 明确决策目标　　D. 发现问题

E. 方案择优

2. 按照决策目标的影响程度不同，可将决策分为(　　)。

A. 确定型决策　　B. 风险型决策　　C. 战略性决策

D. 战术性决策　　E. 业务性决策

3. 决策的影响因素主要包括(　　)。

A. 环境　　B. 时间　　C. 组织文化

D. 决策者的个性特征　　E. 运气

4. 风险型决策的方法很多，主要有(　　)。

A. 图解法　　B. 表格法　　C. 矩阵决策法

D. 决策树法　　E. 乐观系数法

5. 采取头脑风暴法进行决策，需遵循的原则是(　　)。

A. 鼓励每个人独立思考，提出各种建议

B. 建议越多越好

C. 参与者要考虑自己建议的质量

D. 对别人的建议不做任何评价

E. 可以随时补充和完善已有建议

6. 下列选项中不属于企业的短期决策的是(　　)。

A. 投资方向的选择

B. 人力资源的开发

C. 组织规模的确定

D. 企业日常营销

E. 本季度研发支出的投入

7. 下列对经营单位组合图的说法正确的是(　　)。

A. “明星”经营单位的市场占有率和业务占有率都较高，因而所需要和所产生的现金都较多

B. “金牛”经营单位的特征是业务增长率较高，而目前的市场占有率较低

C. “幼童”经营单位的特征是市场占有率较高，而业务增长率较低

D. “瘦狗”经营单位的特征是市场份额和业务增长率都较低

E. 在企业的四类经营单位中，“明星”经营单位代表着最高利润增长率和最佳投资机会，因而企业应投入必要的资金，增加它的生产规模

(五) 简答题

1. 什么是决策？决策有哪些特点？
2. 为什么在决策中采用满意原则而不是最优原则？
3. 简述决策的过程。
4. 按照决策条件(或称自然状态)的可控程度可将决策分为哪几种？这几种决策有何区别？
5. 简述行为决策理论的主要内容。
6. 简述采用决策树法的步骤。

(六) 看图说明题

请说出图 6-1 的名称，并指出图中各象限的主要含义。

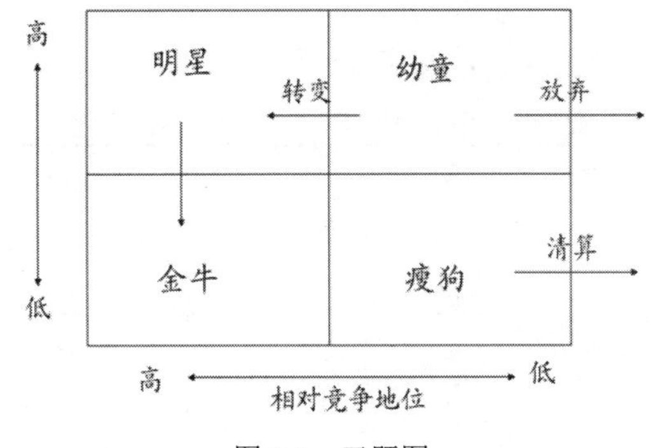

图 6-1 习题图

(七) 计算题

1. 某化工厂 2014 年生产某种产品，售价 1000 元，销售量为 48000 台，固定费用 3200 万元，变动费用 2400 万元，求盈亏平衡点产量。

2. 某企业计划生产一产品，经市场调查后预计该产品的销售前景有两种可能：销路好，其概率是 0.6；销路差，其概率是 0.4。可采用的方案有两个：一个是新建一条流水线，需投资 2000 万元，另一个是对原有设备进行技术改造，需投资 500 万元，两个方案的使用期均为 10 年，损益资料如表 6-2 所示。

表 6-2 损益资料

方案	投资(万元)	年收益		使用期
		销路好(0.6)	销路差(0.4)	
甲——新建流水线	2000	700	-200	10 年
乙——技术改造	500	500	100	10 年

试根据以上条件：

(1) 绘出决策树；

(2) 计算出两个方案的收益期望值，并进行决策。

3. 某企业打算生产一种新产品，有以下四种方案可供选择。

A1：改造原有生产线。

A2：新建一条生产线。

A3：配件生产外包。

A4：从市场上采购一部分配件。

该企业决策层经过分析，认为未来产品投放市场后可能有以下四种状态。

S1：需求量高。

S2：需求量一般。

S3：需求量较低。

S4：需求量很低。

各方案在各种状态下的预期收益如表 6-3 所示。

表 6-3　各方案在各种状态下的预期收益

自然状态 / 收益 / 方案	S1	S2	S3	S4
A1	360	290	-180	-100
A2	580	410	-240	-190
A3	190	120	80	-48
A4	110	95	75	15

根据上述条件，用三种常用不确定型决策方法，即

(1) 小中取大法；

(2) 大中取大法；

(3) 最小最大后悔值法。

试给出各方法下的决策方案。

(八) 案例分析题

1. 【案例一】

阿迪达斯与耐克

如果你是一名长跑爱好者，那么在 20 世纪 60 年代或 70 年代初，你只有一种合适的鞋可供选择——阿迪达斯(Adidas)。阿迪达斯是德国的一家公司，是为竞技运动员生产轻型跑鞋的先驱。在 1976 年的蒙特利尔奥运会上，田径赛中有 82%的获奖者穿的是阿迪达斯牌运动鞋。

阿迪达斯的成功在于试验。它试用新的材料和技术来生产更结实和更轻便的鞋。其中，四钉跑鞋和竞赛鞋采用的是尼龙鞋底和可更换鞋钉。高质量、创新性和产品多样化，使阿迪达斯在20世纪70年代在这一领域的国际竞争中取得了胜利。

20世纪70年代，蓬勃兴起的健康运动使阿迪达斯公司感到吃惊。一瞬间，以前不爱好运动的人们对体育锻炼产生了兴趣。成长最快的健康运动细分市场是慢跑。据估计，到1980年有2500万～3000万美国人加入了慢跑运动，还有1000万人是为了休闲而穿跑鞋。尽管如此，为了保护其在竞技市场中的统治地位，阿迪达斯并没有大规模地进入慢跑市场。

20世纪70年代出现了一大批竞争者，如美洲狮(Puma)、布鲁克斯(Brooks)、新布兰斯(New Balance)和虎牌(Tiger)。但有一家公司比其余公司更富有进取性和创新性，那就是耐克(Nike)。由前俄勒冈大学的一位长跑运动员创办的耐克公司，在1972年俄勒冈尤金举行的奥林匹克选择赛中首次亮相。穿着新耐克鞋的马拉松运动员获得了第四至第七名，而穿阿迪达斯鞋的参赛者在那次比赛中占据了前三名。

耐克的大突破出自1975年的“夹心饼干鞋底”方案。它的鞋底上的橡胶钉使之比市场上出售的其他鞋更富有弹性，“夹心饼干鞋底”的流行及旅游鞋市场的快速膨胀，使耐克公司1976年的销售额达到1400万美元，而在1972年仅为200万美元，自此耐克公司的销售额飞速上升。今天，耐克公司的年销售额超过了35亿美元，并成为行业的领导者，占有运动鞋市场26%的份额。

耐克公司的成功源于它强调的两点：①研究和技术改进；②风格式样的多样化。公司有将近100名雇员从事研究和开发工作。它的一些研究和开发活动包括：人体运动高速摄影分析，对300个运动员进行的试穿测验，以及对新的、改进的鞋和材料的不断试验及研究。

在营销中，耐克公司为消费者提供了最大范围的选择。它吸引了各种各样的运动员，并向消费者传递出最完美的旅游鞋制造商形象。到20世纪80年代初慢跑运动达到高峰时，阿迪达斯已成了市场中的“落伍者”。竞争对手推出了更多的创新产品、品种，并且成功地扩展到了其他运动市场。例如，耐克公司的产品已经统治了篮球和年轻人市场，运动鞋已进入了时装时代。到20世纪90年代初，阿迪达斯的市场份额降到了4%。

(资料来源：潘连柏. 管理学原理习题集[M]. 北京：人民邮电出版社，2013.)

问题：

(1) 耐克公司的管理当局制定了什么决策使它如此成功？

(2) 到20世纪90年代初，阿迪达斯的不良决策制定如何导致了市场份额的极大减少？是不确定性在其中扮演了什么角色吗？

2. 【案例二】

一错再错的雅虎

2000年1月7日，美国加州圣克拉拉市雅虎公司的总部大楼里洋溢着轻松愉快的气氛，雅虎股价几天前刚刚创下了237.5美元/股的历史新高，这对于公司的每位员工来说都是个好消息。在三层的办公室里，首席执行官蒂姆·库格尔(Tim Koogle)正筹划着雅虎未来的宏图大计。这时，电话铃响了，一个意想不到的消息传到了库格尔的耳朵里：据知情人士透露，美国在线打算与时代华纳合并！这个消息如平地一声惊雷一样令库格尔震惊不已，但他万万没有料到，它竟成了雅虎盛极而衰的导火索。

在接到美国在线将与时代华纳合并的消息后，雅虎公司的三位实权人物——首席执行官蒂姆·库格尔、总裁杰弗雷·马莱特(Jeffrey Mallett)和创始人杨致远立即召开了研讨会商量对策。在研讨会上，围绕着联盟还是不联盟的问题，三人展开了激烈的辩论。库格尔认为，博采众家之长比收购一家传统媒体公司更适合雅虎的发展模式，它可以使雅虎更好地为消费者提供高质量的内容服务，因此库格尔主张保持雅虎公司独立的运营策略，继续捍卫自己在门户领域里的老大地位。相比之下，总裁马莱特和创始人杨致远更倾向于收购一家传统媒体公司。他们认为，在美国在线使出了极具威胁的杀招后，雅虎必须全力应战，利用其高达1100亿美元的市值，收购一家属于自己的老牌传统媒体。在经过了长达四个小时的论战后，库格尔的观点最终占据了上风，三人一致决定：雅虎不应效仿美国在线的做法与传统媒体联盟，而是应继续保持独立的运营风格。

这是雅虎的决策者们犯下的第一个严重错误。很明显，美国在线和时代华纳合并后将会牢牢地控制网络、杂志、电影电视及图书出版等领域的大片“江山”，雅虎单纯依靠在线广告的运营模式肯定无法与之相抗衡，其领先地位将不可避免地受到削弱。这个道理看上去十分明显，但由于当时正值雅虎的鼎盛时期，因而它并没有得到公司决策者们的足够重视，这是导致雅虎后来不利局面的重要原因。由于美国经济自去年下半年起持续下滑，今年第一季度公司广告客户用于在线广告的开支比去年同期大幅减少了50%。受此影响，雅虎公司今年一季度的销售额仅有1.8亿美元，比去年同期剧降了42%，公司的市值也缩水到了110亿美元，比高峰时期减少了92%。与此相对照的是，美国在线时代华纳公司今年一季度的广告和商务收入增加了10%，其市值已高达2210亿美元，将雅虎远远地抛在了身后。

一次决策失误并不会使雅虎这样的巨人就此倒下，在做出不收购老牌媒体决定之后不到三个月的时间里，雅虎公司就得到了一个改变命运的机会：著名的拍卖网站eBay抛出橄榄枝，表示愿与雅虎合并，条件是eBay公司的首席执行官惠特曼必须直接对雅虎公司的首席执行官库格尔负责。这桩送上门的买卖本来可以使雅虎公司重新崛起，但内部的钩心斗角使雅虎公司再次丢掉了一个扭转乾坤的大好时机。

在收购eBay的问题上，雅虎公司的首席执行官库格尔非常积极，他很希望雅虎能够成功收购eBay，从而扩大公司的业务范围，增强公司的营收能力。但雅虎总裁马莱特对此却有不同的看法，他认为eBay的企业文化与雅虎并不相符，收购eBay对于雅虎的战略发展并无太大的益处。两位核心人物的分歧使雅虎与eBay的收购谈判从一开始就步履维艰，虽然在库格尔的极力推动下，两家公司的谈判日渐热烈，但雅虎公司内部的矛盾也同样日渐升级——马莱特不希望惠特曼越过自己直接对库格尔负责，他对收购eBay的问题采取了对立的态度。

在收购即将成功的时候，马莱特向杨致远和大卫·费罗这两位公司的创始人表达了反对收购的意见，极力向他们说明eBay的企业文化并不适合雅虎。在他的强力游说下，杨

致远和大卫·费罗很快加入了反对收购的阵营。费罗给库格尔发去了一封电子邮件，力劝库格尔取消收购 eBay 的计划。在几位实权派人物的压力下，库格尔最终选择了少数服从多数，取消了收购行动。后来的事实证明，雅虎的这个决定绝对是错误的。在雅虎公司面临窘境，财富急剧缩水的同时，eBay 公司获得了巨大的成功。今年一季度，eBay 公司的销售额达到了 1.84 亿美元，比去年同期增长了 79%，净利润也创下了 2100 万美元的纪录，这大概是雅虎公司万万没有料到的。

在谈到有关雅虎决策的问题时，该公司一位前任经理里克·莱格(RichRygg)表示："雅虎公司最大的问题在于，它的管理总是以劝说的方式进行，而不是命令。雅虎的管理层习惯以一种少数服从多数的方式进行决策。"

(资料来源：冯国珍. 管理学习题与案例[M].上海：复旦大学出版社，2011.)

问题：

(1) 你如何理解里克·莱格关于雅虎决策问题的那段话？少数服从多数是决策应遵循的原则吗？为什么？

(2) 雅虎为什么一错再错？雅虎的决策方式存在哪些问题？

3. 【案例三】

可口可乐铤而走险

1985 年 4 月 23 日，可口可乐公司董事长罗伯特·戈伊朱埃塔宣布了一个惊人的决定。在美国乃至世界商业史上，还从来没有哪一个商业决策能像可口可乐公司的决策那样引起如此巨大的震惊、骚动和争论。

戈伊朱埃塔说："即使是最好的也可以做得更好。"他宣布：经过 99 年的发展，可口可乐公司决定放弃它那一成不变的传统配方，因为现在消费者更偏好口味更甜的软饮料。为了迎合这一市场需求的变化，可口可乐公司决定更改配方调整口味，推出新一代可口可乐。

1. 决策的背景及过程

直到 20 世纪 70 年代中期，可口可乐公司一直是美国饮料市场上无可争议的领导者，然而，自 1976—1979 年间，可口可乐在市场上的增长速度从每年递增 13%猛跌至 2%。与此形成鲜明对比的是，百事可乐来势汹汹，异常红火。它先是推出了"百事新一代"的系列广告，以浓厚的理想主义色彩和澎湃的青春感召力为特色，将促销锋芒直指饮料市场最大的消费群体——年轻人。

在第一轮广告攻势大获成功之后，百事可乐公司仍紧紧盯住年轻人不放，继续拼命强化百事可乐的"青春形象"，又展开了号称"百事挑战"的第二轮广告攻势。在这轮广告中，百事可乐公司大胆地对顾客口感试验进行了现场直播，即在不告知参与者是在拍广告的情况下，请他们品尝各种没有品牌标志的饮料，然后说出哪种口感最好，试验全过程现场直播。百事可乐公司的这次冒险成功了，几乎每一次试验后，品尝者都认为百事可乐更好喝。"百事挑战"系列广告使百事可乐在美国饮料市场所占的份额从 6%狂升至 14%。

可口可乐公司不相信这一切会是真的，该公司也立即组织了口感测试，结果与“百事挑战”中的一样：人们更喜爱百事可乐的口味。表6-4反映出可口可乐与百事可乐的市场占有率的变化情况。

表6-4 可口可乐与百事可乐在饮料市场所占份额(20世纪50年代至1984年)

产品名称	20世纪50年代	1975		1979		1984	
		市场占有率	领先值	市场占有率	领先值	市场占有率	领先值
可口可乐	可口可乐是百事可乐的两倍	24.2%	6.8%	23.9%	6.0%	21.7%	2.9%
百事可乐		17.4%		17.9%		18.8%	

从表6-4中可以看出，可口可乐公司在市场占有率的领先值从20世纪50年代的6.8%一路下滑至1984年的2.9%，这充分说明了百事可乐受欢迎的程度。

可口可乐公司市场调查部的研究表明，可口可乐独霸饮料市场的格局正在转变为可口可乐与百事可乐分庭抗礼的新格局。根据可口可乐公司市场调查部门公布的数据，在1972年，有18%的软饮料消费者只认可口可乐这一种品牌，但是只有4%的消费者非百事可乐不饮。10年后则形势迥异，只有12%的消费者忠诚于可口可乐，而坚持只喝百事可乐不喝其他饮料的消费者比例竟几乎与可口可乐持平，达到11%。

最令可口可乐公司气恼的是：可口可乐的广告费超出百事可乐1亿美元，可口可乐自动售货机数量是百事可乐的两倍，可口可乐的销售网点比百事可乐多，可口可乐的价格比百事可乐有竞争力……可为什么可口可乐的市场占有率就一直在下滑呢？

2. 戈伊朱埃塔的主张

1968年，戈伊朱埃塔被调入可口可乐公司总部，开始参与高层决策工作。

即将退休的董事长奥斯汀本打算从可口可乐总部之外选择继任者，但可口可乐公司的老前辈、90岁高龄的罗伯特·伍德罗夫对奥斯汀施加了压力，迫使他提名戈伊朱埃塔出任可口可乐公司董事长。

上任伊始，戈伊朱埃塔召开了可口可乐公司全球经理会议，声称可口可乐公司已经没有什么东西值得沾沾自喜了，他要求各位经理必须接受这一现实——可口可乐公司非变不可了。

这位可口可乐公司的新领导人宣布可口可乐公司进入了变革的新时代，变革的突破口选择为可口可乐公司那曾经是神圣不可侵犯的，但如今却不能适应时代变化的99年未变的配方。

3. 市场调查

尽管可口可乐公司广告开销巨大、分销手段先进、网点覆盖面广，但从20世纪70年代末到80年代初，它的市场占有率一直在下滑，于是公司决定从产品本身寻找原因。种种迹象表明，口味是造成可口可乐市场份额下降的一个最重要的原因。这个99年秘不示人的配方似乎已经合不上今天消费者的口感了。于是，可口可乐公司在1982年实施了“堪萨斯工程”。

“堪萨斯工程”是可口可乐公司秘密进行的市场调查行动的代号。调查员向顾客出示包含有一系列问题的调查问卷，请顾客现场作答。例如，有一个问题是：可口可乐配方中将增加一种新成分，使它喝起来更柔和，你愿意吗？另一个问题为：可口可乐将与百事可乐口味相仿，你会感到不安吗？你想试一试新饮料吗？

根据调查结果，可口可乐公司市场调查部门得出了如下数据：只有10%～12%的顾客对新口味可口可乐表示不安，而且其中一半的人认为以后会适应新可口可乐。这表明顾客们愿意尝试新口味的可口可乐。

可口可乐公司技术部门决意开发出一种全新口感的、更惬意的可口可乐。1984年9月，他们终于拿出了样品。这种新饮料比可口可乐更甜、气泡更少，它的口感柔和且略带胶黏感，这是因为它采用了比蔗糖含糖量更多的谷物糖浆。可口可乐公司组织了品尝测试，在不告知品尝者饮料品牌的情况下，请他们说出哪一种饮料更令人满意。测试结果令可口可乐公司兴奋不已，顾客对新可口可乐的满意度超过了百事可乐。而以前的历次品尝测试中，总是百事可乐打败可口可乐。可口可乐公司的市场调查人员认为，这种新配方的可口可乐至少可以将公司在饮料市场所占的份额向上推动一个百分点，这意味着多增加2亿美元的销售额。

为了万无一失，可口可乐公司又倾资400万美元进行了一次规模更大的口味测试。13个大城市的19.1万名顾客参加了这次测试。在众多未标明品牌的可乐饮料中，品尝者们仍对新可口可乐青睐有加，55%的品尝者认为新可口可乐的口味胜过传统配方的可口可乐，而且在这次测试中新可口可乐又一次击败了百事可乐。

4.“新可乐”上市

新可口可乐马上就要投产了，但此时可口可乐公司又面临着一个新问题：是为“新可乐”增加一条生产线，还是用“新可乐”彻底取代传统的可口可乐呢？

可口可乐公司决策层认为，新增加生产线肯定会遭到遍布世界各地的瓶装商们的反对，因为会加大瓶装商的成本。经过反复权衡后，可口可乐公司决定用“新可乐”取代传统可乐，停止传统可乐的生产和销售。

1985年4月23日，戈伊朱埃塔在纽约市的林肯中心举行了盛大的新闻发布会，正式宣布“新可乐”取代传统的可口可乐上市了。“新可乐”上市初期，市场反应非常良好。1.5亿人在“新可乐”问世的当天品尝了它，历史上没有任何一种新产品会在面世当天拥有这么多买主。发给各地瓶装商的可乐原浆数量也达到5年来的最高点。

5. 决策的后果

风云突变，虽然可口可乐公司事先预计会有一些人对用“新可乐”取代传统可乐有意见，但却没想到反对的声势如此浩大。

在“新可乐”上市4小时之内，可口可乐公司接到650个抗议电话。到5月中旬，公司每天接到的批评电话多达5000个，而且更有雪片般飞来的抗议信件。可口可乐公司不得不开辟83条热线，雇用了更多的公关人员来处理这些抱怨与批评。

许多人开始寻找已停产的传统可口可乐，这些“老可乐”的价格一涨再涨。到6月中旬，“新可乐”的销售量远低于可口可乐公司的预期值，不少瓶装商强烈要求改回销售传统可口可乐。

可口可乐公司的市场调查部门再次出动，对市场进行了紧急调查。结果他们发现，在5月30日前还有53%的顾客声称喜欢“新可乐”，可到了6月，一半以上的人说他们不喜欢“新可乐”。到7月，只剩下30%的喜欢“新可乐”了。愤怒的情绪继续在美国蔓延，传媒还在煽风点火。

可口可乐公司的决策者们不得不认真考虑问题的严重性了。在一次董事会上，戈伊朱埃塔决定暂时先不采取行动，到6月的第4个周末再说，看一看到那时销售量会有什么变化。

但到6月底，“新可乐”的销量仍不见起色，而公众的抗议却愈演愈烈。于是，可口可乐公司决定恢复传统配方的生产，其商标定名为Coca-Cola C1assic(可口可乐古典)。同时继续保留和生产“新可乐”，其商标为New Coke(新可乐)。7月11日，戈伊朱埃塔率领可口可乐公司的高层管理者站在可口可乐标志下向公众道歉，并宣布立即恢复传统配方的可口可乐的生产。

消息传来，美国上下一片沸腾。华尔街也为可口可乐公司的决定欢欣鼓舞，“老可乐”的归来使可口可乐公司的股价攀升到12年来的最高点。

百事可乐公司美国业务部总裁罗杰尔•恩里克说：“可口可乐公司推出‘新可乐’是一个灾难性的错误，是20世纪80年代的‘爱迪塞尔’。”

(资料来源：根据http://blog.sina.com.cn/toshta所载网文改编)

问题：

你认为可口可乐公司决策存在那些失误?

四、参考答案

(一) 填空题

1. 确定型决策　风险型决策　不确定型决策
2. 战略性决策　战术性决策　业务性决策
3. 程序性决策　非程序性决策
4. 个人决策　群体决策
5. 满意原则　最优原则
6. 管理者识别并解决问题及利用机会
7. 明确决策目标　分析评价　满意　监督与反馈
8. 非零起点
9. 古典决策理论　行为决策理论　回溯决策理论
10. 市场前景　相对竞争能力
11. 幼童型业务　金牛型业务
12. 成本　产量　利润
13. 线性规划　量本利分析法

(二) 判断题

1. 错　2. 错　3. 错　4. 对
5. 错　6. 错　7. 对　8. 错
9. 错　10. 错　11. 错

(三) 单项选择题

1. C	2. B	3. D	4. D
5. D	6. B	7. B	8. B
9. B	10. B	11. C	12. C
13. C	14. A	15. A	16. C
17. B			

(四) 多项选择题

1. AB	2. CDE
3. ABCD	4. BCD
5. ABDE	6. ABC
7. ADE	

(五) 简答题

1. 决策是指管理者识别并解决问题及利用机会的过程。具体含义可理解为：①决策的主体是管理者(既可以是单个的管理者，也可以是多个管理者组成的集体或小组)；②决策的本质是一个过程，这一过程由多个步骤组成；③决策的目的是解决问题或利用机会，也就是说，决策不仅是为了解决问题，有时也是为了利用机会。

决策的特点有：①决策的前提，即要有明确的目的；②决策的条件，即有若干个可行方案可供选择；③决策的重点，即方案的比较分析；④决策的结果，即选择一个满意的方案；⑤决策的实质，即主观判断过程。

2. 满意原则是针对“最优化”原则而言的。对决策者来说，要想使决策达到最优，必须具备以下条件：①容易获得与决策相关的全部信息；②真实了解全部信息的价值所在，并据此拟定出所有可能的方案；③准确预测每个方案在未来的执行结果。但在现实中，上述条件往往得不到满足，主要原因如下。

其一，组织内外存在很多因素，它们都会对组织的运行产生不同程度的影响，但决策者很难收集到反映这一切情况的信息。

其二，对于收集到的有限信息，决策者的利用能力也是有限的，从而决策者只能制定数量有限的方案。

其三，任何方案都要在未来实施，而人们对未来的认识和影响都是十分有限的，从而决策时所预测的未来状况可能与实际的未来状况不一致。

因此，现实中的上述状况决定了决策者难以做出最优决策，只能做出相对满意的决策。

3. 决策的过程如下。

(1) 判断问题——认识和分析问题：决策的第一步要求决策者必须主动地深入实际调查研究，及时发现并提出新问题进而解决问题，以保证组织的健康发展。

(2) 明确决策目标：目标的确定要经过调查研究，掌握系统准确的统计数据和事实，然后进行一定的整理分析，根据对组织总目标及各种目标的综合平衡，结合组织的价值准则和决策者愿意为此付出的努力程度进行确定。

(3) 拟定可供选择的行动方案：制定备选方案要注意科学性和创造性。方案中能够进行量化和定量分析的，一定要将指标量化，并运用科学合理的方法进行定量分析；要充分发挥集体的智慧才能，让大家畅所欲言，然后再经过充分讨论后进行制定。

(4) 分析评价各行动方案：首先要建立一套有助于指导和检验判断正确性的决策准则，然后根据这些方面来衡量每一个方案，其次分析每一个方案的利弊，比较各方案之间的优劣，最后综合评价和分析比较结果，提出推荐方案。

(5) 选择满意方案并组织实施：在对各方案进行理性分析比较的基础上，决策者要从中选择一个满意方案并付诸实施。

(6) 监督与反馈：决策者应该通过信息的反馈来衡量决策的效果，并适时进行相应的调整和改变。

4. 按照决策条件(或称自然状态)的可控程度，可将决策分为确定型决策、风险型决策、不确定型决策，它们的区别为：①确定型决策面临的是一种比较确定的自然状态，可选方案的预期结果是相对明确的，因而方案之间的比较和择优是不难做到的；②风险型决策面临的是多种可能的自然状态，可选方案在不同自然状态下的结果不同，未来会出现哪一种自然状态，事前虽难以肯定，但却可以预测其出现的概率；③不确定型决策是指各备选方案可能出现的后果是未知的，或只能靠主观概率判断时的决策。与风险型决策条件基本相似，不同的只是不能预测未来自然状态出现的概率，因而不确定因素更多，决策风险更大。

5. 行为决策理论的主要内容如下。

(1) 人的理性介于完全理性和非理性之间，即人是有限理性的。

(2) 决策者在识别和发现问题中容易受知觉上偏差的影响，而在对未来的状况做出判断时，直觉的运用往往多于逻辑分析方法的运用。

(3) 由于受决策时间和可利用资源的限制，决策者即使充分了解和掌握有关决策环境的信息情报，也只能做到尽量了解各种备选方案的情况，而不可能做到全部了解，决策者选择的理性是相对的。

(4) 在风险型决策中，与经济利益的考虑相比，决策者对风险的态度起着更为重要的作用。

(5) 决策者在决策中往往只求满意结果，而不愿费力寻求最佳方案。

6. 采用决策树法的步骤如下。

(1) 先画决策树，包含决策点、方案分支、自由状态点、概率分支等。

(2) 计算各决策点期望值。将各种自然状态下的收益值乘以各自的概率值即可计算出。

(3) 方案的灵敏度分析。将概率值、损益值在可能产生误差的范围内变化几次，看各次期望值误差大小。若它们稍加变动时，期望值变动会很大，原先的最优方案为另一方案所代替，则该数据就称为敏感性数据，该方案称为不稳定方案，否则，就是稳定方案。

(六) 看图说明题

该图是企业经营单位组合图，也称“波士顿矩阵”。其基本含义是：大部分企业都有两个以上的经营单位，每个经营单位都有相互区别的产品市场片，企业应该为每个经营单位确定其活动方向。①“金牛”。特征是市场占有率较高，而业务增长率较低，其活动方向应该是利用其所产生的大量现金流满足企业经营的需要。②“明星”。特征是市场占有率和业务增长率都较高，其活动方向应该是企业投入必要的资金，增加它的生产规模。③“幼童”。特征是业务增长率较高，而目前的市场占有率较低，其活动方向应该是投入必要的资金，以提高其市场份额，扩大销售量。④“瘦狗”。特征是市场份额和业务增长率都较低，其活动方向应该是采取收缩或放弃的战略。

(七) 计算题

1. 解答：

令 W——单件产品价格，C_V——单件产品变动费用，F——固定费用，X——销售量；

令 S——销售收入，所以，$S=WX$；

令 Y——总费用，所以，$Y=F+C_VX$。

盈亏平衡时：$S=Y$，即 $WX=F+C_VX$，得到盈亏平衡点产量 $X_0=\dfrac{F}{W-C_V}$。

因此，代入计算：$F=3200$ 万元 $W=1000$ 元 $C_VX=2400$ 万元 $X=48000$ 台(由后两式得出 $C_V=5000$ 元)。

最后得到：$X_0=64000$ 台。

2. 解答：

(1) 绘制决策树，如图 6-2 所示。

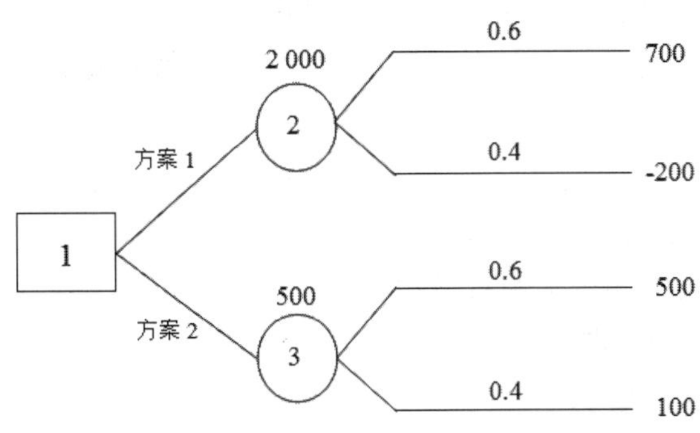

图 6-2　绘制决策树

(2) 计算期望值。

结点 2 的期望值为 $[700\times0.6+(-200)\times0.4]\times10-2000=1400$

结点 3 的期望值为 $(500\times0.6+100\times0.4)\times10-500=2900$

因此，从期望值来看，第二种方案更好。

3. 解答：

(1) 小中取大法：取 A4 方案，收益值 15 万元；

(2) 大中取大法：取 A2 方案，收益值 580 万元；

(3) 最小最大后悔值法：取 A1 方案，收益值-180 万元。

(八) 案例分析题

1. 《阿迪达斯与耐克》案例分析。

(1) 合理的决策应该具备明确的目标、切实的可行性、可靠的保证、符合经济原则、应变的能力。耐克选择了新兴的市场，看准了发展目标，及时做出决策并采取有效的措施，靠创新的技术适应多变的市场。对研究和技术进行改进、注重风格式样的多样化等这些都保证了耐克决策的成功。而阿迪达斯没有对新兴市场做出反应，决策没有变化，自然在竞争中逐渐处于落后地位。

(2) ①决策的失误导致在行业市场中的竞争力减弱，消费者群体转向竞争者耐克，阿迪达斯的市场份额被竞争者赢得，最后导致其市场份额大幅度减少。

②决策面临的未来环境和条件具有很大的不确定性，不确定性是决策中的重要影响因素，多数情况下只能估计未来事件是否发生的可能性，即可能发生的概率。阿迪达斯制定了不良的决策，对市场的不确定性估计错误，造成了整个经营的失误。

2. 《一错再错的雅虎》案例分析。

(1) 里克·莱格的意思是：雅虎是按照少数服从多数的方式进行决策的，而这种方式是导致雅虎的决策出问题的最大原因。

少数服从多数并不是决策应遵循的原则，很多时候真理掌握在少数人手里，多数人同意和认可的抉择未必是正确的。

群体决策是决策权由集体共同掌握的决策，虽然受个人因素的影响较小，但受群体结构的影响较大。在群体决策中，参与者的互动既可能导致优势互补，也可能导致弱势叠加，所以对个人决策与群体决策的优劣要进行客观分析，不能单纯地认为多数人的意见一定是正确的。

(2) 雅虎一错再错的原因主要有以下几个。

① 错误的决策方式，如少数服从多数。

② 公司内部高层之间的钩心斗角。

③ 妄自尊大，不能居安思危。

雅虎在决策方式上存在的主要问题有以下几个。

① 少数服从多数。

② 没有遵循决策的基本程序。

③ 没有遵循决策的信息原则。

④ 没有遵循决策的预测原则。

3. 《可口可乐铤而走险》案例分析。

可口可乐决策存在的失误包括以下几个。

(1) 市场调查存在欠缺。

可口可乐公司进行的市场调查工作似乎十分合乎逻辑：公司决定上市一种新口味的可乐，它当然应该首先在消费者中进行口味测试。这种“新可乐”在同“老可乐”和百事可乐的对比中皆取得胜利，说明它是符合顾客口味、迎合市场需求的、富有竞争力的“拳头”产品，投产后理所当然地应该大获成功。

但是，可口可乐公司的调查部门在设计调查问卷和品尝测试时忽略了一个重要环节，他们没有告诉被调查者：如果你选择了一种可乐，那么你将失去别的可乐。而被调查者却无一例外地以为“新可乐”只不过是对现有“老可乐”的补充，绝不是对“老可乐”的替代。调查者和被调查者没有在基本前提上达成一致。

另外，可口可乐公司市场调查人员看到百事可乐近年来发展势头逼人，因而主观上先入为主地认为顾客喜爱更甜口味的可乐。于是，他们把“新可乐”与“老可乐”的区别定位在“更甜”上。在进行口味测试时，他们选择的被测试者多是年轻人，这似乎又是合情合理的，因为年轻人是软饮料市场的最大顾客群体。在这种情况下进行的口味测试，从两个方面进一步引诱可口可乐公司将“新可乐”推向“更甜”的误区：一方面，年轻人比中老年人更喜爱甜口味，他们当然会投“新可乐”的票；另一方面，人们在不被告知品牌而进行品尝的时候，心情是比较紧张的，他们生怕测试者嘲笑自己味觉不敏感，尝不出新产品的特别之处。于是，当品尝到甜度明显超过现有可乐的“新可乐”时，被测试者马上做出反应，说自己喜欢这种口味，以显示他的味觉是敏感的。可口可乐公司先入为主的概念此时又得到了“确凿无疑”的市场调查结果的验证，于是口味更甜的“新可乐”出台了。

实际上，百事可乐是在 20 世纪 70 年代末 80 年代初异军突起的，那时美国社会上生育高峰期出生的孩子已经长大，形成了一个强大的甜口味饮料消费群体。但从 80 年代中期开始，美国社会老龄化，喜爱传统口味的中老年顾客群在不断扩大。与此同时，健康饮食观念日益深入人心，人们开始忌讳多油、多糖的食品。因此口味更甜的“新可乐”就显得有点儿不识时务了。

(2) 忽略象征的价值。

一个拥有 99 年历史且广为传播的产品已经不再是一种简单的商品了，它应该形成了某种文化，成了某种象征。但这种文化内涵和象征价值是深植于顾客内心深处的，必须有意识地精心设计问卷才能调查出它们在顾客内心的地位或分量。如果只是简单地问顾客：如果可乐配方变了，你是愿意喝更多、更少，还是与以前数量相同的可乐？那就根本无法深入探测到顾客内心深处对产品的情感，也无法探测出产品内在价值的影响力，此时轻率做决策，当然会产生失误。

(3) 未脱离随大流的本能。

这个案例反映出人们的一种本能——随大流。人们常常为了与周围的人求同而不知不觉地去追随某一种思潮、某一句口号或某一种观念。“新可乐”刚上市时，顾客对它的接纳程度还算是令人满意的。但随着新闻界的煽动，可口可乐成了代表美国传统的象征，背叛“老可乐”就是在背叛美国精神。这一产品换代的普通商业行为被上纲到爱国主义高度后，公众的心态发生了逆转。许多普通顾客也许做梦都没想到喝“新可乐”与背叛美国精神有什么瓜葛，但他们看到新闻界的评论、听到身边人的议论后，往往不假思索地站到大多数人一边。越滚越大的雪球压垮了“新可乐”。

(4) 一味依靠口味偏好。

尽管口味测试是一种很常用的市场调查手段，但许多营销人员已经对它的实用性和有效性产生了怀疑。以啤酒为例，在没有事先告知品牌的情况下，几乎没有一个顾客能从三四种品牌中准确无误地指出哪个是要测试的牌子的啤酒。同类食品永远是大同小异的，只有受过专业训练的味蕾发达的专职品尝人员才能分辨出其中微妙的差异。另外，在口味实验中，人们往往喜爱偏甜的口味，这很难说甜口味就比其他口味胜出一筹。消费者在众多同类食品中偏好于某一种食品，其决定性因素很少会是口味(除非它的口味极端特别)。过分依赖口味测试结果来做决策，往往会导致偏差。

(5) 轻易抛弃来之不易的传统形象。

品牌形象是最有力的促销手段。特别是在产品大同小异的情况下，如果广告宣传能够集中力量强调品牌形象和产品个性，那么其促销效果远比宣称“口味更好”的广告要成功得多。没有几家企业拥有百年历史，今天的许多企业甚至连像可口可乐这样能如此广泛地传播、深入地影响人们的社会价值观和文化观的产品都没有，可口可乐实属凤毛麟角。

因此，在处理涉及悠久传统的事情时，一定要慎之又慎。传统形象看上去像是一座固定成型的“死火山”，但实际上它是处于休眠状态的“活火山”。一旦平衡被打破，众多事先做梦也不会想到的因素会跳出来，诱发出一场可怕的、无法控制的“火山喷发”。

(6) 传媒因素考虑不够。

新闻传媒能有力地影响公众的观点。在“新可乐”上市后，美国新闻传媒把可口可乐与母性、苹果排、美国国旗等关联到一起，这本是一种多愁善感的情绪，但公众却真的把可口可乐与美国精神和爱国主义挂上钩了。若不是新闻传媒的煽动，普通顾客是不会对一次纯商业行为如此关注的。

唱赞歌的新闻往往缺乏冲击力，而抨击时弊的新闻却能给人们留下深刻的印象。因此，报刊为了自己的发行量、电视为了自己的收视率，总在千方百计地寻找可供它们针砭的时弊。“新可乐”被传媒看中了，成了“万炮”齐轰的“靶子”。

因此，一个组织的决策者在做出涉及公众形象或利益的决策时，不仅要从经济的角度分析盈亏，还要从社会的角度分析得失，一定要把传媒的力量考虑进去。

第七章

组织结构设计

一、教学要点

1. 组织结构设计的含义、目的及影响因素
2. 组织结构设计的原则
3. 管理幅度的含义及影响管理幅度的主要因素
4. 管理幅度与管理层次的关系
5. 组织结构的基本类型
6. 正式组织与非正式组织的形成与区别
7. 直线主管与参谋之间的关系
8. 委员会的职能及其在管理实践中的积极作用

二、重要名词解释

1. 组织结构

组织结构是组织中正式确定的使工作任务得以分解、组合和协调的框架体系。

2. 组织结构设计

组织结构设计指在管理劳动分工的基础上，设计出组织所必须的管理职务，并明确各个管理职务之间的相互关系。

3. 管理幅度

管理幅度是指组织的一名上级领导，能直接并有效地领导下属的人员数量。

4. 管理层次

管理层次指的就是从最高层管理者到最基层管理者所共同构成的分级管理体系。

5. 扁平状组织结构

扁平状组织结构是指管理层次小而管理幅度大的一种组织结构形态。

6. 直线型组织结构

组织中的各个管理岗位按垂直系统进行直线排列，职权从组织上层沿着直线“流向”组织基层；各管理者对下属进行统一指挥，同时不设置专门的职能机构。

7. 职能型组织结构

职能型组织结构按照职能来组织部门分工，即从企业高层到基层，均把承担相同职能的管理业务及其人员组合在一起，设置相应的管理部门和管理职务。

8. 矩阵型组织结构

矩阵型组织结构是一种二维组织结构，即它不仅从一个角度，而是从两个角度对员工在组织中进行定位。它是现代企业注重多元化经营，同时经营活动中强调协作而产生的结果，是专门从事某项工作的人员以工作小组或项目团队为单位而展开的一种组织形式。

9. 事业部制组织结构

事业部制组织结构是西方经济从自由资本主义发展到垄断资本主义以后，随着企业规模扩大化、经营内容多元化而逐渐出现的一种分权式组织结构。其特点是“集中政策、分散经营”，即在高层管理者之下，根据企业经营特征设置若干事业部，各事业部在总公司的集中领导下分权管理、独立核算、自负盈亏。

10. 集权

集权指决策权在很大程度上向处于较高管理层次的职位集中，它是以领导为中心的领导方式。

11. 分权

分权是指决策权在很大程度上分散到处于较低管理层次的职位上，是以下属为中心的领导方式。

12. 非正式组织

非正式组织是指未经正式筹划而由人们在日常交往中自发形成的一种个人关系和社会关系的网络。

13. 正式组织

正式组织是指经过精心设计的，为了达到组织目标而按照一定程序建立的、具有明确的职责关系和协作关系的群体。

三、习题

(一) 填空题

1. 组织结构设计是执行组织职能的基础工作，其目的是建立一套正式的职责体系，即绘制一份能够全面反映组织关系的________，并编制出各个岗位的________。

2. 组织结构图可以帮助管理者实现两个目标：________和________。

3. 组织结构设计的影响因素主要有：________、________、________和________等。

4. 技术因素对组织结构设计的影响主要体现在：________和________两个方面。

5. 规模因素对组织结构的影响主要体现在：规模越大，________；规模越大，________；规模越大，分权程度就越高。

6. 组织结构设计的基本原则有________、________和________。

7. 在组织结构设计过程中，坚持目标导向设计原则，其作用主要体现在：一是可以帮助组织________；二是可以帮助组织________。

8. 组织结构设计的程序步骤为：前期调查、岗位分析、形成管理部门、________、组织结构试运行、组织结构的完善。

9. 管理幅度是指________。

10. 管理层次是指________。

11. 影响管理幅度的主要因素有________、________、________、________。

12. 在组织规模一定的情况下，管理幅度与管理层次之间存在________关系。

13. 扁平状组织结构特点是________。

14. 一般而言，________组织结构适用于没有必要按职能实行专业化管理的小型组织，或应用于现场作业管理。

15. 组织中的职权分为________、________、________。

16. ________组织结构横向沟通较差，往往对中小型组织比较实用，但对规模大，决策时需要考虑因素复杂的组织，则不太适用。

17. ________组织结构管理原则是“集中政策，分散经营”，大型或跨国企业公司往往采用这种组织结构。

18. 组织设计的实质是对管理人员的管理劳动进行________和________的分工。

19. 矩阵型组织结构是由纵横两套系统交叉形成的复合结构组织。纵向是________；横向的是为了完成某项任务专门设计而组成的________。

20. 各类委员会的职能不一、层次不同，但是它们在管理实践中积极作用基本一致，主要体现在：一是综合各种意见，提高管理决策正确性；二是协调各分支结构的关系，加强合作交流；三是________。

(二) 判断题

1. 职能部门化更适合大型的或多元化经营的公司。(　　)

2. 一个组织不能同时应用多种不同基础的部门化。(　　)

3. 相对而言，金字塔形组织结构控制跨度要大一些。(　　)

4. 在组织规模一定的情况下，管理幅度越大意味着管理层次越少。(　　)

5. 参谋部门通常应该是专业性质的，参谋与被管理者是一种服务与协助的关系。(　　)

6. 在矩阵组织结构中，组织成员有可能接受双重或多头领导。(　　)

7. 矩阵型结构是现代企业的最佳组织模式。(　　)

8. 管理就是对一个组织所拥有的物质资源、人力资源进行计划、组织、领导和控制，去实现组织目标。(　　)

9. 当组织处于不稳定的环境中时，管理幅度不宜过宽。(　　)

10. 影响管理幅度因素较多，一般而言管理者的幅度大小没有统一标准，应该根据实际情况而定。(　　)

11. 如果一个组织决策权在很大程度上向处于较高管理层次的职位集中，基层管理者决策权范围较小，那么这个组织就是集权化的组织。(　　)

12. 职能职权通常是由参谋部门对其他部门行使的权力。(　　)

13. 在一个组织中参谋部门并不重要，直线部门才是起关键作用。(　　)

14. 一个组织中的层次越多，越有利于上下之间的沟通。(　　)

15. 一个组织中下层做出的决策范围越广，分权程度越大。(　　)

16. 组织职能要求各管理人员都参与建设、发展和维持好工作中的各种关系，以实现组织目标。(　　)

17. 一个组织结构的设计，必须结合组织所处的各种环境因素。(　　)

18. 非正式组织对于组织目标的实现往往是有害的，所以我们要尽量避免组织中非正式组织的存在。(　　)

19. 多维立体组织结构具备了事业部组织结构和矩阵组织结构的部分优点，但是这种组织结构更易出现多头领导，组织稳定性也较差。(　　)

(三) 单项选择题

1. 组织设计的结果是形成所谓的(　　)。

A. 组织结构　　B. 正式组织

C. 非正式组织　　D. 组织框架

2. 非正式组织对正式组织目标的实现往往有促进作用，维系非正式组织的主要因素是(　　)。

A. 态度　　B. 精神　　C. 情感　　D. 经济利益

3. 下列企业最适合采用矩阵式组织结构的是(　　)。

A. 纺织厂　　B. 医院

C. 电视剧制作中心　　D. 学校

4. 矩阵式组织结构的主要缺点是(　　)。

A. 分权不充分　　B. 多头领导

C. 对项目经理要求高　　D. 组织稳定性差

5. 某企业的员工在工作中经常接到来自上边的两个有时甚至是相互冲突的命令，以下说法中指出了导致这种现象本质原因的是(　　)。

A. 该公司在组织设计上采取了职能结构

B. 该公司在组织运行中出现了越权指挥的问题

C. 该公司的组织层次设计过多

D. 该公司组织运行中有意或无意违背了统一指挥原则

6. 下面说法中最能说明企业组织采取的是越来越分权的做法的是(　　)。

A. 更多的管理者能对下属提出的建议行使否决权

B. 下属提出更多的建议并有更大的比例被付诸实践

C. 较低层次的管理者愿意提出更多、更重要的改进建议

D. 采取了更多措施减轻高层主要领导的工作负担

7. 我国绝大多数大中型企业都采取的是(　　)形式。

A. 直线职能型组织结构　　B. 职能型组织结构

C. 矩阵型组织结构　　D. 网络型组织结构

8. 事业部制的管理原则是(　　)。

A. 分工合理、职责明确　　B. 独立经营、增强协作

C. 职责明确、团结协作　　D. 集中政策、分散经营

9. 适当、充分的授权可以减少上下级之间的接触次数和密度，节省上级管理人员的时间和精力，从而，上级管理者可以拥有较大的(　　)。

A. 控制权　　B. 管理幅度

C. 管理权　　D. 监督权

10. 基层组织决策的数目越多，决策问题的主要程度越高，说明分权程度越(　　)。

A. 高　　B. 低

C. 多　　D. 上述均不是

11. 企业中管理人员的管理幅度指的是(　　)。

A. 直接管理下属的数量　　B. 所管部门数量

C. 所管全部下属的数量　　D. 以上均不是

12. 某公司有员工 64 人，假设管理幅度为 8 人，则该公司的管理人员数目及层次数目分别为(　　)。

A. 10 人，4 层　　B. 9 人，4 层

C. 8 人，3 层　　D. 9 人，3 层

13. 命令统一原则是指(　　)。
    A. 每一个人只有一个直属上司
    B. 权责对等
    C. 责任不可委任
    D. 反映组织系统的互相关系
14. 在组织规模一定的情况下，组织结构的扁平化会使管理费用(　　)。
    A. 增加　　B. 减少　　C. 不变　　D. 没有任何关系
15. 事业部制适用于规模(　　)的企业。
    A. 较大　　B. 较小　　C. 中等　　D. 以上都可以
16. (　　)加强了职能部门之间的横向联系。
    A. 矩阵型组织结构　　B. 事业部制组织结构
    C. 职能型组织结构　　D. 网络型组织结构
17. 在一个企业中，财务部门所拥有的职权属于(　　)。
    A. 直线职权　　B. 参谋职权
    C. 职能职权　　D. 决策职权
18. (　　)适用于组织规模不大、事务不多、组织的各项管理活动较为简单的情况。
    A. 直线制组织结构　　B. 职能制组织结构
    C. 直线职能制组织结构　　D. 事业部制组织结构
19. 下列不属于直线职能制组织结构的缺点的是(　　)。
    A. 组织内横向沟通较差
    B. 难以协调职能部门和直线领导之间的关系
    C. 集权
    D. 职能机构重叠
20. 下面不是扁平结构的组织所具有的优点的是(　　)。
    A. 信息传递速度快
    B. 每位主管能够对下属进行详尽的指导
    C. 有利于下属发挥积极性和创造性
    D. 信息失真的可能性小

(四) 多项选择题

1. 下列因素会影响组织的管理幅度的是(　　)。
    A. 管理者自身管理能力
    B. 管理者下属的工作能力
    C. 管理者工作的便利程度
    D. 组织运行的外部条件
    E. 管理工作的复杂程度

2. 组织结构设计的原则包括(　　)。
   A. 目标导向原则
   B. 权责对等原则
   C. 以人为中心原则
   D. 创新原则
   E. 命令统一原则
3. 组织内的职权包括的类型有(　　)。
   A. 管理职权　　B. 行政职权　　C. 参谋职权
   D. 直线职权　　E. 职能职权
4. 下面情况中管理者可以适当拓宽管理幅度的有(　　)。
   A. 管理者本身精力充沛、能力出众
   B. 下属训练有素
   C. 下属工作的地点比较分散
   D. 组织信息工具配备齐全
   E. 外部环境不稳定
5. 组织规模扩大对组织结构的影响有(　　)。
   A. 分权化　　B. 集权化　　C. 专业化
   D. 标准化操作程序　　E. 管理制度健全
6. 下列指标可以用来对组织的分权程度做出判断依据的有(　　)。
   A. 决策频度　　B. 决策幅度　　C. 决策的重要性
   D. 对决策的控制程度　　E. 以往决策的影响程度
7. 过分集权的弊端包括(　　)。
   A. 降低决策的质量　　B. 降低决策的频度
   C. 降低组织的适应能力　　D. 挫伤组织成员积极性
   E. 高层陷入事务之中，难以集中精力处理大事
8. 组织设计的任务包括(　　)。
   A. 研究与开发　　B. 提供组织结构系统图
   C. 分析财务构成　　D. 编制职务说明书
   E. 确定管理幅度与层次
9. 下列因素中对分权有促进作用的有(　　)。
   A. 组织规模扩大
   B. 政策统一性
   C. 培训管理人员的需要
   D. 活动的分散性
   E. 缺乏受过良好训练的管理人员
10. 下面关于非正式组织说法正确的是(　　)。
    A. 多元的，一个正式组织中可能存在多个非正式组织

B. 目的性弱，成员由于相互吸引而自发地成立
C. 无明文规定，但组织成员的行为方式受到组织价值观的软约束
D. 非理性的感情因素
E. 比较稳定，一旦建立通常会维持一段时间相对不变

11. 委员会管理的主要优点是(　　)。
A. 代表各方面的利益　　B. 避免权力过于集中
C. 协调作用　　D. 集思广益
E. 避免权力过于分散

(五) 简答题

1. 简述组织结构设计的含义及其对组织管理的意义。
2. 简述组织结构设计的影响因素。
3. 简述组织结构设计的原则。
4. 简述管理幅度的含义及其影响因素。
5. 简述管理层次的含义及其与管理幅度之间的关系。
6. 简述金字塔型组织结构与扁平状组织结构各自的优缺点。
7. 简述直线制、职能制和直线职能制三种组织结构之间的联系与区别。
8. 简述正式组织与非正式组织之间的联系与区别。
9. 简述直线与参谋之间的联系与差别并说一说如何合理发挥参谋的作用。
10. 简述委员会这种管理形式特点并简要说明它在管理实践中的积极作用。

(六) 看图说明题

1. 请说出图 7-1 所代表的企业组织结构的名称，并指出这种组织结构的主要优点。

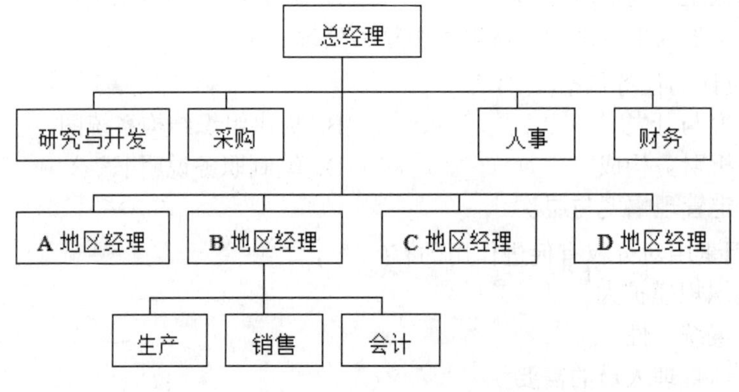

图 7-1　企业组织结构 1

2. 请说出图 7-2 所代表的企业组织结构的名称，并指出这种组织结构的主要优点。

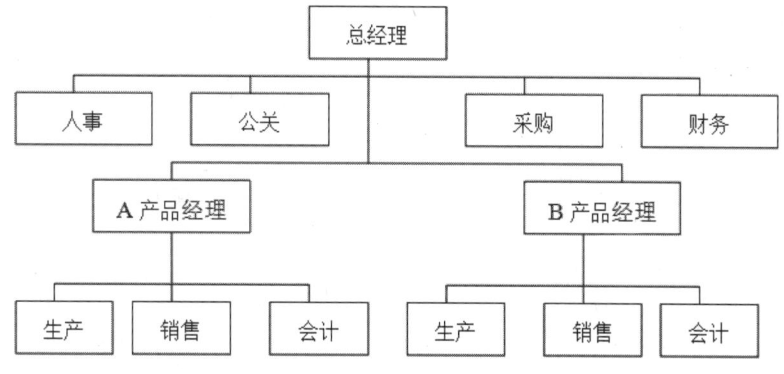

图 7-2　企业组织结构 2

(七) 案例分析题

1. 【案例一】

上海家家保健品有限公司的组织结构是否需要调整

上海家家保健品有限公司是一家成立于 1994 年，以生产与销售保健品为主业的企业。1994 年公司刚成立时，生产和销售的产品只有一个，即家家 1 号。产品推出刚两年，家家 1 号就已经在上海及周边市场站稳了脚跟。1996 年 6 月，家家公司决定乘胜追击，开拓以北京为中心的华北市场和以广州为中心的华南市场，具体的做法包括：先后成立了华东、华北和华南三个销售分公司；分别负责上海、北京、广州及其周边市场的拓展业务。为了配合分公司的成立，上海家家保健品有限公司投入巨资，在两个地区开展各种促销活动，并辅以大量的广告投入。

1997 年初，公司又推出了家家 2 号产品。家家 2 号与家家 1 号一样，是一个深受消费者喜爱的、老少咸宜的保健产品。1999 年之后，公司新的保健系列产品不断地推向市场。其中，既有面向青少年的保健系列产品家家青春 1 号、家家青春 2 号，又有面向妇女的家家娇丽 1 号、家家娇丽 2 号、家家娇丽 3 号，也有面向中老年顾客的家家青松 1 号、家家青松 2 号产品，还有一些面向特殊消费群体的保健产品，如面向糖尿病病人的家家唐人 1 号等，1999 年至 2001 年年底，公司先后共推出了 12 个新产品。

面对新品的不断推出，各个销售分公司一开始的态度还是比较积极的，出于对新品的期望，分公司下属的销售网点总是将新上市的产品放在销售柜台比较醒目的位置。随着新品的不断上市，出现了有一些新产品市场表现平平的情况，并且市场销售的数据似乎也显示出顾客还是比较喜欢家家 1 号、家家 2 号等早期推出的产品，如公司保健品业务中，仅家家 1 号、家家 2 号两个产品就占到了公司全部保健品销售收入的 70%左右。随着时间的推移，分公司对越来越多的新品表现得越来越不感兴趣。很多的新品上市之后，往往被放在并不显眼的位置上销售，有些品种甚至没放一些日子，就被悄悄地撤下了柜台。

2002 年年初，上海总部已明显地感到这一问题的严重性和急迫性，在春节后的第一次由中高层管理者参加的会议上，公司专门就这一问题进行讨论。

公司总经理王晔说道："我们公司在新产品开发方面的投入是非常大的，根据公司的发展规划，今后三年，我们还将有十多个新品种推向市场。但是，尽管我们开发的保健产品在技术上在国内是比较领先的，而且投产前的市场调研结果也显示出我们研制的新产品目标市场非常明确，技术含量高，有着较好的市场发展前景。可现在实际的市场效果却太不能令人满意了，这需要我们好好去总结一下原因。"

主管分公司业务的副总经理李明娜认为："分公司对新产品开发都曾寄予过很高的期望。但是，作为一个利润中心，分公司希望的是总公司研究所能多开发一些像家家 1 号、家家 2 号那样畅销的产品。"

北京分公司的刘升经理对公司的广告策略也提出了自己的看法："1996、1997 年的时候，我们在北京市场的产品只有一两个，因此家家在广告上的投入是非常奏效的，但是，随着新的系列产品的逐步上市，总公司在新产品方面的广告力度明显不足。我们希望公司能在 2002 年增加对新产品的广告投入，使更多的消费者能认识并接受这些新产品。"

广州分公司的黄一鸣经理则认为："从分公司的角度来看，过多的新产品分散了我们宝贵的资源和精力。我认为与其再上十多个新产品，还不如专心致志地攻几个核心产品来得更好。"

"若只做几个核心产品，研究所的前期巨额投入就要打水漂了。"人事部的王日民经理认为，"从公司的发展来看，我们可以在组织结构调整上做一些文章。譬如，我们能否将现在的按区域划分的组织结构调整为按产品划分的组织结构。这样，我们可以组建五个产品部，即家家保健品部、青春保健品部、娇丽保健品部、青松保健品部和特殊产品部，每个部门作为一个利润中心对其系列产品负责，独立运作各自的系列产品，并全权处理诸如产品定位、市场开发、资源配置、广告投入等业务。"

北京分公司刘升经理提出他的疑惑，"这一做法是否意味着各个分公司的权力都要划给产品部呢？如果这样，我们将该如何处理和协调与各个产品部的关系呢?"

对于组织结构调整，公司总经理王晔也曾考虑过这个问题，但是，由于部门组织结构的调整必然将涉及公司内部权力的再分配，处理这一问题必须非常慎重。因此，王晔总经理决定，让李明娜准备一套改进完善现有组织结构的方案，并让王日民准备一套调整现有组织结构的方案，供下个月的中高层会议继续讨论。

(资料来源：《上海市精品课程教材 • 管理学:案例、题库、课件[M]. 2 版. 上海：上海人民出版社，2008.》)

问题：

(1) 什么是组织结构？上海家家保健品有限公司是否应调整组织结构？

(2) 上海家家保健品有限公司若将按区域位置划分的组织结构调整为按产品位置划分的组织结构，新成立的产品部该如何处理和协调与地区的关系？

2. 【案例二】

比特丽公司的分权管理

比特丽公司是美国一家大型联合公司，总部设在芝加哥，下属有 450 个分公司，经营着 9000 多种产品，其中许多产品如克拉克棒棒糖、乔氏中国食品等，都是名牌产品。公司

每年的销售额达 90 多亿美元。

多年来，比特丽公司都采用购买其他公司来发展自己的积极进取战略，因而取得了迅速的发展。公司的传统做法是：一方面每当购买一家公司或厂家以后，一般都保持其原来的产品，使其成为联合公司一个新产品的市场；另一方面是对下属各分公司都采用分权的形式，允许新购买的分公司或工厂保持其原来的生产管理结构，这些都不受联合公司的限制和约束。由于实行了这种战略，公司变成由许多没有统一目标、彼此又没有什么联系的分公司组成的联合公司。

1976 年，负责这个发展战略的董事长退休以后，德姆被任命为新董事长。

新董事长德姆的意图是要使公司朝着他新制定的方向发展。根据他新制定的战略，德姆卖掉了下属 56 个分公司，但同时又买下了西北饮料工业公司。

据德姆的说法，公司除了面临发展方向方面的问题外，还面临着另外两个主要问题：一个是下属各分公司都面临着向社会介绍并推销新产品的问题，为了刺激各分公司的工作，德姆决定采用奖金制，对下属干得出色的分公司经理每年奖励 1 万美元。但是，对于这些收入远远超过 1 万美元的分公司经理人员来说，1 万美元奖金恐怕起不了多大的刺激作用。另一个面临的更严重的问题是，在维持原来的分权制度下，应如何提高对增派参谋人员必要性的认识，应如何发挥直线主管与参谋人员的作用问题。德姆决定要给下属每个部门增派参谋人员，以更好地帮助各个小组开展工作。但是，有些管理人员则认为只增派参谋人员是不够的；有的人则认为，没有必要增派参谋人员，可以采用单一联络人联系几个单位的方法，即集权管理的方法。

公司专门设有一个财务部门，但是该财务部门根本无法控制这么多分公司的财务活动，因此造成公司总部甚至无法了解并掌握下属部门支付支票的情况等。

(资料来源：http://glx.hnjmxy.cn/View_Info2.aspx?Id=364)

问题：

(1) 比特丽公司可以在分权方面做得更好吗？

(2) 参谋人员有何作用？如何协调直线主管和参谋人员之间的关系？

四、参考答案

(一) 填空题

1. 组织结构系统图　职务说明书
2. 事事有人做　人人有事做
3. 环境因素　战略因素　规模因素　技术因素
4. 生产技术对组织结构造成影响　信息技术对组织结构造成影响
5. 分工越强、工作越专业　标准化操作程序和管理制度就越健全
6. 目标导向原则　权责对等原则　命令统一原则
7. 正确地取舍各个组织结构要素　以正确的方式结合各个组织结构要素

8. 形成组织结构
9. 一名上级领导能直接并有效地领导下属的人员数量
10. 从最高层管理者到最基层管理者所构成的分级管理体系
11. 工作能力　管理工作的复杂程度　工作条件　工作环境
12. 反比
13. 管理层次少、管理幅度大
14. 直线型
15. 直线职权　参谋职权　职能职权
16. 直线职能制
17. 事业部制
18. 横向　纵向
19. 职能系统　项目系统
20. 代表各方利益，维护公平原则

(二) 判断题

1. 错	2. 错	3. 错	4. 对
5. 对	6. 对	7. 错	8. 对
9. 对	10. 对	11. 对	12. 对
13. 错	14. 错	15. 对	16. 对
17. 对	18. 错	19. 对	

(三) 单项选择题

1. B	2. C	3. C	4. B
5. D	6. B	7. A	8. D
9. B	10. A	11. A	12. D
13. A	14. B	15. A	16. A
17. C	18. A	19. D	20. B

(四) 多项选择题

1. ABCDE	2. ABE
3. CDE	4. ABD
5. ACDE	6. ABCD
7. ACDE	8. BD
9. ACD	10. ABCD
11. ABCD	

(五) 简答题

1. 组织结构设计，就是要在管理劳动分工的基础上，设计出组织所必需的管理职务，并明确各个管理职务之间的相互关系。组织结构设计是一项操作性很强的工作，需要在组织理论的指导下进行，并需要经过实践的检验和修正。

组织结构设计对组织管理的意义主要体现在：合理配置组织各类资源；支撑战略、目标的实现；市场导向，满足客户需要；为组织高效运营奠定基础。

2. 影响组织结构设计的因素主要体现在以下几个方面。

(1) 环境因素。任何企业或任何组织都不是孤立存在的，与其发生联系的周围事物的全体就构成其环境，不能适应环境的组织是缺乏生命力的。因此，当周围环境发生变动时，其管理策略必须适应这种变动，如调整本组织的结构。

(2) 战略因素。组织的战略取向决定了它将以哪种方式为顾客创造价值、为自己谋求生存和发展空间。一个组织的战略决定其任务和方向，而这些又决定其组织结构设计。

(3) 规模因素。组织规模是影响其结构设计的一个重要变量。规模因素对组织结构的影响主要体现在：组织规模越大，分工越强、工作越专业；组织规模越大，标准化操作程序和管理制度就越健全；组织规模越大，分权程度就越高。

(4) 技术因素。技术因素对组织结构设计的影响主要体现在两个方面：一是生产技术对组织结构造成影响；二是信息技术对组织结构造成影响。

3. 织结构设计的原则主要有以下几个。

(1) 目标导向原则。组织结构设计的根本目的是服务于组织目标的实现，确保目标活动的每项内容都能落实到具体的部门和岗位。因此，组织结构设计必须坚持以组织目标为中心，着重考虑组织目标的内容、特点和需要，并在此基础上因事设职、因职用人。坚持目标导向的设计原则可以帮助组织正确地取舍各个组织结构要素，可以帮助组织以正确的方式将各个组织结构要素结合起来。

(2) 权责对等原则。责任明确了本部门或岗位上的管理人员必须达成的目标和必须履行的义务；而权力则是该管理人员调动、支配、利用一定数量的人、财、物和信息等资源的资格。权责对等原则不仅要求对同一个部门或岗位要同时赋予责任和权力，而且要求所赋予的责任和权力的分量要相当。

(3) 命令统一原则。一个下属同时接受多个上司指导，而这多个指导意见又存在偏差时，就会使他无所适从，导致工作混乱。组织结构设计工作必须保证一个下属只接受一个上司的领导。

4. 管理幅度，是指组织的一名上级领导，能直接并有效地领导下属的人员数量。一名管理者，由于时间、精力、知识和条件等各方面的要素限制，他能够有效领导的直接下属的数量也是有限的。

管理幅度影响因素较多，概括起来，这些影响因素可大致分为以下几类。

(1) 工作能力。其中包含管理者自身的管理工作能力和下属的工作能力两个方面。如果管理者本身学识渊博、能力出众、精力充沛，适当加宽其管理幅度是可行的；反之，则其直接领导的下属数量不宜太多。如果下属训练有素，对业务内容、业务流程和工作环境都非常熟悉，而且在工作面前具有较强的主观能动性，管理者也可以适当加宽管理幅度。反之，则其管理幅度不宜过宽。

(2) 管理工作的复杂程度。其中包含三个方面的内容：一是下属工作内容的相似性程度。下属作业方法及作业程序的标准化程度越高，管理幅度可越大。二是下属工作地点的集散性程度。如果各个下属的工作地点比较集中，管理幅度可以适度加宽。三是下属工作计划的完善程度。计划的完善程度越高，管理幅度越大。

(3) 工作条件。它指管理者工作的便利程度。一是助手的配备情况。如果管理者配备了得力的助手，管理幅度也可以加宽。二是信息工具的配备情况。如果信息工具配备齐全，管理者可以迅速收集、分析、处理并传输信息，这样不仅提高了工作效率，而且能保证工作质量。在这种情况下，适度加宽管理者的管理幅度也是可行的。

(4) 工作环境。在动荡的组织环境中，下属的工作经常会遭遇各种变故，因此难免频繁地向主管领导请示、汇报，这将大幅增加管理者的工作量，在这种条件下，其管理幅度不可能太宽；反之，如果组织环境平静、稳定，则管理者的管理幅度可加宽。

5. 管理层次指的就是从最高层管理者到最基层管理者所共同构成的分级管理体系。

组织中的管理幅度和管理层次是密切相关的两个概念，它们是一个问题的两个方面，因为在组织规模(员工总人数)一定的情况下，管理幅度的大小与管理层次的多少呈反比例关系：管理人员的管理幅度加大则意味着管理层次的减少；缩小管理幅度则意味着管理层次的增多。

6. 金字塔型组织结构的优点：管理严密、分工明确、上下级之间容易协调。缺点：由于层次增多，需要的管理人员迅速增加，彼此之间的协调工作也急剧增加。管理层次增加，在管理层次上所花费的设备、开支、时间、精力也会增加。管理层次增加，上下级之间的沟通和交流容易受阻。同时，严密的管理不利于下属的创造性和主动性。

扁平状组织结构的优点：有利于缩小上下级之间的距离，密切上下级之间的关系，信息纵向流通较快，管理费用低。同时，由于管理幅度较大，下级人员具有较大的自主性、积极性，也有利于对下级的培养。缺点：由于不能严密监督下级，上下级协调较差，管理幅度较大，同级之间的沟通协调变得困难。

7. 直线制、职能制和直线职能制三种组织结构之间的联系与区别如下。

直线制组织结构是一种最为简单的结构，其特点是：组织中的各个管理岗位按垂直系统进行直线排列，职权从组织上层沿着直线“流向”组织基层；各管理者对下属进行统一指挥，同时不设置专门的职能机构。

职能制组织结构是对直线制组织结构的修正和改进。随着组织规模的扩大、管理事务增多而且内容多样，一个领导者很难具备管理全部部门所必需的各项知识。因此，需要给领导者配备专门的职能部门，职能部门运用自己的专业知识和专项技能协助管理者对下级

各部门进行分类指导、监督。

直线职能制组织结构是把直线制和职能制两种组织结构结合起来的结果。其特点是：从整体上看，该组织结构仍然以直线为基础，下属部门只能从上级主管那里听取统一命令；但是为各级管理者保留了相应的职能部门，他们以参谋的身份从专业角度对其管理工作进行指导，只是无权直接向下级传达指示。

8. 正式组织与非正式组织之间的联系与区别如下。

正式组织有明确的目标、任务、部门、岗位，而且以制度为基础，明确了成员间的责权关系。非正式组织，就是未经正式筹划而由人们在日常交往中自发形成的一种个人关系和社会关系的网络。

非正式组织对正式组织目标的实现往往有促进作用，并作为正式组织的有效补充。其积极性主要表现在以下几个方面：一是可以使员工之间的关系更为融洽，使其加强合作。二是可以使员工获得一种组织归属感，消除孤独，这是符合员工的情感需要的。三是非正式组织的某些积极向上的价值观往往能帮助正式组织完善组织文化，在正式组织中起到榜样和示范作用。

正式组织与非正式组织具有显著的差异。正式组织是组织设计工作的结果，是经由管理者通过正式的筹划，并借助组织图和职务说明书等文件予以明确规定的。它以成本和效率为主要标准，要求组织成员为了降低成本、提高效率而确保工作上的合作。与正式组织不同，在非正式组织中，成员之间的关系是一种自然的人际关系，他们不是经由刻意的安排，而是由于日常接触、感情交融、情趣相投或价值取向相近而发生联系的。

9. 直线与参谋之间的联系与差别如下。

在企业组织中，管理人员一般是以直线主管与参谋两类不同身份来从事管理工作的。其中，直线主管与被管理者是一种指挥和命令的关系，直线主管具有决策和行动的权力；而参谋与被管理者则是一种服务和协助的关系，参谋人员具有思考、筹划和建议的权力。两类管理人员的作用不同，但是对实现组织目标都是必不可少的。

正确发挥参谋的作用，要避免发生以下两类极端现象：一是为了保持“命令统一”的管理原则，直线主管对参谋的意见不理不睬，导致参谋岗位如同虚设，其才智得不到发挥；二是参谋对组织内事务指手画脚、干涉过多，从而政出多头，让下属无所适从。这使得实际工作中，两者常常相互产生不满情绪。

10. 为处理集体事务的一种形式，委员会在管理实践中随处可见。它们的功能各异，处理的事务内容各不相同，有的是临时成立的，有的则是一个常设机构。虽然各类委员会的职能不一、层次不同，但是它们在管理实践中的积极作用是基本一致的，并主要表现在以下几个方面：一是综合各种意见，提高管理决策的正确性；二是协调各分支机构的关系，加强合作与交流；三是代表各方利益，维护公平原则。

(六) 看图说明题

1. 答：(1) 这是企业组织结构中的区域部门化结构(或地区部门化结构)。

(2) 其优点类似于产品部门化结构，即：①能使企业将多元化经营和专业化经营结合起来；②有利于企业及时调整生产方向；③有利于促进企业的内部竞争；④有利于高层管理人才的培养。

2. 答：(1) 这是企业组织结构中的产品部门化结构。

(2) 其优点有：①能使企业将多元化经营和专业化经营结合起来；②有利于企业及时调整生产方向；③有利于促进企业的内部竞争；④有利于高层管理人才的培养。

(七) 案例分析题

1. 《上海家家保健品有限公司的组织结构是否需要调整》案例分析。

(1) 组织结构是组织中正式确定的使工作任务得以分解、组合和协调的框架体系。

(2) 公司产品种类越来越多，现有组织结构已不适应公司业务的发展，应该调整组织结构。

公司实行的是事业部制组织结构。事业部制的主要特点是在总公司的领导下，按产品或地区分别设立若干事业部，每个事业部在经营管理上拥有很大的自主权，总公司只保留预算、人事任免和重大问题的决策等权力，并运用利润等指标对事业部进行控制。由于各事业部具有独立经营的自主权，这样既有利于调动各事业部的积极性和主动性，又提高了管理的灵活性和适应性，还能为管理人才的成长创造良好的机会。这种组织结构的主要缺陷是资源重复配置，管理费用较高，且事业部之间协作较差。因此，主要适用于产品多样化和从事多元化经营的组织，也适用于面临环境复杂多变或所处地理位置分散的大型企业和巨型企业。上海家家保健品有限公司需要克服按地区划分事业部带来的问题。

2. 《比特丽公司的分权管理》案例分析。

(1) 比特丽公司可以在分权方面做得更好。现在的比特丽公司分权程度非常高，各下属分公司基本上是分而治之，这样的管理架构使得组织十分松散，总部也缺乏控制力。在市场竞争日趋激烈的今天，组织需要形成整体的力量，这好比拳头打出去会比每一根手指更有力一样。比特丽公司需要平衡集权与分权，只有在现在的基础上适度集权才能形成更大的整体合力。

(2) 参谋人员可以为直线主管提供信息，出谋划策，配合主管工作。在协调直线和参谋人员之间的关系时很有讲究：首先，直线主管不能为参谋左右。参谋人员所拥有的只是辅助性职权，如提供咨询、建议等，直线主管广泛听取参谋的意见后应做出决策。注意，只有直线主管才是决策者。其次，参谋应尽可能地独立提出建议，直线主管不应过多干涉。

第八章

人员配备

一、教学要点

1. 人员配备的含义与任务
2. 人员配备的基本原则
3. 确定人员需求量的两种方法：主观分析预测法与定量分析预测法
4. 人员选聘的来源：外部招聘与内部招聘
5. 人员选聘的程序
6. 人员考评方法的基本类型
7. 人员考评的主体与程序
8. 人员培训的内容、类型与方法
9. 人员培训的程序

二、重要名词解释

1. 人员配备

人员配备研究的是如何获得人才、用好人才的问题，一般指对组织中全体人员的配备，既包括管理人员的配备，也包括非管理人员的配备。

2. 人员选聘

人员选聘是组织获取和充实人力资源、为组织经营与发展提供人才保障而进行的一项重要工作。

3. 面试

面试是一种经过组织者精心设计，在特定场景下，以考官对考生的面对面交谈与观察为主要手段，由表及里测评考生的知识、能力、经验等有关素质的一种考试活动。

4. 绩效评价

绩效评价指组织依照预先确定的标准和一定的评价程序，运用科学的评价方法、按照评价的内容和标准对评价对象的工作能力、工作业绩进行定期和不定期的考核和评价。

5. 人才测评

人才测评指通过一系列科学的手段和方法对人的基本素质及其绩效进行测量和评定的活动，并将其应用在组织发展与人才管理等企业管理领域。

6. 在职培训

在职培训指员工在保持不脱离现有工作岗位的基础上接受培训。

7. 工作轮换法

工作轮换法也称轮岗法，其做法是让员工在多个岗位上变换工作内容，以使其全面了解整个组织中不同的工作内容，不断积累经验并理解工作的连贯性。

8. 培训评估

培训评估是一个运用科学的理论、方法和程序，从培训项目中收集数据，并将其与整个组织的需求和目标联系起来，以确定培训项目的价值和质量的过程。建立培训评估体系的目的，既是检验培训的最终效果，同时也是规范培训相关人员行为的重要途径。

9. 工作指导培训法

工作指导培训法也称学徒培训，它是最古朴的培训方法之一。其主要特点是通过资历较深、业务熟练的员工的指导，使新员工迅速掌握岗位技能。

10. 案例研究法

该方法首先由培训师按照培训需求向培训对象展示真实背景、提供背景材料并做出必要的解释后，由培训对象以背景材料为基础发现问题、分析问题，并提出解决问题的各种方案及最佳方案。

11. 职业生涯设计

职业生涯设计是指个人与组织相结合，在对一个人职业生涯的主客观条件进行测定、分析、总结的基础上，对自己的兴趣、爱好、能力、特点进行综合分析与权衡，结合时代特点，根据自己的职业倾向，确定其最佳的职业奋斗目标，并为实现这一目标做出行之有效的安排。

三、习题

(一) 填空题

1. 人员配备的任务具体包括：明确人力资源需求、________、________、人员考评。

2. 人员配备四条基本原则：公平原则、客观原则、________、________。

3. ________是人员从企业外部进入内部的一道“关口”，它的目的是要让合适的人顺利跨过这个关口，同时将不合格的人员拒之门外。

4. 明确人员需求量可以采用________和________两类方法。

5. 以组织边界为标准，人员选聘来源可以简单地分________和________。

6. 人员选聘程序的第一步是________。

7. 为保证人员选聘的________和________，人员选聘工作必须按照一定的程序来进行。

8. 人员考评的作用主要表现在四个方面：一是为人员培训提供依据；二是为确定员工薪酬提供依据；三是有利于优化人与事的匹配；四是________。

9. 人员考评方法的基本类型主要包括________、________、________。

10. 人员培训目的主要体现在：一是传递信息；二是改变态度；三是更新知识；四是________。

11. 人员培训的首要内容是________。

12. 在人员培训中________是最容易为人们所认可的一项培训内容。

13. ________和________是两种最常见的在岗培训。

14. 最常见的离职培训方式包括________、________和________等。

15. 人员培训程序中首要步骤是________。

16. ________是指首先由培训师按照培训需求向培训对象展示真实背景、提供背景资料并做出必要的解释后，由培训对象以背景材料为基础发现问题、分析问题，并提出解决问题的各种方案及最佳方案。

17. 在人员考评中________对考评对象做出的评价是最精确的。

18. 人员配备是在________基础上进行的。

19. 一般而言，企业高层次的人员选拔首先考虑________的招聘方式。

(二) 判断题

1. 员工招聘是指企业到外部寻找、吸引既有能力又有兴趣到本单位任职的人，并从中选出适宜人员予以录用的过程。(　)

2. 内部招聘或提升可以激励员工努力进取，因为他们对组织的政策和期望都能明确了解。(　)

3. 学徒培训在性质上属于职前培训。(　)

4. 为了提高技术人员的工作积极性，在适当的时候应将优秀的技术人员晋升为管理人员。(　)

5. 外部招聘比内部招聘的选择范围更大，所以总能够找到更优秀的人才。(　)

6. 在人员培训过程中专业技能培训是培养和开发员工潜能的关键，所以专业技能培训是人员培训的首要内容。(　)

7. 多年以来，我国国有企业领导人多由上级主管部门委派，这种做法容易引起任人唯

亲的后果，弊端很多，而采用考试制最为合适。(　　)

8. 对员工进行一般教育课程培训的目的，在于使员工发展成为一个善于处理组织内的人际关系和其他一般管理技能的人。(　　)

9. 由于信息不对称，不论是上级还是同事，对员工的工作态度和工作能力的了解都不及本人，因此员工自我考评是最为精确的。(　　)

10. 基于行为的人员考评着眼点在于人员本身“是一个什么样的人”，考核重点在于其品质特征。(　　)

11. 企业的培训只是技能性培训。因为在企业需要员工具备某种理论知识时尽可能可以去外部招聘。(　　)

12. 业绩考评不仅可以作为加薪、晋升、调职、开除的依据，而且可以为分析员工的优缺点，从而制订相应的培训计划提供依据。(　　)

13. 对员工进行一般教育课程培训的目的，在于使员工发展成为一个善于处理组织内的人际关系和其他一般管理技能的人。(　　)

14. 高工资对组织中的成员具有激励作用，员工的工作绩效必定会较高。(　　)

15. 组织中每个人的成长环境各不相同，从而造成每个人的喜恶及心理承受能力千差万别，因此在实行奖惩时，应因人而异，灵活处理。(　　)

(三) 单项选择题

1. 人员配备的对象是(　　)。
   A. 高层次管理人员　　B. 主管人员
   C. 非主管一般员工　　D. 全体人员

2. 实现组织目标的关键人物是(　　)。
   A. 技术人员　　B. 销售人员　　C. 管理者　　D. 预测人员

3. 美国管理学家德鲁克的“倘若要所用的人没有短处，其结果至多只是一个平平凡凡的组织”。这句话诠释了(　　)原理。
   A. 职务要求明确　　B. 用人之长
   C. 责权利一致　　D. 不断培养

4. 下面不属于人员配备任务的是(　　)。
   A. 分析人员构成　　B. 人员选聘　　C. 人员培训　　D. 人员考评

5. 下面关于工作轮换的说法不正确的是(　　)。
   A. 工作轮换包括管理工作轮换和非管理工作轮换
   B. 工作轮换能培养员工的协作精神和系统观念
   C. 工作轮换的主要目的是更新知识，全面提升员工工作能力
   D. 为了有效地实现工作轮换的目的，要对受轮换训练的管理人员提出明确要求

6. 选聘管理人员时不需要作为主要考虑标准的是(　　)。
   A. 管理的愿望　　B. 勇于创新的精神
   C. 强健的体魄　　D. 较高的决策能力

7. 下列有关贡献考评的说法不正确的是(　　)。
   A. 贡献考评是指考核和评估管理人员在一定时期内担任某个职务的过程中对实现企业目标的贡献程度
   B. 应尽可能把管理人员的个人努力和部门的成就区别开来
   C. 能力大小与贡献多少存在着严格的一一对应关系
   D. 贡献往往是努力程度和能力强度的函数。因此，贡献考评可以成为决定管理人员报酬的主要依据
8. 内部招聘的最主要缺点是(　　)。
   A. 引起同事不满
   B. 有历史包袱，不能迅速开展工作
   C. 要花很长的时间了解企业状况
   D. 知识水平可能不够高
9. 外部招聘的最主要缺点是(　　)。
   A. 难以在质和量两个方面均满足对管理人员的需要
   B. 难以深入了解应聘者的情况及实际工作能力
   C. 有可能打击未被提升者的积极性
   D. 容易造成“近亲繁殖”的现象
10. 下面不属于外部招聘的优点的是(　　)。
   A. 被聘者具有“外部竞争优势”
   B. 能够为组织输送新鲜“血液”
   C. 有利于被聘者迅速开展工作
   D. 有利于平息和缓和内部竞争者之间的紧张关系
11. 以下情况中，适宜采取内部提升的是(　　)。
   A. 高层次管理人员的选拔　　B. 外部环境剧烈变化
   C. 处于成熟期的企业　　D. 处于创业期的企业
12. 采取工作轮换的方式来培养管理人员，其最大的优点是有助于(　　)。
   A. 提供受训者的业务专精能力　　B. 减轻上级领导的工作压力
   C. 增强受训者的综合管理能力　　D. 考察受训者的高层管理能力

13. 某组织中设有一管理岗位，连续选任了几位干部，结果都是难以胜任岗位要求而被中途免职。从管理角度来看，出现这一情况的根本原因最有可能是(　　)。
   A. 组织设计上没有考虑命令统一的原则
   B. 管理部门选聘干部上没有找到合适人选
   C. 组织设计忽略了对于干部的特点与能力要求
   D. 组织设计没有考虑责权对应的原则
14. “尺有所短，寸有所长”说明在人员配备时(　　)。
   A. 不能对员工的工作要求过于苛刻，宽松的环境有利于员工能力发挥
   B. 应该允许员工犯错误，特别是高层管理人员

C. 学历高的人往往不一定就胜任工作，反而学历低的往往有较好表现

D. 每个人都有自己的特质，对具体工作职位来说，应该安排最擅长该工作的人

15. 在进行员工培训时，一般不需要员工配合的方法是(　　)。

A. 观察法　　B. 面谈法

C. 管理人员会议法　　D. 问卷调查法

16. 工作轮换一般用于提高(　　)。

A. 工程技术人员　B. 管理人员　C. 学徒　D. 普通职员

17. 面谈的不足之处在于(　　)。

A. 间接反馈　　B. 无法对表达能力做评估

C. 提供的情况有限　　D. 容易受表面印象的影响

18. 会对员工绩效产生重要影响的因素有(　　)。

A. 职位设计　B. 人员素质　C. 工作环境　D. 以上均是

(四) 多项选择题

1. 外部招聘具有的优点包括(　　)。

A. 被招聘干部具有“外来优势”，没有历史包袱

B. 能够为组织带来新鲜“血液”

C. 有利于使被聘者迅速开展工作

D. 有利于鼓舞士气，提高工作热情

E. 有利于平息和缓和内部竞争者之间的紧张关系

2. 下面问题中可以用来考核管理人员计划能力的有(　　)。

A. 他是否为本部门制定与公司目标有明确关系的可考核的长期和短期目标

B. 他是否对下属在进行工作、承担责任的过程中授予相应的职权

C. 他是否理解公司政策在其他决策中的指导作用，并确保下属也这样做

D. 他是否能定期检查计划的执行情况，以确保部门的实际工作与计划要求相一致

E. 他是否建立了必要的信息反馈制度，并明确职权系统与信息反馈在管理系统中的地位区别

3. 下列问题可以用来考核人员组织能力的是(　　)。

A. 他对下属的工作职责和任务是否有明确的要求，并确保下属能理解自己的任务

B. 他是否理解公司政策在其他决策中的指导作用，并确保下属也这样做

C. 他是否对下属在进行工作、承担责任的过程中授予相应的职权

D. 他在授权后是否控制自己不再利用这些职权进行决策，从而干预下属工作

E. 他是否建立了必要的信息反馈制度，并明确职权系统与信息反馈系统在管理中的地位区别

4. 人员配备的原则有(　　)。

A. 公平原则　B. 客观原则　C. 扬长避短原则

D. 动态平衡原则　E. 目标导向原则

5. 下面属于外部招聘的是(　　)。
A. 广告招聘　　B. 现场招聘　　C. 职业中介招聘
D. 平级调动　　E. 内部员工推荐

6. 人员考评的主要作用体现在(　　)。
A. 为人员培训提供依据　　B. 为确定员工薪酬提供依据
C. 有利于管理专业化　　D. 有利于优化人与事的匹配
E. 有利于促进组织内部沟通

7. 以考评主体为标准，人员考评可以划分为(　　)。
A. 上级考评　　B. 同事考评　　C. 自我考评
D. 下级考评　　E. 相关客户考评

8. 下面属于离岗培训法的有(　　)。
A. 课堂培训法　　B. 游戏法　　C. 案例研究法
D. 网络培训　　E. 工作指导法

9. 以下和企业管理人员需要有关的因素包括(　　)。
A. 企业的产品数量　　B. 组织的规模
C. 人员的流动率　　D. 组织发展的需要
E. 人员性别比例

10. 管理人员选聘时需要作为主要考虑标准的是(　　)。
A. 管理的欲望　　B. 冒险的精神　　C. 强健的体魄
D. 沟通的技能　　E. 高学历教育背景

(五) 简答题

1. 简述人员配备的含义及意义。
2. 简述人员配备的任务和原则。
3. 试简述企业进行人员选聘过程。
4. 试简述外部招聘与内部招聘的优缺点。
5. 简述如何开展人员考评工作。
6. 简述以考评主体为标准，人员考评的分类及其各自优缺点。
7. 简述人员培训的目的。
8. 简述人员培训的内容。
9. 简述离岗培训常见的几种方法。
10. 简述人员培训的程序。

(六) 案例分析题

1. **【案例一】**

环球商贸公司的人事问题

环球商贸公司成立于1988年，成立后公司发展迅速，目前拥有10多家连锁店。近年来，从公司外部招聘来的中高层管理人员，大约有50%的人员不符合岗位的要求，工作绩效明显低于公司内部提拔起来的人员。在过去的两年中，从公司外聘的中高层管理人员中有8人不是自动离职就是被解雇。从外部招聘来的宇都分公司经理因年度考评不合格而被免职之后，终于促使总裁黄天宇召开一个由行政副总裁、人力资源部经理出席的专题会议，分析这些外聘的管理人员频繁离职的原因，并试图得出一个全面的解决方案。

首先，人力资源部经理就招聘和录用的过程做了一个回顾，公司是通过职业介绍所或在报纸上刊登招聘广告来获得职位候选人的。挑选人员的工具包括一份申请表、三份测试试卷(一份智力测试和两份性格测试)、有限的简历检查及必要的面试。行政副总裁认为，公司在录用某些职员时，犯了判断上的错误，这些职员们的履历表看起来不错，他们说起话来也头头是道，但是工作了几个星期之后，其不足就明显地暴露出来了。

黄总裁则认为，根本的问题在于没有根据工作岗位的要求来选择适用的人才。“从离职人员的情况来看，几乎所有录用的人都能够完成领导交办的工作，但他们很少在工作上有所作为、有所创新。”人力资源部经理提出了自己的观点，他认为公司在招聘时过分强调了人员的性格和能力，而并不重视应聘者过去在零售业方面的记录，例如，在7名被录用的部门经理中，有4人来自与其任职无关的行业。行政副总裁指出，大部分被录用的职员都有某些共同的特征，如他们大都在30岁左右，而且经常跳槽，曾多次变换自己的工作；他们都雄心勃勃，并不十分安于现状；在加入本公司后，他们中的大部分人与同事关系不是很融洽，与直属下级的关系尤为不佳。

会议结束的时候，黄总裁要求人力资源部经理：“彻底解决公司目前在人员招聘上存在的问题，采取有效措施从根本上提高公司人才招聘的质量。”

(资料来源：http://www.kui.cc/news/2010_2_6/393604.html)

问题：

(1) 环球公司管理人员的招聘有什么问题？造成这些问题的原因是什么？

(2) 你对该公司管理人员的招聘有哪些更好、更具体的建议？

2. 【案例二】

盛田昭夫如是说

日本索尼公司前总裁盛田昭夫在*Made in Japan*中谈道：

目前，对日本式经营的探讨已经达到一个前所未有的高度。但是，不管是在日本，还是在美国，企业成功的背后都没有任何秘诀可言。促使事业成功的既不是理论，也不是战略规划，更不是政府的政策。如果说日本式经营存在什么秘诀，那就是把人当作事业的基础。

在日本，企业经营管理者最重要的职能之一就是与员工建立健全的人际关系。也就是说，在企业内部形成一种家庭般的气氛，让员工感受到自己与经营者是一个命运共同体。在日本，成功企业的共同之处在于让全体员工具有命运共同体意识。在这一点上，与美国将与企业相关人员划分成股东、管理者和劳动者三个群体的做法大相径庭。

如果仔细考虑一下就会发现，“以人为本”的理念应该是一个不言自明的道理，然而，却很少有人能够将这种理念运用到实践中。尽管我们坚信日本的企业经营者用事实证明了

这种理念为他们带来了成功，然而，外国企业引进日本式经营的方式恐怕就没那么简单了，这是因为：任何人都受到传统文化的束缚，不敢轻易尝试改变传统。“人本主义”这一提法毫无疑问是正确的，但在某些时候又会伴随着极大的风险。

如果从长远的观点来看，不管高层管理者有着多么优秀的手段，也不管他取得了多么大的成功，企业的命运归根结底掌握在员工的手中。因此，我几乎每年都参加新员工的欢迎仪式，直接与员工对话，这一习惯已经持续了40 多年。例如，在1986年的仪式上，我是这样讲的：“第一点，我希望大家能够理解公司与大学的区别。在大学里，你们向学校缴纳学费；可是，从今天开始公司要向各位发放薪水。在胜任工作岗位之前，各位对于老员工来说是一个包袱。第二点，在大学只要考得好，就可以得到一个好成绩甚至满分，你们可以心安理得，而在公司每一天都是考试。如果兢兢业业，得到的不止100分，甚至可能得到几千分，但也可能只有50分。不仅如此，如果出现关键性的错误，可不是得个零分就能解决的，而是负分，而且这个负分可能就是一个无底洞。所以，进入索尼公司并不是进了保险箱，而是时刻面临风险。”

讲到这里的时候，新员工开始困惑地思考商务世界应该是一个什么样子，于是，我接着讲：“我们把各位招入公司不同于征兵，企业也不是军队。大家根据自己的意志选择了索尼，所以责任在你们自己。大家进入公司后，通常会在此度过20乃至30年的时光，而人生却只有一次。对于你们来说，今后的二三十年应该成为人生和事业的巅峰时期，然而这也同样只会光顾一次。我希望在30年后大家退休或者走完人生旅程时，不要懊悔在索尼度过的时光——后悔就是悲剧。我再次强调，选择本公司的责任在大家。我想说的是，大家在进入公司后的两三个月时间里，要好好想一想在索尼工作对自己来说是不是一种幸福，这一点非常重要。虽然我们将大家招聘到了索尼，但是我们作为经营者或者说作为管理者，不可能给他人提供幸福。因为幸福要靠自己去追求。”

(资料来源：http://www.docin.com/p-231812803.html)

问题：

(1) 如何理解日本和美国企业对劳动者认识的不同？试简述在人员配备过程中所应该坚持的原则。

(2) 谈一谈你对“以人为本”的理解。

四、参考答案

(一) 填空题

1. 人员选聘　人员培训
2. 扬长避短原则　动态平衡原则
3. 人员选聘
4. 主观分析预测法　定量分析预测法
5. 内部招聘　外部招聘
6. 编制招聘计划

7. 有效性　可行性
8. 有利于促进组织内部沟通
9. 基于特质的人员考评　基于行为的人员考评　基于结果的人员考评
10. 发展能力
11. 思想政治教育
12. 专业技能培训
13. 工作指导法　工作轮换法
14. 课堂培训法　游戏法　案例研究法
15. 明确培训需求
16. 案例研究法
17. 同事考评
18. 组织设计
19. 内部招聘

(二) 判断题

1. 错	2. 对	3. 错	4. 错
5. 错	6. 错	7. 错	8. 对
9. 错	10. 错	11. 错	12. 对
13. 对	14. 错	15. 错	

(三) 单项选择题

1. D	2. C	3. B	4. A
5. C	6. C	7. C	8. B
9. B	10. C	11. A	12. C
13. C	14. D	15. C	16. B
17. D	18. D		

(四) 多项选择题

1. ABE	2. ACD
3. ACDE	4. ABCD
5. ABCE	6. ABDE
7. ABCDE	8. ABC
9. ABC	10. ABD

(五) 简答题

1. 人员配备研究的是如何获得人才、用好人才的问题。它的重要意义主要体现在以下几方面：一是从组织的角度来看，人员配备为实现组织目标提供了保障。组织结构设计只是提供了一个组织运行的框架和前提，为实现组织目标提供了一种可能性，而要真正实现组织

目标，还需要将各类人员安排到他们所能胜任的岗位上，这样才能让组织切实运行起来。二是从个人的角度来看，人员配备赋予了个人施展才华的机会和载体，使自己的知识和能力得到公正的评价和认可，并获得开发和提高的空间。三是从社会的角度来看，人员配备可以使个人最大限度地贡献自身价值，实现人力资源的优化配置，促进经济发展和社会进步。

2. 人员配备就是根据组织结构设计中的岗位责任和任职要求，用最合格的人员来分别填补各个工作岗位，最终实现人与事的最佳匹配。其具体内容包括以下几个部分：一是明确人力资源需求；二是人员选聘；三是人员培训；四是人员考评。

在任何组织、在组织的任何一个发展阶段，人员配备都必须坚持以下几个基本原则：一是公平原则。公平原则指人员配备工作必须对所有人员都采用同一标准、一视同仁，它是人员配备最基本的原则，并渗透在配备工作的各个环节。二是客观原则。客观原则指人员配备工作必须以事实为依据，实事求是，尽量减少主观色彩。三是扬长避短原则。扬长避短原则指人员配备工作还要尊重人员的个体特征，将人员安排在最合适的位置上。四是动态平衡原则。动态平衡原则指人员配备的结果不是一成不变的，随着员工的能力和知识不断提高、丰富或趋于老化、过时，以及组织经营环境、经营战略等因素的变动，人员配备方案也要经常做出调整，使有能力的员工去更高的管理层次承担更多的岗位责任，并及时淘汰、替换能力不济的员工。

3. 企业进行人员选聘的过程如下。

人员选聘是组织获取和充实人力资源、为组织经营与发展提供人才保障而进行的一项重要工作，也是人员从企业外部进入内部的一道“关口”，它的目的是要让合适的人员顺利跨过这个关口，同时将不合格的人员拒之门外。

人员选聘的第一步是确定人员需求量。在实质性地开展人员选聘活动之前，企业需要确定人员需求量，它将成为人员选聘的工作目标之一。明确人员需求量可以采用主观分析预测法与定量分析预测法。第二步是确定人员选聘的来源。以组织边界为标准，人员选聘的来源可以简单地被一分为二，即内部选聘和外部选聘。第三步是执行人员选聘的程序。

4. 外部招聘的优点在于：用人单位能够在较大范围内挑选应聘者，更利于找到合适人选；新面孔的出现也能够为企业带来新方法、新观念和新知识，保持企业活力。尤其对于改革期的企业来讲，一支精锐的“空降兵”队伍可能成为企业的革新力量。

外部招聘的缺点在于：来自企业外部的新员工需要经过一段时间的适应期才能投入正常工作，从而使招聘成本相对较高；同时，组织对员工的实际工作能力、员工对该组织及该岗位的了解不够，可能不久后会发生员工离职现象，从而提高了外部招聘风险；特别是在组织文化的认同感、忠诚度等方面，外部招聘往往令企业管理者不乐观。

内部招聘的优点在于：组织和人员之间已经有充分的了解，因此不必进行入企培训，招聘成功率高。此外，内部提升也是一种激励方式，有助于提升员工士气；即使只是内部平级调动，也可以使员工的工作内容丰富化，减弱工作倦怠感。

内部招聘的缺点在于：备选人员数量有限，尤其是新提升的领导可能短期内难以服众，而且不利于倡导新的组织文化。

5. 人员考评就是对被考核者的工作情况进行考核和评价。开展人员考评工作，首先，要确定人员考评的方法。一般有基于特质的人员考评、基于行为的人员考评、基于结果的人员考评三种方法。其次，要确定人员考评的主体。以考评主体为标准，人员考评可以被划分为上级考评、同事考评、自我考评、下级考评、相关客户考评五类。最后，要明确人员考评的程序。一是确定考评者；二是确定考评内容；三是确定考评时间；四是明确并实施考评方案；五是考评后的评估和总结。

6. 以考评主体为标准，人员考评可以被划分为五类：上级考评、同事考评、自我考评、下级考评、相关客户考评。

(1) 上级考评。优点：对考评对象的工作绩效比较了解；对考评内容比较熟悉；可以结合考评对考评对象给出合理的建议和指导。缺点：员工的部分表现会超出上级的监控范围，可能导致考评结果以偏概全；受上级的个人偏好和心理因素影响。

(2) 同事考评。优点：彼此间接触频繁，评价更客观；互相评价其实也是一种沟通。缺点：耗时耗力；受团体内人际关系的影响较大。

(3) 自我考评。优点：对自身的能力和态度有真实的了解；自我管理体现了对员工的尊重；考评结果更容易被考评对象所接受。缺点：夸大成绩回避不足；关注自己忽视他人。

(4) 下级考评。优点：是管理民主化的体现；是对下级的尊重，可以强化下级的参与意识；有利于建立有效的管理者约束机制。缺点：受下级素质的影响；下级不敢畅所欲言；上级为了讨好下级而疏于管理。

(5) 相关客户考评。优点：真实客观；有利于强化服务意识。缺点：考评意见难以收集，成本高。

7. 人员培训是组织为了使人员适应当前或未来的岗位要求而对其进行的教育、培养和训练活动。具体来说，人员培训有不同的目的，主要体现在以下几个方面：一是传递信息。培训，尤其是入企培训的一个重要目的是向员工传递关于企业的整体信息。通过培训员工可以确定自己在整体目标实现中应该起到什么样的作用，如何使个人目标与企业目标相一致而不是背道而驰。二是改变态度。良好的工作态度是完成工作的有效保证，而培训可以使员工认识乃至认同组织文化和组织的价值观念，并以此作为自己行动的指导准则，从而有利于组织目标的实现。三是更新知识。我们生活在一个不断变化、不断进步的社会，不论是管理人员还是一般员工，只有通过不断学习、不断提高，才能适应环境。特别是随着科学技术的飞速进步，知识的半衰期越来越短，不及时更新知识往往在工作面前难以胜任，因此更新知识成为培训的一个重要目的。四是发展能力。更新知识只是让员工拥有岗位要求的基本技能，而发展能力则可以使员工能全方位胜任岗位，或以面向未来为目的。

8. 人员培训的内容主要包括以下几个方面：一是思想政治教育。政治素质是体现一个员工乃至企业综合素质的基本要素。任何时候思想政治教育都是人员培训的首要内容。二是专业技能培训。人员培训应从实际出发，根据岗位责任要求和员工自身现状，有针对性地开展专业技能培训。这是培养和开发员工潜能的关键，也是确保员工能完成本职工作的必要之举。三是科学文化知识。这是为了满足更新和补充知识的目的。企业应及

时向员工补充科学文化知识，提高其科学文化素养和业务水平。四是企业文化培训。员工是否认同并接受组织文化，直接关系着他的工作态度和工作潜能的发挥，对组织的生存与发展有重要影响。

9. 离岗培训也称为脱产培训，与在岗培训相反，员工在接受培训的同时必须暂时离开现有工作岗位。离岗培训的方法主要有：一是课堂培训法。这是一种传统的培训模式，其特点是通过培训师的语言表达和演示，借助幻灯片、影视资料、计算机等手段，系统地向培训对象传递理论、观点和原理。二是游戏法。它是一种员工培训中常用的辅助方法，该方法由多个参与者或参与者团队按照既定规则，相互竞争达到目标。三是案例研究法。该方法首先由培训师按照培训需求向培训对象展示真实背景、提供背景材料并做出必要的解释后，由培训对象以背景材料为基础发现问题、分析问题，并提出解决问题的各种方案及最佳方案。

10. 人员培训不仅重要而且投资巨大，因此应该谨慎地按照一定的科学程序来实施。人员培训程序包括以下五个步骤：一是明确培训需求。人员培训是优化人事匹配的手段而不是目的，单纯地为了培训而培训只会浪费企业的人力、物力和财力。因此培训前培训组织者要明确培训需求。二是制订培训计划。企业明确了某些人员或部门的确存在培训需求，则需要制订详尽的培训计划。该计划是对未来人员培训活动的各项内容的预先安排。三是准备培训条件。作为一个过渡环节，准确培训条件的主要任务是以培训计划为依据，为接下来实质性开展培训活动筹备条件，主要包括落实培训材料、培训设备和培训师资等。准备条件做得好有利于培训活动的顺利开展，而不至于延缓培训进程或影响培训效果。四是实施人员培训。按照既定计划对人员进行实质性培训，这是人员培训的核心环节和关键环节。五是评价培训效果。培训活动结束后，对培训效果进行总结性的考核、分析和评价是人员培训中不可忽视的一个环节，其目的是发现培训对象的收获和提高并找出本次培训活动的不足。

上述人员培训“五部曲”是相互联系、相互作用的。不仅如此，人员培训还是一个循环过程，本轮培训活动的结束意味着下一轮培训活动的开始。

(六) 案例分析题

1. 《环球商贸公司的人事问题》案例分析。

(1) 环球商贸公司的招聘存在如下问题。

① 招聘的人员不符合岗位要求；工作绩效低于内部提拔人员(50%中高层管理)。

② 外聘人员的流动率较高。

原因如下。

① 在公司中高层管理人员的培养上，过分强调外部招聘的作用。

② 通过职业介绍所或在报纸上刊登广告招聘中高级管理人员并不是最佳选择。

③ 招聘的测试只考虑了智力测试和性格测试，忽略了管理者应具备的沟通能力、决策能力等方面的测试。

④ 忽略了应聘者的过去经验与资历，忽略了招聘之前的准备工作。

(2) 招聘的具体建议如下。

① 招聘过程应符合招聘的基本原则：效率优先原则；双向选择原则；公平公正原则；

确保质量原则。

② 企业的中高层管理队伍不仅要考虑从外部招聘，也可考虑从企业内部培养。

③ 招聘中高层管理者可以考虑用猎头公司招聘，虽成本较高，但针对性较强。

④ 招聘的方法除了简历审核、面试和测试外，也可考虑运用情景模拟方法如无领导小组讨论、文件筐方法进行考核。

⑤ 重视招聘人员过去的工作经历，运用行为描述的面试方式进行提问。

⑥ 做好面试之前的充分准备，必要时对面试主考官进行培训。

2. 《盛田昭夫如是说》案例分析。

(1) 日本企业认为，劳动者是组织大家庭中的一员，员工需要与企业经营者结成命运共同体，员工就是组织的主人。而美国企业中，劳动者是雇员，雇主向其支付薪水，劳动者付出自己的劳动，两者是等价交换的关系，符合市场经济的原则。

在任何组织、在组织的任何一个发展阶段，人员配备都必须坚持以下几个基本原则。

① 公平原则。公平原则指人员配备工作必须对所有人员都采用同一标准、一视同仁，它是人员配备最基本的原则，并渗透在配备工作的各个环节。

② 客观原则。客观原则指人员配备工作必须以事实为依据，实事求是，尽量减少主观色彩。

③ 扬长避短原则。扬长避短原则指人员配备工作还要尊重人员的个体特征，将人员安排在最合适的位置上。

④ 动态平衡原则。动态平衡原则指人员配备的结果不是一成不变的，随着员工的能力和知识不断提高、丰富或趋于老化、过时，以及组织经营环境、经营战略等因素的变动，人员配备方案也要经常做出调整，使有能力的员工去更高的管理层次承担更多的岗位责任，并及时淘汰、替换能力不济的员工。

(2) “以人为本”的管理，是指在管理过程中以人为出发点和中心，围绕着激发和调动人的主动性、积极性、创造性展开的，以实现与企业共同发展的一系列管理活动。其具有以下几个特点。

① 以人为本的管理活动主要是指在企业管理过程中以人为出发点和中心的指导思想。

② 以人为本的管理活动围绕着激发和调动人的主动性、积极性和创造性来开展。

③ 以人为本的管理致力于人与企业的共同发展。

④ 以人为本的管理基本思想就是人是管理中最基本的元素，人是能动的，与环境是一种交互关系。创造良好的环境可以促进人的发展和企业的发展；个人目标与企业目标是可以协调的，将企业变成一个学习型组织，可以使得员工实现自己的目标，在此过程中，企业进一步了解员工使得企业目标更能体现员工利益和员工目标；以人为本的管理要以人的全面发展为核心，人的发展是企业发展和社会发展的前提。

第九章

组织文化

一、教学要点

1. 组织文化的概念
2. 影响组织文化的主要因素
3. 组织文化包含的内容
4. 组织文化的层次、结构与类型
5. 组织文化的特征
6. 组织文化的正功能与负功能
7. 组织文化建设的基本原则
8. 组织文化建设的步骤与策略

二、重要名词解释

1. 文化

广义来说，文化是人类在社会历史发展中创造的物质与精神财富的总和，是一种社会现象，同时又是一种历史现象，是社会历史的积淀物。狭义的文化是指排除人类社会及历史生活中关于物质创造活动及其财富部分，专注于精神创造活动及其财富。

2. 组织文化

组织文化是指组织全体成员共同接受的价值观念、团队意识、行为准则、工作作风、心理预期、思维方式和团体归属感等群体意识的总称。

3. 组织精神

组织精神是指一个组织或者企业基于自身特定的性质、任务、宗旨、时代要求和发展方向，并经过精心培养而形成的成员群体的精神风貌。

4. 经营哲学

经营哲学是一个组织特有的从事生产经营和管理活动的方法论原则，它是指导组织行为的基础。

5. 价值观念

所谓价值观念，是人们基于某种功利性或道义性的追求而对个人和组织本身的存在、行为和行为结果进行评价的基本观点。

6. 物质文化

物质文化又称显性文化、硬文化或表层文化，是可见于行、闻于声的文化形象。即以精神的物化产品和精神行为为表现形式的，人通过直观的视听器官能感受到的，又符合组织文化实质的内容。它包括组织的标志、工作环境、规章制度和经营管理行为等几部分。

7. 精神文化

精神文化又称为隐性文化或深层文化、软文化等，指的是沉淀于组织及其员工心灵中的意识形态。精神文化是组织文化的根本，是最重要的部分。精神文化包括组织哲学、共同价值观、道德规范、组织作风、行为准则等几个方面。

8. 俱乐部型组织文化

俱乐部型公司非常重视适应、忠诚感和承诺。在这种组织文化中，资历是其中最关键的一个因素，相应的年龄和经验都至关重要。俱乐部型组织文化中培养的是综合型人才，也就是通才，可以同时胜任多个环节的工作。

9. 棒球队型组织文化

棒球队型组织文化鼓励员工冒险和革新。一般从各种年龄和经验层次的人中寻求有才能的人进行招聘。薪酬按照员工绩效水平来确定。

10. 权力型组织文化

权力型组织文化也叫独裁文化，是指由一个人或一个很小的群体领导的组织。这种组织通常以企业家为中心，不太看重组织中的正式结构和工作程序。但是随着组织规模的逐渐扩大，这种权力文化会越来越难适应，最终走向分崩离析。

11. 使命型组织文化

使命型组织文化也叫任务文化。在这种文化中，团队的目标就是要完成设定的任务，各个成员之间的地位是平等的，这里没有绝对的领导者，人们只要服从任务或者使命本身。

12. 埃菲尔铁塔型组织文化

这种类型文化的组织结构看起来很像埃菲尔铁塔，等级较多，且底层员工较多，随

着层数递增人数越少。严格遵从上层负责下一层的原则，不能越级，所以组织员工都是谨言慎行的。

13. 主文化

主文化(dominant culture)体现的是一种核心价值观，它被组织大多数成员所认可。当我们说组织文化时，通常指的就是组织的主文化。由于这种文化从宏观角度出发，从而使组织呈现出独特的个性。

14. 亚文化

亚文化是某一社会主流文化中一个较小的组成部分。亚文化可能是对组织文化更丰富的补充，为主文化服务，也可能是与主文化有区别的，但总体来说是与主文化相辅相成的，甚至在一定条件下有可能替代组织的主文化。

15. 网络型组织文化

这种类型的组织内部没有严密的层级关系，它承认个人特殊性贡献，强调以合伙方式为共同目标服务。其主要特点是以合伙人方式分配权力，核心是敢冒风险，捕捉机会，关注市场的开拓与渗透。

16. 官僚制型组织文化

官僚制型组织文化具有内向式的关注中心和对稳定环境的一致性定位，其有一种支持商业运作的程式化方法的文化，遵循传统和随之确定的政策及实践是达到目标的一种方式。

三、习题

(一) 填空题

1. 广义的文化是指人类在社会历史发展中所创造的________和________财富的总和。

2. 狭义的文化是指社会的________，以及与之相适应的_________、_________、_________等物化的精神。

3. 影响组织文化的因素主要包括_________、_________、_________、_________。

4. 组织文化的内容十分广泛，总结起来主要包括_________、_________、组织道德、团体意识、价值观念、组织制度、组织形象、组织性格、_________。

5. 组织文化有着丰富的内涵，是一个完整的体系，包括许多相互关联和制约的因素。其中麦肯锡 7S 结构中 7 个因素指的是_________、_________、_________、_________、_________、_________、_________。

6. 组织文化中的四层次说中的四个层次指的是_________、_________、_________、

________。

7. 组织文化中的四层次说中其中________是组织文化的外显部分，________是组织文化的中间层。

8. 组织文化中二元说理论认为组织文化是由组织中的________和________综合而成。

9. 物质文化又称为显性文化、硬文化或表层文化，它主要包括________、________、________、________。

10. 精神文化又称为隐性文化或深层文化、软文化等，它主要包括________、________、________、________。

11. 按照组织文化的内在特征分类，组织文化可以分为________、________、________、________。

12. 按照组织文化所涵盖的范围分类，组织文化可以分为________、________。

13. 按照流程标准分类，组织文化可以分为________、________、________、________。

14. 组织文化主要包括以下几个特征________、________、________、________、________、________。

15. 组织文化的中心是________。在组织活动中要贯彻尊重人、理解人、关心人、信任人的原则。

16. 组织文化作为一种自组织系统具有很多特定的正功能，主要正功能有________、________、________、塑造形象功能、凝聚功能、激励功能、调试功能、辐射功能。

17. 组织文化的负功能主要有________、________、________。

18. 组织文化建设的基本原则有：________、以人为中心的原则、普遍性与特殊性相结合的原则、形式与内容相结合的原则、领导率先垂范原则、________、________。

19. 组织文化建设的步骤是：________、________、________、________。

(二) 判断题

1. 一般的文化都是在非自觉的状态下形成的，而组织文化是在组织自觉努力下形成的。(　)

2. 组织文化是由相对稳定不变的特征组成的，一般情况下很少发生什么变化。(　)

3. 在任何特定的组织中，脱离文化的管理活动是不存在的。(　)

4. 组织的领导班子换届往往会造成组织文化的变更。(　)

5. 组织的工作环境也是文化的一种体现。(　)

6. “仁者见仁，智者见智”，良好的组织文化应该使组织内的成员对某些伦理问题产生多角度的认识。(　)

7. 组织文化是在组织的长期发展过程中逐步形成的，一旦建立便日趋加强。(　)

8. 由于组织所处的环境复杂多变，所以企业文化应该保持多变灵活，以便对环境的变

化做出反应。(　)

9. 外部环境为组织生存提供了条件，但也限制了组织的生存。(　)

10. 组织文化具有强渗透作用，因而会成为管理人员管理活动的限制因素。(　)

11. 组织文化的建设应该以人为本，充分发挥人的积极性、创造性。(　)

(三) 单项选择题

1. 下面有关组织文化，说法正确的是(　　)。
   A. 变化较慢，一旦形成便日趋加强
   B. 变化较快，随时补充新的内容
   C. 变化较慢，但每年都会抛弃一些过时的内容
   D. 变化较快，特别是企业管理人员变更时

2. 下面关于组织文化，说法不正确的是(　　)。
   A. 一般文化都是在非自觉状态下形成的，组织文化则可以是在组织努力的情况下形成
   B. 文化具有自我延续性，不会因领导层的人事变更而立即消失
   C. “仁者见仁，智者见智”，组织文化应该使组织成员面对某些问题时产生角度认识
   D. 组织文化内容和力量会对组织员工的行为产生影响

3. 组织文化具有(　　)。
   A. 较强的创新性，打破传统观念和价值体系
   B. 独立于环境，始终保持高雅性和纯洁性
   C. 在内外部条件发生变化时，淘汰旧文化，发展新文化
   D. 以不变应万变，始终保持稳定性

4. 文化的特性不包括(　　)。
   A. 民族性　　B. 多样性　　C. 整体性　　D. 绝对性

5. 塑造组织文化，应该注意(　　)。
   A. 主要考虑社会要求和行业特点，和本组织的具体情况无关
   B. 组织领导者的模范行为在组织文化的塑造中起到号召和导向作用
   C. 组织文化主要靠自律，所以不需要建立相关制度
   D. 组织文化一旦形成，就无须改变

6. 下面关于组织精神的说法，不正确的是(　　)。
   A. 一般是在组织发展过程中自发形成的
   B. 反映了组织成员对组织的特征、形象、地位等的理解和认同
   C. 折射一个组织的整体素质和精神风格
   D. 是组织文化的核心

7. 组织文化是一种软性的理智约束，通过组织的共同价值观不断地向个人价值观渗透和内化，使组织自动生成一套自我调控机制。这句话描述了组织文化的(　　)。
   A. 导向功能　　B. 约束功能　　C. 凝聚功能　　D. 激励功能

8. 组织文化一旦形成较为固定的模式，它不仅会在组织内发挥作用，对本组织员工产生影响，而且也会通过各种渠道对社会产生影响。这句话描述了组织文化的(　　)。

A. 导向功能　　B. 激励功能　　C. 调试功能　　D. 辐射功能

9. 最有可能产生高道德标准的组织文化是(　　)。

A. 具有高风险和冲突承受能力的组织文化

B. 高度崇尚自由精神文化

C. 具有高度统一性的组织文化

D. 具有高度灵活性，易于适应社会观念的组织文化

10. 下面关于组织文化说法不正确的是(　　)。

A. 优秀的组织文化，应该以人为本，以服务对象为中心

B. 组织文化的激励功能主要表现在组织文化能够对组织整体和组织成员中每个人的价值取向起到引导作用

C. 物质层是组织文化的外显部分，它是组织创造的表层物质文化，也是精神层的表现形式

D. 组织文化具有导向功能，引导组织成员价值取向符合组织标准

11. 以无形的、非正式的、非强制性的各种规范和人际伦理关系为准则，对组织成员的思想和行为起到一定的限制作用，这体现了组织文化的(　　)。

A. 导向功能　　B. 凝聚功能　　C. 激励功能　　D. 约束功能

12. 组织文化的凝聚功能主要通过两个方面得以体现：一方面是目标凝聚，另一方面是(　　)。

A. 文化凝聚　　B. 价值凝聚　　C. 资源凝聚　　D. 理想凝聚

13. 学院型组织特征是(　　)。

A. 非常重视适应、忠诚感和承诺，资历是其中最关键因素

B. 鼓励员工冒险和革新，重视发明创造

C. 着眼于公司的生存

D. 为那些想全面掌握每一种新工作的人而准备的地方，让他们不断成长、进步

14. 作用型组织文化的特征是(　　)。

A. 强调个人所在的位置，以及和谁位置比较近，做每件事都有固定的程序和规矩

B. 由一个人或一个很小的群体领导的组织，通常以企业家为中心

C. 组织中没有绝对领导者，团队目标是完成设定的任务，各成员之间的地位平等

D. 以人为导向，又强调平等的文化，这种文化富于创造性

15. 下面关于组织的四层次说，说法不正确的是(　　)。

A. 四层次指的是物质层、行为层、精神层、制度层

B. 物质层主要研究对象是物质形态，是形成组织文化其他层次的条件

C. 行为层是企业员工生产经营、学习娱乐中产生的活动文化

D. 精神层是组织文化的中间层，是指组织的价值观念、信念、理想等精神形态的东西

16. 以下关于世界性大公司组织文化和管理伦理准则的说法正确的是(　　)。

A. 组织文化一般是不成文的，伦理准则很多是成文的

B. 组织文化一般是成文的，伦理准则通常是不成文的

C. 组织文化和伦理准则一般都是不成文的

D. 组织文化和伦理准则一般都是成文的

17. 相对于组织物质文化、行为文化和制度文化而言，(　　)是一种更深层次的文化现象，在整个组织文化系统中，它处于核心的地位。

A. 组织精神文化　　B. 组织价值观

C. 组织伦理规范　　D. 组织文化

18. 下面关于组织文化的功能，说法正确的是(　　)。

A. 组织文化对组织成员具有明文规定的具体硬性要求

B. 组织领导层的变动，组织文化会立刻受到很大影响

C. 组织文化无法从根本上改变组织成员旧的价值观念

D. 组织文化不仅有正功能也有负功能，有时会成为变革的阻碍

(四) 多项选择题

1. 文化的特性包括(　　)。

A. 民族性　　B. 普世性　　C. 多样性

D. 绝对性　　E. 整体性

2. 组织文化的内容包括(　　)。

A. 组织精神、经营哲学　　B. 组织道德、团体意识

C. 价值观念、组织制度　　D. 组织形象、组织性格

E. 以人为本

3. 物质文化又称显性文化、硬文化，它主要包括(　　)。

A. 组织标志　　B. 工作环境　　C. 规章制度

D. 经营管理行为　　E. 组织结构

4. 精神文化又称为隐性文化，它主要包括(　　)。

A. 组织战略　　B. 组织哲学　　C. 价值观念

D. 道德规范　　E. 组织精神

5. 美国哈佛商学院著名教授约翰·科特和詹姆斯·赫斯科特将组织文化和经营业绩的研究作为组织文化研究的主要对象，根据两者之间的关系，把组织文化分为(　　)。

A. 强力型文化　　B. 策略合理型组织文化

C. 灵活适应型组织文化　　D. 权力型组织文化

E. 作用型组织文化

6. 按照流程标准，组织文化可以分为(　　)。

A. 功能型组织文化　　B. 作用型组织文化

C. 流程型组织文化　　D. 基于时间型组织文化

E. 网络型组织文化

7. 组织文化在管理中有其独特的功能，主要可以概括为(　　)。

A. 自我内聚功能　　B. 自我改造功能

C. 自我调控功能　　D. 自我完善功能

E. 自我延续功能

8. 组织文化的制度主要包括(　　)。

A. 组织领导体制　　B. 组织机构

C. 组织管理制度　　D. 组织价值观

E. 组织信仰

9. 组织文化建设的步骤包括(　　)。

A. 培育共同的价值观念　　B. 塑造企业精神

C. 确立正确的经营哲学　　D. 树立以人文本的理念

E. 企业形象设计

10. 塑造组织文化的主要途径包括(　　)。

A. 选择价值标准　　B. 强化员工认同

C. 提炼定格　　D. 巩固落实

E. 丰富发展

(五) 简答题

1. 简述组织文化的含义及其影响因素。
2. 简述组织文化所包含的内容。
3. 简述组织文化的四层次说。
4. 简述组织文化按内在特征分类的四种文化类型。
5. 简述主文化与亚文化。
6. 简述文化的特征。
7. 简述文化的正功能。
8. 简述组织文化建设遵循的原则。
9. 简述组织文化建设的步骤。
10. 简述组织文化建设的策略。

(六) 案例分析题

1. 【案例一】

L公司的文化建设

L公司是一家投资近3亿美元的中外合资企业，坐落于上海浦东高新技术开发区。整个厂区宽敞、漂亮，整片的绿地与现代化的厂房交相辉映，令人感觉不到这是一个年销售

收入高达 10 亿元人民币的企业。

L 公司的张总经理是中方选派的。张总经理对企业的发展与管理颇有自己的想法："我们 L 公司技术设备先进、产品先进，作为一个高科技的企业，作为一个新成立的企业，我们并不担心技术与市场的问题，而担心文化的冲突，担心新员工进入企业后能否迅速整合的问题。中外合资企业中通常拥有不同投资方所在国文化的背景，来自不同国家的员工具有不太一致的价值观、思维方式、行为习惯。这些不一致可能导致一个企业内存在文化的冲突。我以为解决这个问题的关键在于迅速建立本公司的特定文化。我设想的本公司的企业文化要有一个核心理念，要有一整套将核心理念层层演化于各部门、各员工的具体表述。但是我反对形式化、千篇一律、没有变化。企业文化活动应丰富多彩，应以员工为中心。"

张总经理不久便在公司成立了企业文化建设委员会，开始进行研究，希望在不久的将来可以建立 L 公司自己的文化。企业文化建设委员会经过研究开始了工作。

1. 员工座右铭活动

员工座右铭活动是这样展开的：每个新入公司的员工应自己掏钱买一棵公司指定范围内的树，然后亲手种在公司的地域之内。这棵树上挂上种植人的姓名，并由种植人负责照看，意即"十年树木，百年树人"，员工与公司一起成长。与此同时，每个员工在经过公司的新员工培训后，提出自己的人生座右铭。公司希望每个员工的人生座右铭能够成为他们各自生活、工作的准则。当你的座右铭确定后，也可以修改，但公司要组织评选，看哪位员工的座右铭最好、最有意义。

2. 集思广益活动

集思广益活动是指全体员工为了把生产、经营、管理等诸方面的工作做得更好而出主意、想办法、提建议。员工有建议、有设想，就可把这些写出来贴在公司各处安放的集思广益招贴板上，如果其他人对这些意见有不同看法或更进一步的想法，可以把自己的意见贴在旁边，以期讨论。每周五，部门、车间等安排一个小时的时间讨论本周内尤其是本部门内的各项建议，以期取得一致意见，安排具体改进的人员和任务；如果本周无甚建议，则可研究下周的工作安排等事项。

3. 文化活动

公司开展了一系列文化活动，如摄影比赛、体育比赛、书画活动等，让每个员工都参与活动，充分展示他们各自的才能，同时让每个员工参加这些活动并比赛评奖。例如，摄影比赛可评出一等奖、二等奖，但评选方法并不是去找几位领导和专家来打分决定，而是把选票放在展品旁边，每个人都可以去投一票，选出员工认为的最佳或最差的作品。

更有意思的是，公司将食堂的桌椅都设计得富有变化，如桌子的形状有三角形、六角形、长方形、正方形、圆形等，椅子的色彩也富有变化。

一段时间后，上述这些活动变得难以深入展开了，因为老是这些活动，几次后便成了形式化，员工们也开始厌倦。怎么办？是公司的理念未定，还是企业文化本身就很难从变化中建立？张总经理也陷入深思，他希望从更高层次上来看待企业文化的问题，但从何处着手呢？

(资料来源：http://www.doc88.com/p-5929803943612.html)

问题：

(1) 什么是组织文化？包括哪些要素、内容？

(2) L公司企业文化建设方面存在哪些问题？你认为应该如何进行文化建设？

2. 【案例二】

文化到位找到感觉

四川化成银华集团有限责任公司(以下简称银华公司)坚持一手抓生产经营，一手抓企业文化建设，两者互为促进的政策，企业保持了连续八年盈利，去年又创利润1680万元，居省纺织行业第二位，保持了省优秀企业、省文明单位的称号。

1. 认识到位

随着经济体制改革的逐步变化，银华公司这个棉纺织企业同我国大多数国有纺织企业一样，企业管理和发展出现了严重困难，问题的根源是什么？出路何在？银华公司调查分析后认为，社会的巨大变革、企业生存空间和职业心态的变化，使得计划经济时代形成的理念、制度、方法已成为企业发展的桎梏，必须改革，把创建先进的企业文化引入经营管理中来。

高度的重视带来自觉地行动。20世纪90年代至今，银华公司把企业文化建设摆在头等位置。公司董事长、党委书记、总经理胥明东说：“在新的世纪，拥有文化优势，也就拥有竞争优势。”全公司各部门高度一致，“一把手”抓“两手”，“两手”都要硬。

2. 机制到位

银华公司创建企业文化狠抓了各种机制的建立和完善。

首先，建立考核机制。结合企业实际，银华公司出台了15项实施细则，并实行量化考核。

其次，建立民主管理监督机制。银华公司把企业的产量、质量、成本、利润、发展规划等重大情况定期公布，并经过摸索形成公司、分厂、轮班三级公开制度，员工对应知的事情了如指掌。

再次，完善分配制度，各个岗位的工作全部量化，员工对照公开栏公布的个人奖励、产品产量和质量等情况就能算出自己本月的收入。

最后，建立人才选拔机制。银华公司坚持实施人才培养“工程”，仅“九五”期间就造就人才560人。在选拔使用上，坚持德才兼备的原则，面向市场择优录用，同时实行公推公选制度。

3. 培育到位

银华公司认为，企业文化的核心是培育先进的企业精神，并在员工中得到体现，培育的途径是教育。

员工日常行为是企业文化的具体体现。银华公司注重对其进行引导和规范。首先，要求各级党组织和管理人员掌握各自负责的情况，准确把握企业总体情况和员工具体情况。其次，以先进典型引导群体行为。公司建立劳模培养制度，每年评选百名劳模。公司还常年开展"巾帼建功""百千万无瑕""操作明星"等竞赛。

抓住学习不放松。公司按照学习型组织的要求改造企业。坚持政治学习，每月两次。公司年年都有职工培训规划，月、季有落实，"操作技术培训""成本核算培训"等贯穿全年始终，形式多样，特色鲜明。

4. 投入到位

银华公司总经理认为，企业文化建设之所以叫作一把手工程，是因为它同经济工作一样，投入是关键，没有投入就没有产出。

投入包括人、财、物的投入。公司虽然近几年大幅度精简非生产人员，但政工线的力量不仅没有削弱，反而得到了加强。

公司有从事文化建设的职能部门和人员，分厂有专职总支、支部副书记、分工会主席、政工干事，各司其职、各负其责，党政工团齐抓共管。

银华公司始终坚持按比例投入企业文化建设。仅"九五"期间，公司就投资450万元，先后实施"厂门形象工程""生产区绿化工程""生活区亮化美化工程""锅炉脱硫除尘工程"等项目。厂大门内外宽敞整洁、气势宏伟，蓝底白字的企业精神、质量方针、质量承诺牌醒目矗立，宣传橱窗色彩艳丽，几十块阅览栏放置着最新的报纸供人阅读，黑板报写着各班员工奖惩及当月的生产量和质量数据。入夜，生活区、职工活动中心、图书阅览室霓虹灯闪烁，一片通明，形成了独具银华特色的企业文化氛围。

(资料来源：http://www.docin.com/p-11055)

问题：

(1) 银华公司是怎样认识到企业文化的作用的？

(2) 怎样认识企业文化的本质和作用？

四、参考答案

(一) 填空题

1. 物质　精神
2. 意识形态　礼仪制度　组织机构　行为方式
3. 外来文化因素　个人文化因素　组织传统因素　民族文化因素
4. 组织精神　经营哲学　以人为本
5. 组织结构　经营战略　工作程序　管理风格
   技术能力　工作人员　共同价值观

6. 物质层　行为层　制度层　精神层
7. 物质层　制度层
8. 物质文化　精神文化
9. 组织标志　工作环境　规章制度　经营管理行为
10. 组织哲学　价值观念　道德观念　组织精神
11. 学院型组织文化　俱乐部型组织文化
    棒球队型组织文化　堡垒型组织文化
12. 主文化　亚文化
13. 功能型组织文化　流程型组织文化
    时间型组织文化　网络型组织文化
14. 意识性　系统性　人本文化　塑造共同价值观　可塑性　长期性
15. 以人为本
16. 导向功能　约束功能　提高素质功能
17. 变革的障碍　多样化障碍　兼并和收购的障碍
18. 创新原则　重在执行原则　效率原则
19. 培育共同价值观　塑造企业精神　确立正确的经营哲学　企业形象设计

(二) 判断题

1. 对	2. 对	3. 对	4. 错
5. 对	6. 错	7. 对	8. 错
9. 对	10. 错	11. 对	

(三) 单项选择题

1. A	2. C	3. C	4. D
5. B	6. A	7. A	8. D
9. C	10. B	11. D	12. B
13. D	14. A	15. D	16. A
17. A	18. D		

(四) 多项选择题

1. ACE	2. ABCDE
3. ABCD	4. BCDE
5. ABC	6. ACDE
7. ABCDE	8. ABC
9. ABCE	10. ABCDE

（五）简答题

1. 组织文化是指组织全体成员共同接受的价值观念、团队意识、行为准则、工作作风、心理预期、思维方式和团体归属感等群体意识的总称。在建立组织文化的过程中，影响组织文化演变的因素主要有：一是外来文化因素。外来文化包括其他国家、地区和民族及其他行业和组织带来的文化。这些外来文化因素错综复杂，在引进初期影响较小。二是个人文化因素。组织成员的思想素质、知识水平和社会背景等文化因素必然会影响组织文化的水平，组织文化甚至会因组织领导者的价值观念、能力经验、工作作风等性格特征而受到直接影响和制约。三是组织传统因素。组织的历史和传统是组织文化形成的重要因素。最初的组织文化也可以说是源于组织创建者的经营理念，在组织的发展过程中不断提炼和沉淀，最终得到拥有独特精华的文化。四是民族文化因素。作为组织文化主体的组织成员，生长于一定的民族文化背景下，且即使身处组织中其“社会人”的性质也不会改变，依然接受着社会民族文化的熏陶。

2. 组织文化的内容十分广泛，总结起来主要包括以下几点：一是组织精神。组织精神是指一个组织或者企业基于自身特定的性质、任务、宗旨、时代要求和发展方向，并经过精心培养而形成的成员群体的精神风貌。它是企业文化的核心，在整个企业文化中起着支配的地位。二是经营哲学。这是一个组织特有的从事生产经营和管理活动的方法论原则，它是指导组织行为的基础。一个企业在激烈的市场竞争环境中，面临着各种矛盾和多种选择，要求企业有一个科学的方法论来指导，有一套逻辑思维的程序来决定自己的行为，这就是经营哲学。三是组织道德。组织道德是指调整本组织与其他组织之间、组织与人之间关系的行为规范的总和。它是从伦理关系的角度，以善与恶、公与私、荣与辱、诚实与虚伪等道德范畴为标准来评价和规范企业。四是团体意识。团体即组织，团体意识是指组织成员的集体观念。团体意识是企业内部凝聚力形成的重要心理因素。五是价值观念。人生就是为了价值的追求，价值观念决定着人生追求行为。所谓价值观念，是人们基于某种功利性或道义性的追求而对个人和组织本身的存在、行为和行为结果进行评价的基本观点。六是组织制度。组织制度是在生产经营实践活动中所形成的，对人的行为带有强制性，并能保障一定权利的各种规定。七是组织形象。组织形象是企业通过外部特征和经营实力表现出来的，被消费者和公众所认同的企业总体印象。八是组织性格。在组织发展到一定规模以后，表现出来的性格，就是围绕着核心决策者的群体性格。组织成为融合了群体所有个体性格特征的混合体。文化在人的性格形成中就具有至关重要的作用。企业的性格没有遗传因素，可以说，组织文化形成了组织性格。九是以人文本。优秀的组织文化，应该以人为本，以服务对象为中心，赋予员工更多的职责，尊重每一位员工，平衡相关者的利益，提倡团队精神，并鼓励创新，充分发挥人的积极性，激励员工创造出最大的人生价值。

3. 四层次说把组织文化划分为四个层次，即物质层、行为层、制度层和精神层。其中，物质层是组织文化的外显部分，它是组织创造的表层物质文化，也是精神层的表现形式。

物质层的主要研究对象是物质形态，是形成组织文化其他层次的条件。行为层，即组织行为文化，它是企业员工在生产经营、学习娱乐中产生的活动文化，包括组织经营活动、人际关系活动、公共关系活动、体育娱乐活动中产生的文化现象。制度层是组织文化的中间层次，它主要是指对组织和成员的行为产生规范性、约束性影响的部分，是具有组织特色的各种规章制度、道德规范和员工行为准则的总和。精神层，即组织精神文化，指组织的价值观念、信念、理想等精神形态的东西，它主要是指组织的领导和成员共同信守的基本信念、价值标准、职业道德和精神风貌。

4. 按照组织文化的内在特征分类，组织文化可以分为学院型组织文化、俱乐部型组织文化、棒球队型组织文化、堡垒型组织文化。其中，学院型组织文化是为那些想全面掌握每一种新工作的人而准备的地方。在这里他们能不断地成长、进步。俱乐部型公司非常重视适应、忠诚感和承诺。在这种组织文化中，资历是其中最关键的一个因素，相应的年龄和经验都至关重要。俱乐部型组织文化中培养的是综合型人才，也就是通才，可以同时胜任多个环节的工作。棒球队型组织鼓励员工冒险和革新。一般从各种年龄和经验层次的人中寻求有才能的人进行招聘。薪酬按照员工绩效水平来确定。堡垒型公司则是着眼于公司的生存。这类公司以前多数是学院型、俱乐部型或棒球队型的，但在发展过程中逐渐衰落了，从而现在需要尽力地保证企业的生存。虽然这类公司工作安全保障不足，但对于喜欢流动性、挑战的人来说，具有一定的吸引力。

5. 从系统的角度来说，组织文化可以分为主文化与亚文化。主文化体现的是一种核心价值观，它被组织大多数成员所认可。由于这种文化从宏观角度出发，从而使组织呈现出独特的个性。亚文化是某一社会主流文化中一个较小的组成部分。虽然在组织中，主文化被大多数成员所接受，但是，这并不代表它能把组织中所有的文化都包含在内。亚文化可能是对组织文化更丰富的补充，为主文化服务，也可能是与主文化有区别的，但总体来说是与主文化相辅相成的，甚至在一定条件下有可能替代组织的主文化。

6. 组织文化的特征主要有：第一，组织文化的意识性。组织文化是组织内部的一种资源，是一种抽象的意识范畴，应属于组织的无形资产。它是组织内部的一种群体意识现象，是一种共同的意念性的行为规范和精神价值。第二，组织文化的系统性。组织文化系统由共同价值观、团队精神、行为取向等一系列内容构成，各要素之间相互联系、相互依存。因此，组织文化具有系统性。第三，组织文化是人本文化。组织文化的中心是以人为本。人是组织活动的中心，是宝贵的资源财富，组织的最终目标是依靠人才得以实现的。第四，组织文化塑造共同价值观。一个组织会将自己认为最有价值的目标形成组织成员统一的行为和价值取向标准。第五，组织文化的可塑性。组织文化并不是先天就有的，它是在组织生存和发展过程中逐渐总结、培育和积累而形成的，可以通过人为的后天努力加以培育和塑造。第六，组织文化的长期性。组织文化的塑造和重塑是一个极其复杂的、长期性的过程。

7. 组织文化的正功能主要有：第一，组织文化具有导向功能。组织文化的导向功能，是指组织文化能对组织整体和组织中每个成员的价值取向及行为取向起引导作用，引导其符合组织所确定的标准。第二，组织文化的约束功能。组织文化的约束功能，是指组织文化对每个组织员工的思想、心理和行为具有约束和规范的作用。第三，提高素质功能。组织文化的提高素质功能主要表现在组织能为组织文化营造一种追求卓越、成效和创新的氛围，这种氛围对提高员工素质极为有利。第四，塑造形象功能。组织文化的塑造形象功能主要体现在优秀的组织文化通过组织与外界的接触，起到向社会大众展示本组织成功的管理风格、积极的精神风貌等方面的作用，从而为塑造良好的组织形象服务。第五，组织文化的凝聚功能。组织文化的凝聚功能，是指当一种价值观被该组织员工共同认可之后，它就会成为一种黏合剂，从各个方面把其成员团结起来，从而产生一种巨大的向心力和凝聚力。第六，组织文化的激励功能。组织文化的激励功能，是指组织文化具有使组织成员从内心产生一种高昂情绪和发奋进取精神的效应，它能够最大限度地激发员工的积极性和首创精神。第七，调适功能。组织文化的调适功能，是指组织文化可以帮助新近成员尽快适应组织，使自己的价值观和组织相匹配。第八，辐射功能。组织文化的辐射功能，是指组织文化一旦形成较为固定的模式，它不仅会在组织内发挥作用，对本组织员工产生影响，而且也会通过各种渠道对社会产生影响。

8. 组织文化建设的原则主要有：第一，立足民族传统文化，注重吸收外来先进文化。第二，全员与专家参与相结合的原则。组织文化建设要注意培养员工参与组织管理意识。让员工参与管理，可以调动员工的积极性，激励积极进取的精神，树立主人翁的责任感，促进组织文化建设的整体开展。第三，普遍性与特殊性相结合的原则。个异性是企业文化的一个重要特征。每个企业都有自己的历史传统和经营特点，企业文化建设要充分利用这一点，建设具有自己特色的文化。企业有了自己的特色，而且被顾客所公认，才能在企业之林中独树一帜，才有竞争的优势。第四，形式与内容相结合的原则。建设企业文化必须首先从职工的思想观念入手，树立正确的价值观念和哲学思想，在此基础上形成企业精神和企业形象，防止搞形式主义，言行不一。第五，领导率先垂范原则。组织领导者的模范行为是一种无声的号召，对员工起着重要的示范作用。第六，重在执行原则。组织文化建设的关键在于执行。第七，效率原则。组织效率问题是组织所有管理活动的出发点与归宿。

9. 组织文化建设主要包括四步。第一步，培育共同价值的观念。作为企业文化核心的价值观念的培养，是企业文化建设的一项基础工作。企业价值观念的培育是通过教育、倡导和模范人物的宣传感召等方式，使企业职工扬弃传统落后的价值观念，树立正确的、有利于企业生存发展的价值观念，并形成共识，成为全体职工思想和行为的准则。第二步，构塑企业精神。企业精神构塑是在企业领导者的倡导下，根据企业的特点、任务和发展走向，使建立在企业价值观念基础上的内在的信念和追求，通过企业群体行为和外部表象而外化，形成企业的精神状态。第三步，确立正确的经营哲学。作为企业经营管理方法论原则的企业经营哲学，是企业一切行为的逻辑起点。因此，确立正确的经营哲学，是企业文化建设的一项重要任务。第四步，企业形象设计。企业形象设计一般经过形象调查、形象定位和形象传播三个阶段。形象调查是了解公众对本企业的认识、态度与印象等方面的情况，为企业形象设计提供信息。形象定位是在形象调查的基础上，根据企业的实际状况，用知名度和美誉度的高低程度对企业形象进行定位。形象传播是以广告或公关方式，将企业形象的有关信息向社会传播，让更多的顾客认识和接受，从而提高企业形象。

10. 组织文化建设的策略主要有：第一，树立以人为本的理念。优秀的组织文化，应该以人为本，以服务对象为中心，摒弃“以物为中心”的传统人事管理观念，赋予员工更多的职责，尊重每一位员工，平衡相关者的利益，提倡团队精神，并鼓励创新，充分发挥人的积极性，创造出最大的人生价值。第二，利用现代管理心理学理论。要运用现代管理心理学理论，充分考虑到人的需要的复杂性及其变化性。第三，实行科学的人力资源管理。第四，实施品牌战略。实施品牌战略是组织适应残酷竞争的手段。通过文化塑造组织的核心价值观，将组织精神和价值观目标内化为领导班子和员工所认同的行为来凝聚组织的精神，打造品牌。第五，创造核心竞争能力。核心竞争能力是指相对于竞争对手领先的有效整合企业独特而先进的实物资产、人才、技术、知识等经营要素的能力。

(六) 案例分析题

1. 《L 公司的文化建设》案例分析。

(1) 组织文化是指组织全体成员共同接受的价值观念、团队意识、行为准则、工作作风、心理预期、思维方式和团体归属感等群体意识的总称。

组织文化的要素有结构、体制、作风、人员、技能、战略等，其核心是价值观。

组织文化的内容十分广泛，总结起来最主要的包括以下几点：一是组织精神。组织精神是指一个组织或者企业基于自身特定的性质、任务、宗旨、时代要求和发展方向，并经过精心培养而形成的成员群体的精神风貌。二是经营哲学。这是一个组织特有的从事生产经营和管理活动的方法论原则，它是指导组织行为的基础。三是组织道德。组织道德是指调整本组织与其他组织之间、组织与人之间关系的行为规范的总和。四是团体意识。团体即组织，团体意识是指组织成员的集体观念。团体意识是企业内部凝聚力形成的重要心理因素。五是价值观念。所谓价值观念，是人们基于某种功利性或道义性的追求而对个人和组织本身的存在、行为和行为结果进行评价的基本观点。六是组织制度。组织制度是在生产经营实践活动中所形成的，对人的行为带有强制性，并能保障一定权利的各种规定。七是组织形象。组织形象是企业通过外部特征和经营实力表现出来的，被消费者和公众所认同的企业总体印象。八是组织性格。在组织发展到一定规模以后，表现出来的性格，就是围绕着核心决策者的群体性格。

(2) L 公司企业文化建设存在的问题主要包括以下几个方面。

① 没有达成文化建设的共识。不可否认，张总经理对企业文化建设有关键性的作用，但如果没有其他高层人员、中层主管、基层主管和全体员工的支持配合，文化建设很难做下去。

② 缺乏系统的文化建设方案，没计划、没步骤、没人员，有点随心所欲。

③ 没有明确的责任。没有提出 L 公司的核心价值观到底是什么。提炼出核心价值观，文化建设才能跟上。从案例上看，它的核心理念应该是“以人为本、创新”，遗憾的是企业没有很好地提炼。

④ 把文化建设仅停留在理念上是远远不够的，还要落实在各项制度中，体现在员工和企业的具体行为上，而不是简单地走形式。

⑤ 文化活动的开展很重要，但应该围绕核心理念进行，不能为了活动而开展活动。

针对这些问题，应该采取以下措施。

① 选择正确的价值观。价值观要立足于本组织的特点，体现出组织的宗旨、管理战略和发展方向，认真听取员工意见，被员工认可和接纳。组织价值观与组织文化各要素要相互协调，实现系统优化。

② 强化员工认同。充分利用一切宣传工具和手段，宣传组织文化的内容和要求，人人皆知，营造浓厚的氛围，树立榜样人物并培训教育。

③ 提炼定格。在经过群众初步认同实践之后，详细分析，全面归纳，把价值观、组织精神条理化、完善化和格式化。

④ 巩固落实。建立必要的制度使员工、企业的行为习惯符合文化建设的要求。同时领导也要率先垂范，起带头作用。

⑤ 丰富发展。不断调整、丰富和发展。

2. 《文化到位找到感觉》案例分析。

(1) 银华公司在认识企业文化的作用时主要经历了以下过程。

① 在经济体制改革发生变化时，银华公司的企业管理和发展出现了严重困难。

② 市场竞争加剧，企业生存空间面临威胁。

③ 社会的巨大变革导致职工心态发生变化，认识到计划经济时代理念、制度、方法已成为企业发展的桎梏。

④ 反思企业原有理念制度、文化的不足，认识到企业文化变革的必要性，创建先进的企业文化并引入经营管理。

(2) 企业文化是企业在长期的生产经营和管理活动中创造的具有本企业特色的精神文化和物质文化。它由三个部分组成：①企业精神。企业精神是企业文化的核心，是呈观念形态的价值观、理想和信仰等。②制度文化。制度文化是企业文化的中间层，是把企业精神和物质文化联系起来，使企业文化制度化、规范化的行为准则。③物质文化。它是企业文化的外围层，是呈物质形态的产品设计、产品质量、厂容厂貌、员工服饰等，它是企业文化外在形象的具体体现。企业文化的作用主要体现在：企业文化对企业员工的思想和行为起着导向作用；对企业员工具有凝聚和激励作用；对员工行为具有约束和辐射作用。

第十章

领导

一、教学要点

1. 领导的定义及特征
2. 领导与管理、领导者与管理者的区别
3. 领导按不同分类标准划分的类型
4. 领导特性理论的内容
5. 领导行为理论的内容
6. 领导权变理论的内容
7. 领导艺术的特点及分类
8. 主要领导艺术及提高的基本途径

二、重要名词解释

1. 领导

领导是指领导者依靠影响力，指挥、带领、引导和鼓励被领导者或追随者，实现组织目标的活动和艺术。

2. 法定权

法定权是组织中等级制度所规定的正式权力，被组织、法律、传统习惯甚至常识所认可，它通常与合法的职位紧密联系在一起。

3. 专长权

专长权是指领导者具有各种专门的知识和特殊的技能或学识渊博而获得同事及下属的尊重和佩服，从而在各项工作中显示出的在学术上或专长上的一言九鼎的影响力。

4. 感召权

感召权是指由于领导者优良的领导作风、思想水平、品德修养，而在组织成员中树立的德高望重的影响力。

5. 事务型领导者

事务型领导者通过明确角色和任务要求而指导或激励下属向着既定的目标活动，并且尽量考虑和满足下属的社会需要，通过协作活动提高下属的生产率水平。

6. 变革型领导者

变革型领导者鼓励下属为了组织的利益而超越自身利益，并能对下属产生深远而且不同寻常的影响。

7. 领袖魅力型领导者

领袖魅力型领导者都具有一种远远超出一般的尊重、影响、钦佩和信任的，对追随者的情感具有震撼力的力量和气质。

8. 领导特质理论

领导特质理论也称伟人理论，是通过研究领导者的各种个性特征，来预测具有怎样性格特征的人才能成为有效的管理者。

9. 领导行为理论

领导行为理论主要研究领导者的行为及其对下属的影响，以期寻求最佳的领导行为，也就是一个领导人是怎样领导他的群体的。

10. 领导权变理论

领导权变理论认为，领导是在一定环境条件下通过与被领导者的交叉作用来实现某一特定目标的一种动态过程。领导的有效行为应随着被领导者的特点和环境的变化而变化，权变理论因此也叫情境理论。

11. 领导艺术

领导艺术是指领导者在一定知识、经验和辩证思维的基础上，在领导的方式方法上表现出的创造性和有效性。

三、习题

(一) 填空题

1. 领导的核心是________，其是领导影响力形成与运用的基础。

2. ________是由于领导者在组织结构中所处的位置，上级或组织制度所赋予的权力。

3. 一般来说，领导者的任务有两项：一是________，二是________。

4. 向被领导者授权，鼓励下属的参与，并且主要依赖于其个人专长权和影响力影响下属，这种领导者称为________。

5. 按领导工作的侧重点不同，可将领导者分为________、________、________和________。

6. 管理________的能力是战略型领导者最重要的技能。

7. 早期的领导行为理论将领导划分为三种极端的风格，即________、________、________。

8. 领导四分图理论将领导行为的内容归纳为两个方面，即________与________。

9. 管理方格理论的横坐标表示________，纵坐标表示________。

10. 领导权变理论的实质是：一切要以________、________、________为转移。

11. 费德勒的权变模型确定了三项情景变量：________、________和________。

12. 生命周期理论认为，有效的领导应根据________和________采取不同的领导方式。

13. 领导艺术具有________、________和________的特点。

(二) 判断题

1. 根据管理方格理论，1,1 型领导者对生产和人都很少关心。(　　)

2. 领导和管理没有什么区别，实际上是同一概念。(　　)

3. 分权式的领导比独裁式的领导更有效。(　　)

4. 奖赏权能够满足下级追求的欲望，可以增加领导对下级的吸引力，能引起满意并提高工作效率，因此这种权力的行使多多益善。(　　)

5. 勒温等人在实验研究的基础上，把领导者的行为方式分为专制型、民主型和放任型三种基本类型。(　　)

6. 费德勒认为，领导人的领导风格是固定的，应改变情境使之与领导风格相适应。(　　)

7. 领导者只要有权力，就会对他人具有影响力。(　　)

8. 根据生命周期理论，低工作、低关系的领导风格不一定是无效的。(　　)

9. 领导艺术的主要内容是解决领导工作中的各种复杂矛盾。(　　)

(三) 单项选择题

1. 领导的本质是(　　)。

A. 用人权　　B. 影响力

C. 协调人际关系　　D. 管理职能

2. 如果领导风格不适应领导情境，费德勒认为，应该(　　)。

A. 改变情境以适应领导风格

B. 改变领导风格以适应情境

C. 什么也不做，环境的动态变化最终会适应领导风格

D. 放弃工作

3. 根据生命周期理论，领导风格随着下属成熟度的不同而不同。对于高度成熟的下属，应采取(　　)领导风格。

A. 高工作、高关系　　B. 高工作、低关系

C. 低工作、高关系　　D. 低工作、低关系

4. 李华由原来的总经理助理被任命为集团销售公司的经理，下面是其最近参与的几项活动，其中与他的领导职能无关的是(　　)。

A. 向下属传达他对销售工作目标的认识

B. 与某客户谈判以期达成一项长期销售协议

C. 召集各地分公司经理讨论和协调销售计划的落实情况

D. 召集公司有关部门的职能人员开联谊会，鼓励他们克服困难

5. 以下属于领导权变理论的是(　　)。

A. 管理系统理论　　B. 领导生命周期理论

C. 管理方格理论　　D. 领导四分图理论

6. 彼得·德鲁克认为，"领导者的唯一定义就是其后面有追随者。一些人是思想家，一些人是预言家，这些人都很重要，而且也急需；但是，没有追随者，就不会有领导者。"这句话说明(　　)。

A. 领导的实质是组织成员的追随与服从

B. 领导者需要权力

C. 追随者比领导者更重要

D. 领导只有一个定义，其余的定义都是错的

7. 某公司的销售部经理被批评为"控制得太多，而领导得太少"，据此你认为该经理在工作中存在的主要问题可能是(　　)。

A. 对下属销售人员的疾苦没有给予足够的关心

B. 对销售任务的完成没有给予充分的关注

C. 事无巨细，过分亲力亲为，没有做好授权工作

D. 没有为下属销售人员制定明确的奋斗目标

8. 根据领导者运用职权的方式不同，可以将领导方式分为专制、民主和放任三种类型。其中专制式领导方式的主要优点是(　　)。

A. 纪律严格，管理规范，赏罚分明

B. 组织成员具有高度的独立自主性

C. 按规章管理，领导者不运用权力

D. 员工关系融洽、工作积极主动、富有创造性

9. 下面关于领导特质的说法，正确的是(　　)。

A. 领导特质是天生的，领导者也是天生的

B. 没有所谓的领导者特质，特质理论没有什么意义

C. 没有一个一般的、普遍使用和有效的领导者特质清单

D. 现在仍然要进行领导特质理论的研究，以便于区分领导者和被领导者

10. 某公司总裁个性坚强，在工作中注重强化规章制度和完善组织结构，尽管有些技术人员反映其做法有些生硬，但几年下来企业还是得到了很大的发展。根据管理方格理论，该总裁的工作作风接近于(　　) 型。

A. 1,1　　B. 1,9　　C. 9,1　　D. 9,9

11. 在费德勒模型中，下列情况属于较好的领导环境的是(　　)。

A. 人际关系好，工作结构复杂，职位权力弱

B. 人际关系好，工作结构复杂，职位权力强

C. 人际关系差，工作结构复杂，职位权力强

D. 人际关系差，工作结构简单，职位权力强

12. 在完成一项任务时，某公司的总经理不仅给下属提供工作所需要的资料、条件和咨询，并负责协调各部门关系，而且征求下属的意见共同决策。根据领导情境理论，该总经理的领导风格属于(　　)。

A. 高任务、高关系　　B. 高任务、低关系

C. 低任务、高关系　　D. 低任务、低关系

13. 某部门多年来生产任务完成得都很好，职工经济收入也很高，但领导和职工的关系却很紧张。请根据管理方格理论判断该部门的领导属于(　　)。

A. 贫乏型　　B. 任务型

C. 乡村俱乐部型　　D. 团队型

14. (　　)表明该主管人员对下属授权的程度较充分。

A. 提出各种可行方案，由我来选择采取何种行动

B. 让我知道你打算做什么，待我同意后才开始行动

C. 去了解这个问题，把事实告诉我，由我来决定做什么

D. 采取行动，让我知道你在做什么，同时也让我知道事情的结果。要是行动不成功，务必与我联系

15. 在领导方式诸因素中，下列处于主导性因素的是(　　)。

A. 被领导者　　B. 环境　　C. 领导者　　D. 组织结构

16. 王先生是某公司的一名年轻技术人员，一年前被调到公司企划部任经理，考虑到自己的资历、经验等，他采取了较为宽松的管理方式。试分析下列哪一种情况下，王先生的领导风格最有助于产生较好的管理效果(　　)。

A. 企划部任务明确，王先生与下属关系好但职位权力弱

B. 企划部任务明确，王先生与下属关系差且职位权力弱

C. 企划部任务不明确，王先生与下属关系差且职位权力弱

D. 企划部任务不明确，王先生与下属关系好且职位权力强

17. 张教授到某企业进行管理咨询，该企业总经理热情地接待了张教授，并介绍了公司的具体情况，才说了 15 分钟，就被人叫了出去，10 分钟后回来继续，不到 15 分钟，又被叫出去。这样，整个下午 3 个小时总经理一共被叫出去 10 次之多，使得企业情况介绍时断时续。这说明(　　)。

A. 总经理不重视管理咨询

B. 该企业可能这几天遇到了紧急情况

C. 总经理可能过度集权

D. 总经理重视民主管理

18. 如果你是公司的总经理，在周末下午下班后，公司某位重要客户给你打来电话，说他向公司购买的设备出了故障，需要紧急更换零部件，而此时公司的全体人员均已下班。对于这种情况，你认为以下各种做法中比较好的是(　　)。

A. 告诉客户，因周末找不到人，只好等下周解决，并对此表示歉意

B. 请值班人员打电话找有关主管人员落实送货事宜

C. 因为是重要客户的紧急需要，马上亲自设法将货送去

D. 亲自打电话找有关主管人员，请他们设法马上送货给客户

19. 南方某厂订立有严格的上下班制度并一直遵照执行。一天深夜突降大雪，给交通带来极大不便，次日早晨便有许多同志上班迟到了，厂长决定对此日的迟到者免于惩罚。对此，企业内部职工议论纷纷。在下列议论中，你认为说法最有道理的是(　　)。

A. 厂长滥用职权

B. 厂长执行管理制度应征询大部分职工的意见

C. 治厂制度又不是厂长一人定的，厂长无权随便变动

D. 规章制度应有一定的灵活性，特殊情况可以特殊处理

(四) 多项选择题

1. 领导的职位权力包括(　　)。

A. 专长权　　B. 法定权　　C. 奖赏权

D. 惩罚权　　E. 感召权

2. 领导和管理的区别体现在(　　)。

A. 产生方式不同　　B. 作用对象不同

C. 职能不同　　D. 思维特点不同

E. 目标不同

3. 领导者不同于非领导者的特性主要体现在(　　)。

A. 工作相关知识　B. 自信　　C. 智慧

D. 进取心　　　E. 领导欲望

4. 以下属于领导行为理论的是(　　)。
   A. 管理系统理论　　　B. 领导生命周期理论
   C. 路径—目标理论　　　D. 管理方格理论
   E. 领导四分图理论
5. 下列属于领导艺术特点的是(　　)。
   A. 创造性　　　B. 非模式化　　　C. 模式化
   D. 有效性　　　E. 趋同性
6. 用人的艺术主要有(　　)。
   A. 科学用人的艺术　　　B. 疑人不用的艺术
   C. 适度治人的艺术　　　D. 有效激励人的艺术
   E. 协调人际关系的艺术
7. 费德勒提出，对一个领导者的工作最有影响力的因素有(　　)。
   A. 职位权力　　　B. 组织结构　　　C. 责任制度
   D. 任务结构　　　E. 领导者与被领导者的关系
8. 在一个组织中，领导的作用是(　　)。
   A. 在组织活动中，有清醒的头脑、胸怀全局、高瞻远瞩、运筹帷幄的领导者能帮助组织成员认清所处的环境和情势，发挥指挥作用
   B. 组织在内外因素的干扰下，需要领导者来协调组织成员间的关系和活动，朝着共同的目标前进
   C. 领导者为组织成员主动创造能力发展空间和职业发展生涯
   D. 领导者要监控自己的下属忠实履行自己的职责
   E. 以上各项均正确
9. 在对待同级的时候，(　　)的行为可以艺术地处理好人与人之间的关系。
   A. 积极配合而不越位专权　　　B. 见贤思齐
   C. 相互沟通　　　D. 不怨恨猜疑　　　E. 不揽功推过

(五) 简答题

1. 管理者和领导者的区别是什么？
2. 领导有哪些特征？
3. 领导者如何树立威信？
4. 费德勒权变模型的主要内容和方法是什么。
5. 按领导工作的侧重点不同，领导者可以划分为哪几种？试简述。
6. 简述几种主要的领导艺术。
7. 管理方格理论中列出了哪几种典型的领导风格？简要说明。

(六) 案例分析题

1. 【案例一】

微软公司的问题

据统计，微软公司以每年30%的利润增长，平均每个雇员的年收入水平在25.7万美元(而普通公司员工的年收入水平为1.7万美元)，公司有220亿美元的流动资金，股票价值总额有4140亿美元。可以说，微软公司是近30年最成功的企业之一。

随着微软公司规模的不断扩大，管理系统变得缓慢而官僚化。第一，一些高层管理人员因为决策层办事效率太低而辞去了他们的职务。第二，雇员们对公司的长远目标及战略方针并不了解，作为如此庞大的复杂系统和产品的生产者来说，这种现象并不奇怪。微软公司似乎要往50个不同的方向发展，就是微软公司的雇员也不确定到底微软要往何处走！使人觉得讽刺的是，微软公司的广告标语是："今天你要往何处去？"很明显，连微软人自己都不知道。第三，微软公司几乎所有的决定，大到软件的基本特征，小到技术员在多长时间内回答客户的问题，都要经过批准。

(资料来源：鲍丽娜. 管理学习题与案例[M]. 大连：东北财经大学出版社，2011.)

问题：

(1) 微软公司的问题说明其企业的领导层存在什么问题？

(2) 你有什么改进方法？

2. 【案例二】

哪种领导类型最有效

ABC公司是一家中等规模的汽车配件生产集团。最近，对该公司的三个重要部门经理进行了一次有关领导类型的调查。

1. 安西尔

安西尔对他本部门的产出感到自豪。他总是强调对生产过程、出产量控制的必要性，坚持下属人员必须很好地理解生产指令以得到迅速、完整、准确的反馈。当遇到小问题时，安西尔会放手交给下级去处理；当问题很严重时，他则委派几个有能力的下属人员去解决问题。通常情况下，他只是大致规定下属人员的工作方针、完成结果的报告及完成期限。安西尔认为只有这样才能导致更好的合作，避免重复工作。

安西尔认为对下属人员采取敬而远之的态度对一个经理来说是最好的行为方式，所谓的"亲密无间"会松懈纪律。他不主张公开谴责或表扬某个员工，相信他的每一个下属人员都有自知之明。

据安西尔说，在管理中的最大问题是下级不愿意接受责任。他讲到，他的下属人员可以有机会做许多事情，但他们并不是很努力地去做。

他表示不能理解，在以前他的下属人员如何能与一个毫无能力的前任经理相处，他说，他的上司对他们现在的工作运转情况非常满意。

2. 鲍勃

鲍勃认为每个员工都有人权，他偏重于管理者有义务和责任去满足员工需要的学说。他说，他常为他的员工做一些小事，如给员工两张下月在伽里略城举行的艺术展览的入场券。他认为，每张门票才 15 美元，但对员工和他的妻子来说却远远超过 15 美元。通过这种方式，也是对员工过去几个月工作的肯定。

鲍勃说，他每天都要到工厂去一趟，与至少 25%的员工交谈。鲍勃不愿意为难别人，他认为艾的管理方式过于死板，艾的员工也许并不那么满意，但除了忍耐别无他法。

鲍勃说，他已经意识到在管理中有不利因素，但大都是由于生产压力造成的。他的想法是以一个友好、粗线条的管理方式对待员工。他承认尽管在生产率上不如其他单位，但他相信他的雇员有高度的忠诚与士气，并坚信他们会因他的开明领导而努力工作。

3. 查里

查里说他面临的基本问题是与其他部门的职责分工不清。他认为不论是否属于他们的任务都安排在他的部门，似乎上级并不清楚这些工作应该由谁做。

查里承认他没有提出异议，他说这样做会使其他部门的经理产生反感。他们把查里看成朋友，而查里却不这样认为。

查里说过去在不平等的分工会议上，他感到很窘迫，但现在适应了，其他部门的领导也不以为然了。

查里认为纪律就是使每个员工不停地工作，预测各种问题的发生。他认为作为一个好的管理者，没有时间像鲍勃那样握紧每一个员工的手，告诉他们正在从事一项伟大的工作。他相信如果一个经理声称为了决定将来的提薪与晋职而对员工的工作进行考核，那么，员工则会更多地考虑他们自己，由此而产生很多问题。

他主张，一旦给一个员工分配了工作，就让他以自己的方式去做，取消工作检查。他相信大多数员工知道自己把工作做得怎么样。

如果说存在问题，那就是他的工作范围和职责在生产过程中发生的混淆。查理的确想过，希望公司领导可以听一听他对某些工作的意见。然而，他并不能保证这样做不会引起风波而使情况有所改变。他说他正在考虑这些问题。

(资料来源：根据圣才考研网.www.100exam.com 所载网文改编)

问题：

(1) 你认为这三个部门经理各采取的是什么领导方式？这些模式都是建立在什么假设的基础上的？试预测这些模式各将产生什么结果？

(2) 是否每一种领导方式在特定的环境下都有效？为什么？

3. 【案例三】

跟着领导风格走

蓝天技术开发公司由于在一开始就瞄准成长的国际市场，在国内率先开发出某高技术含量的产品，其销售额得到了超常规的增长，公司的发展速度十分惊人。然而，在竞争对手如林的今天，该公司和许多高科技公司一样，也面临着来自国内外大公司的激烈竞争。当公司经济上出现了困境时，公司董事会聘请了一位新的常务经理欧阳健负责公司的全面工作，而原先的自由派风格的董事长仍然留任。欧阳健来自一家办事古板的老牌企业，他照章办事，十分古板，与蓝天技术开发公司的风格相去甚远。公司管理人员对他的态度是：看看这家伙能待多久！看来，一场潜在的“危机”迟早会爆发。

第一次“危机”发生在常务经理欧阳健首次召开的高层管理会议上。会议定于上午 9 点开始，可有一个人姗姗来迟，直到 9 点半才进来。欧阳健厉声道：“我再重申一次，本公司所有的日常例会要准时开始，谁做不到，我就请他走人。从现在开始一切事情由我负责，你们应该忘掉老一套，从今以后，就是我和你们一起干了。”到下午 4 点，竟然有两名高层主管提出辞职。

然而，此后蓝天公司发生了一系列重大变化。由于公司各部门没有明确的工作职责、目标和工作程序，欧阳健首先颁布了几项指令性规定，使已有的工作有章可循。他还三番五次地告诫公司副经理徐钢，公司一切重大事务向下传达之前必须先由他审批，他抱怨下面的研究、设计、生产和销售等部门之间互相扯皮、“踢皮球”，结果使蓝天公司一直没能形成统一的战略。

欧阳健在详细审查了公司人员工资制度后，决定将全体高层主管的工资削减 10%，这引起公司一些高层主管向他辞职。

研究部主任这样认为：“我不喜欢这里的一切，但我不想马上走，因为这里的工作对我来说太有挑战性了。”

生产部经理也对欧阳健的做法不满，可他的一番话颇令人惊讶：“我不能说我很喜欢欧阳健，不过至少他给我的部门设立的目标我能够达到。当我们圆满完成任务时，欧阳健是第一个感谢我们干得棒的人。”

采购部经理牢骚满腹。他说：“欧阳健要我把原料成本削减 20%，他一方面拿着一根‘胡萝卜’来引诱我，说假如我能做到就给我油水丰厚的奖励。另一方面则威胁说如果我做不到，他将另请高明。欧阳健这种‘大棒加胡萝卜’的做法是没有市场的。从现在起，我另谋出路。”

但欧阳健对被人称为“爱哭的孩子”的销售部胡经理的态度则让人刮目相看。以前，销售部胡经理每天都到欧阳健的办公室去抱怨和指责其他部门。欧阳健对付他很有一套，让他在门外静等半个小时，见了他对其抱怨也充耳不闻，而是一针见血地谈公司在销售上存在的问题。没过多久，大家惊奇地发现胡经理开始更多地跑基层而不是欧阳健的办公室了。

随着时间的流逝，蓝天公司在欧阳健的领导下恢复了元气，欧阳健也渐渐地放松控制，开始让设计和研究部门更放手地去干事。然而，对生产和采购部门，他仍然勒紧缰绳。蓝天公司内再也听不到关于欧阳健去留的流言蜚语了。大家这样评价他：虽然欧阳健不是对

这里情况很了解的人，但他对各项业务的决策无懈可击，而且确实使我们走出了低谷，公司也开始走向辉煌。

(资料来源：根据百度文库《领导理论案例》所载网文改编)

问题：

(1) 欧阳健进入蓝天公司时采取了何种领导方式？这种领导方式与留任的董事长的领导方式有何不同？他对研究部门和生产部门各自采取了何种领导方式？当蓝天公司各方面的工作走向正轨后，为适应新的形势，欧阳健的领导方式将做何改变？为什么？

(2) 有人认为，对下属人员采取敬而远之的态度对一个经理来说是最好的行为方式，所谓的“亲密无间”会松懈纪律。你如何看待这种观点？你认为欧阳健属于这种领导吗？

4. 【案例四】

YD公司的执行副董事长

YD公司是一家生产经营现代消费产品的公司。它由一种产品起家，到1975年，已发展到拥有四条主要生产线，并开设了连锁店的一家大公司。

谈及YD公司，一位行业分析家早在1978年就说过：过去YD公司一直是一家非常成功的公司，或许这种成功对它并不是一件好事。20世纪初，这家公司在它所占据的市场上处于优势地位，以至于它不再想当一个勇往直前、机智灵活的竞争者了。

今天，YD公司已不再是它所在市场中最大的一家公司了，尽管它仍然盈利，也是市场中重要的竞争者。而其他公司比它更大胆，它们能更迅速地推出新产品，利润也更丰厚。在最近五至六年中，虽然YD公司总部的管理人员正在试图采取适当的措施，但公司依旧太集权，也太官僚化。此外，公司仍大多是老资格雇员，这些人适应不了新的竞争形势。

YD公司最薄弱的部分就是它的销售公司。有许多人都认为销售公司正处于保本或赔钱状态。而且，他们也想知道公司还没有放弃零售业的原因。当然，这家销售公司是YD公司引人注目的一部分，也是该公司一条重要的分销渠道，但它现在的管理几乎很难使它继续盈利。而且，在吸引和稳定优秀年轻人方面，似乎也有困难。

在销售公司的上述人事问题上，最明显的一个例子就是A君。A在一所大学获得工商管理硕士学位后不久，就进入YD公司工作。经过最初短暂的一段工作之后，他被任命为公司一家零售商店的经理。在A 30岁生日的前夕，他又被提拔为商店的执行经理。这一提拔使他成为公司销售部门历史上最年轻的执行经理。两年以后，他再次得到提升，在公司总部销售部门负责人事工作。此后一年，A君成为公司广告推销部门经理，直接向公司负责销售的副董事长负责。

按照公司的标准，大多数商店执行经理都是年满40岁后才得到提升的。因此，公司对A的提拔显得有些异乎寻常地快。这样快的提升似乎在于他为自己树立了一个聪明、勤奋的年轻人形象。他逐渐在公司中赢得了能发现并解决问题的好名声。他的上司们把他形容成一个有追求、人际关系良好、诚实且十分幽默的人。在他的工作鉴定中，唯一的“缺点”

就体现在“分工”这一栏上。但是他的上司认为，随着时间的推移，他会知道该如何更好地让别人去做。

相反，A 对他那些上司的印象却不怎么样。他认为他们中许多人没有想象力、缺乏灵感。而且，他的上司们所信奉的庞大的官僚主义，只会带来无休止的麻烦。但是，因为 A 的职业生涯进展得非常顺利，所以他也就默然忍受了这些。

2002 年 1 月 10 日，当 A 来到公司总部出席总部的例行会议时，他的上司 B 把他叫了出去。B 告诉 A，他将调任至公司下属一分公司任职，他打算推荐 A 接替他现在的职位。对 A 而言，这意味着他的责任会加重许多。在他目前的职位上，他管理着 12 名人事职员。提升到 B 的职位意味着将管理大约 600 名员工，负责的经费也将大大增加。这样，他将成为公司有史以来最年轻的两个副董事长之一。B 告诉 A，如果他对这一调动有所保留，必须在 B 向公司董事会推荐前 24 小时内加以说明。

关于 A 的提升向上汇报到了公司负责销售的老总、已 62 岁高龄的 Q 先生那里。Q 当时已在本公司干了 35 年，在公司销售部门负责也已经 10 年了。Q 进入 YD 公司一家商店工作了一段时间后，就一直在公司的销售部门，一干就是 20 年，直至受命负责目前的工作。从 20 世纪 70 年代早期开始，Q 就一直活跃于公司以外的大量行业联谊活动中，频繁地出外旅行。当他出差时，公司销售业务就非正式地交由负责产品销售的公司副董事长负责。YD 公司中大多数人都认为，Q 是公司高层管理人员中最没有实权，也是最不受人尊敬的人。他之所以能保住现在的位置，就是因为他很快将要退休了。

公司中向负责产品销售的公司执行副董事长汇报的人有 18 个，他们多数为大型商店的责任经理，其中有这位副董事长的助理，他是公司销售部门中的二号人物，负责产品销售的公司执行副董事长工作职责条例，并罗列了这一工作的很多“职责”。总的来说，就是任职者必须“为公司全部零售商店的兴盛负责”。

这样，A 开始考虑自己的处境，不用多久他就断定自己只有两种现实选择：要么接受工作，要么辞职离开公司，他很清楚，如果不接受这一“提升”，只会把自己置于同事们称为“犯规被罚”的处境。

星期一上午，A 接到了公司董事会的正式任命。他立即接受了这一任命。中午，公司上上下下都获悉了这一任命通知。通知说“任命即日生效”，A 成为公司负责销售的新任副董事长，他的前任则接手一家制品分公司的第一执行副董事长位置，取代上星期二突然辞职去了一家竞争对手的公司工作的人，因为那家公司开出的条件更诱人。

这一任命极富挑战性。接任后的六周里，A 每天工作 10～12 小时。他开始着手分析本部门的经营状况及其所采用的不明确的竞争策略。他研究新技术发展状况和市场发展趋势，从而对公司经营上存在的问题有了一些基本看法。由此，他开始设想一种参与竞争的策略措施，其中蕴含着新的、关于公司销售部门未来发展的基本设想。随后，一场“意外”事件发生了。

一天早上晨报几乎用了整个头版，报道了一条有关 YD 公司一家零售店令人关注的内幕消息。该报道说，昨天晚上警方根据“YD 公司一名前雇员”提供的线索，突击搜查了

这家商店。在搜查过程中，警方取得了该商店从事“非法伪造账目”的证据，涉及公司的一大笔钱。

在那天上午8点半的董事工作例会上，A很快就明白，他的上司不在本地，总公司希望由他来尽快“澄清这件事情”，要求尽量减少财务损失，使公司从舆论焦点中解脱出来，同时查明公司是否有人参与此事并受到指控。

在这以后的4周里，A获得了处理“危机”的在职管理培训，一天12～14个小时都在同警察、新闻界、审计人员、总公司公共关系部，以及那些想把他挤出副董事长职位的人打交道。事情非常棘手，A以前也从没遇到过如此离谱的事，而且能给予他帮助的人，他大多数都不认识。实际上，从他的上司那里，他也得不到什么帮助，而后者的出差，看来也是为了不把他自己牵扯进去。他关于新设想的所有想法也都只好锁进抽屉，完全搁在一边。再说，也没时间去想它。

辛勤地工作，加上他的智慧、决断力和运气，A解决了这件事，虽然他已经筋疲力尽，但总算成功了。他处理困境的能力给董事会中一些人留下了非常深刻的印象，而在此过程中，他的自信心也更强了。

带着潜伏的危机，A又重新开始其零售战略的制定工作。慢慢地，大约过了6周时间，他头脑中的一些基本设想变得越来越清晰。为了检验这些想法的可行性，他开始对下属各个机构进行考察，想了解哪一部门具备实验这些想法的条件。这方面的分析相对比较容易，得到的结果是，没有一个部门适合这样的尝试。

几乎所有的商店经理当初被招进来时，仅从事了一些技能要求较低的工作，后来被提升到商店经理助理、部门经理，最后成为商店经理。这一过程全都是在同一家商店里进行的。公司也曾雇用过少数像A这样的人，他们往往在有机会提升到商店经理之前，就感到失望而离去了。

为了便于考虑公司销售部门未来形象的新设想，A绘制了一张公司结构示意图。正当他准备与公司总部人事部门商谈时，第二次危机出现了。

事情大致如此：一家制品分公司为了扩大一种似乎十分畅销产品的生产能力，投入了数量相当大的一笔资金。正在此时，有人发现零售商店销售这一产品比其他销售渠道要快10倍，这的确令人出乎意料。可不久，畅销的原因就暴露无遗。事实上，这种产品并不畅销，由于公司库存调度系统异常薄弱，这些产品生产出来一直被堆积在公司一个废旧仓库里，没有被发现。

公司举行了两周的会议，会上充斥着激烈的争吵和无休止的对骂，显得格外漫长，困难重重。A的注意力再一次从长远的发展问题中转移到这个棘手、代价昂贵的问题上来。为了不因解决危机而耗去他的全部时间，他希望得到属下其他同事的帮助。但是，他在人事安排指挥上仍不太老练，几乎没有几个有才能的人能真心协助他，而其中最能干的副董事长助理又不大乐意合作。

A确实是带着伤从这场危机中走出来的。问题全部解决后，他已精疲力竭了。他对公司总部最高管理集团和自己手下的人充满了失望，也得罪了那家制品分公司的几个头面人物，所有这一切反倒增强了他进行改革的决心。

一日A与他的上司Q交换意见，对他就公司销售部门所存在的问题进行分析的结果加以说明，同时阐述了解决这些问题必须进行的改革。他的这位上司显然察觉到了其内在的含义，但并不乐意听取他的分析。后来Q先生开始就一些无关紧要的枝节上与A争执甚至脱口斥责。之后，Q没等A完成他的全部陈述，就借口有事，提前结束了这次会面。A后来说，这次会面对自己简直是一场灾难。

一周后，A提出特别人事调动请求：一个降职，一个解聘，同时提升两个年轻(聪明、肯干)雇员。他的上司一方面说他还要考虑一下，另一方面又讲了许多“人事政策”——这些政策会妨碍整体人事安排。这以后，他就出差了，一走就是三个星期。

A请求总公司人事主管的帮助，但一无所获。

这时公司又出现了另一场危机，又耗去了A大量的时间和精力。当这件事过去后，他再次想办法希望他的上司考虑改革方案，结果仍以他的失败而告终。

A只在那个职位上待了很短时间，就离开了公司。4个月后，公司召开了人事工作会议，会上有人提出质问，为什么这样一个有前途的年轻雇员最终不得不离开公司，但没有人想过多地讨论这个问题。

(资料来源：根据http://blog.sina.com.cn/u/5017676059所载网文改编)

问题：据以上案例的内容，从下列被选答案中选择正确的答案。

(1) YD公司内具有领导素质的管理人员常常因故而辞职，通常不包括的原因有(　　)。

A. 不受重视　　B. 大材小用

C. 合理的意见不被接受　　D. 薪酬问题

(2) YD公司领导乏力的根本原因是(　　)。

A. 缺乏管理知识　　B. 缺乏民主意识

C. 短期经济效益和本位主义思想　　D. 不重视长远效益

(3) YD公司的各个管理层次中，那些想对公司业务实施有效领导的经理们，经常会遇到的阻碍为(　　)。

A. 来自同级的嫉妒和反对　　B. 来自下级的抵触

C. 来自上级的冷遇　　D. 环境的复杂和多变

(4) 年轻的经理要想扩大自身或部门的影响，最关键的是需要有来自(　　)的支持。

A. 公司董事会　　B. 自己的直接上司

C. 公司董事会和上司　　D. 本部门全体员工

(5) 在解决该公司问题的措施中，最迫切的应该是(　　)。

A. 提高领导素质　　B. 加强领导

C. 改变领导作风　　D. 提倡民主管理

四、参考答案

(一) 填空题

1. 权力
2. 职位权力
3. 完成组织目标　尽可能满足组织成员的需要
4. 民主式领导者
5. 事务型领导者　变革型领导者　战略型领导者　领袖魅力型领导者
6. 人力资本
7. 独裁型(专制型)　民主型　放任型
8. 依赖组织　体贴精神
9. 领导者对生产的关心程度　领导者对人的关心程度
10. 实践　地点　条件
11. 上下级关系　职位权力　任务结构
12. 下属的成熟程度　环境的需要
13. 创造性　非模式化　有效性

(二) 判断题

1. 对	2. 错	3. 错	4. 错
5. 对	6. 错	7. 错	8. 对
9. 对			

(三) 单项选择题

1. B	2. A	3. D	4. B
5. B	6. A	7. C	8. A
9. D	10. C	11. B	12. C
13. B	14. D	15. A	16. B
17. C	18. D	19. D	

(四) 多项选择题

1. BCD	2. ABCDE
3. ABCDE	4. ADE
5. ABD	6. ACD
7. ADE	8. ABC
9. ABCDE	

(五) 简答题

1. 领导者不一定是管理者，管理者也不一定是领导者。两者的区别如下。

领导者的本质是被管理者的追随和服从，它完全取决于追随者的意愿，而不完全取决于领导者的职位与合法权力；领导者可以是任命的，也可以是从一个群体中产生出来的，他可以不运用正式权力来影响他人的活动。

管理者的本质是依赖被上级任命而拥有某种职位所赋予的合法权力来进行管理，其影响力来自职位所赋予的正式权力，管理者存在于组织中。

现实组织中，有些拥有正式职权的管理者由于不具有影响下属人员的能力，他们不是真正的领导者；而有些没有正式职权的人却能以个人影响力与魅力去影响他人，他们是领导者。

2. 领导具有下述特征。

(1) 领导包含领导者和被领导者两个方面，领导是领导者与被领导者的一种关系。领导者是指能够影响他人并拥有管理的制度权力、承担领导职责、实施领导过程的人。

(2) 领导是一种活动，是引导人们的行为过程，是领导者带领、引导和鼓舞部下去完成工作、实现目标的过程。

(3) 领导的基础是领导者的影响力。领导者拥有影响被领导者的能力或力量，它们既包括由组织赋予的职位权力，也包括领导者个人所具有的影响力。当一个领导者的职位权威不足以说服下属从事适当的活动时，领导是无效的。

(4) 领导的目的是实现组织的目标。不能为了领导而领导，不能为了体现领导权威而领导。领导的根本目的在于影响下属为实现组织目标而努力。

3. 领导者应通过以下方面树立威信。

(1) 领导者应该正确认识自己身上的任务和责任。

一般来说，领导者的任务有两项：一是完成组织目标，即完成上级和组织布置的任务；二是尽可能满足组织成员的需要，既有物质的又有精神的。一个高明的、有威信的领导者的重要标志，首先是善于将这两者巧妙地协调起来，只有存在矛盾而又无法协调时，才按局部服从整体、个人服从集体的原则处理，并对群众进行教育。

(2) 领导者应该树立正确的权威观。

领导者首先要破除对职位权力的迷信。靠行政权力导致的服从往往是表面的，甚至是虚假的，领导者应在个人影响力上下功夫，吸引下级真心信任和跟随自己。

其次要正确地认识权力的来源。上级授予领导者的权力，只有当下级愿意接受它时，它才是有效的。因此，领导者在向上级负责的同时，必须全力争取下级的理解、认同和拥护。

最后，领导者要正确地使用权力，一要勤政，二要廉政，三要看到影响力是双向的。

4. 费德勒模型指出，有效的群体绩效取决于以下两个因素的合理匹配：与下属相互作用的领导者的风格；情境对领导者的控制和影响程度。费德勒开发了一种工具，叫作

最难共事者问卷(LPC)，用以测量个体是任务取向型还是关系取向型。该模型内容描述如下。

(1) 确定领导风格，采用 LPC 问卷进行判断分析。

(2) 确定情境，根据上下级关系、职位权力和任务结构三项权变变量来评估各个领导者的情境。

(3) 领导者与情境的匹配，了解了个体的 LPC 分数并评估了三项权变因素之后，费德勒模型指出，两者相互匹配时，会达到最佳的领导效果。

5. 按领导工作的侧重点不同，领导者可以划分为事务型领导者、变革型领导者、战略型领导者和领袖魅力型领导者四类。下面分别简述。

(1) 事务型领导者通过明确角色和任务要求而指导或激励下属向着既定的目标活动，并且尽量考虑和满足下属的社会需要，通过协作活动提高下属的生产率水平。

(2) 变革型领导者鼓励下属为了组织的利益而超越自身利益，并能对下属产生深远而且不同寻常的影响。

(3) 战略型领导者的特征是用战略思维进行决策，是将领导者的权力与全面调动组织的内外资源相结合，实现组织长远目标。

(4) 领袖魅力型领导者都具有一种远远超出一般的尊重、影响、钦佩和信任的，对追随者的情感具有震撼力的力量和气质。

6. 领导艺术主要包括以下几种。

(1) 用人的艺术：①建立客观的用人标准；②合理地使用人才。

(2) 运用权力的艺术：善于运用权力授权。

(3) 决策的艺术：①运筹帷幄的艺术；②多谋善断的艺术。

(4) 协调人际关系的艺术：①处理好与各方面的关系；②善于调解矛盾和纠纷。

(5) 语言的艺术：对目标能够实现更有效的服务。

(6) 激励的艺术：调动下属的积极性。

7. 管理方格理论主要列出了五种典型的领导风格，具体介绍如下。

(1) 1,1 贫乏型领导。领导者既不关心生产，也不关心人。表现为只做最低限度的努力来完成任务和维持士气。

(2) 9,1 任务型管理。领导者非常关心生产，但不关心人。其特征是把工作安排得使人的干扰因素为最小来谋求工作效率。

(3) 1,9 乡村俱乐部型领导。重点在于建立人们的友好关系，领导者重视对职工的支持和体谅，具有轻松愉快的组织气氛和工作节奏，但很少考虑如何协同努力去达到企业的目标，生产管理松弛。

(4) 9,9 团队型领导。领导者不但注重生产，而且也非常关心人，把组织目标的实现与满足职工需要放在同等重要的地位。既有严格的管理，又有对人的高度关怀和支持。强调工作成就来自献身精神，以及在组织目标上利益一致、相互依存，从而导致信任和尊敬的关系。

(5) 5,5 中庸之道型领导。兼顾工作和士气两个方面来使适当的组织绩效成为可能，使职工感到基本满意。

(六) 案例分析题

1.《微软公司的问题》案例分析。

(1) 领导层存在的问题如下。

① 微软公司的领导没有发挥指挥作用。在组织活动中，领导者需要头脑清醒、胸怀全局、高瞻远瞩、运筹帷幄，以便帮助组织成员认清所处的环境和形势，指明活动的目标和达到目标的路径。

② 微软公司的领导没有发挥协调作用。微软公司的领导应该协调组织成员之间的关系和活动，使团队朝着共同的目标前进。

③ 微软公司的领导没有发挥激励作用。领导者应为组织成员创造发展空间。

④ 微软公司的领导权力过分集中，降低了组织的反应效率及员工的积极性。

(2) 微软公司的领导应该承担起作为领导者的职责，应从多方面进行改进，具体如下。

① 为企业制定更为明确的目标，使员工能够明确努力的方向。

② 及时与员工进行沟通，协调组织各部门的关系，使各个部门在工作中达成共识，朝同一个目标前进。

③ 注意适当地放权，以提高企业的效率及员工的积极性、主动性。

2.《哪种领导类型最有效》案例分析。

(1) 领导方式是一个回答怎样领导的问题。三位部门经理的领导方式分别如下。

① 安西尔的领导是专制和放任综合的领导方式。通常情况下，他只是大致规定下属人员的工作方针、完成结果的报告及完成期限。既不是采用命令的方式采取单边决策，也不是放任下属按照自己的意愿去做，但是他绝对不属于民主型的领导，因为他认为和下属“亲密无间”会松懈纪律。

② 鲍勃的领导属于民主型的领导方式。这种方式倾向于在决策时考虑员工的利益，实施授权管理，鼓励员工参与有关工作方法与工作目标的决策，把反馈当作指导员工工作的机会。鲍勃的职权仅是为下属提供信息并与企业外部进行联系，以有利于下属的工作。

③ 查里的领导属于放任型的领导方式。该类型的领导总体来说给下属充分的自由，让他们自己做出决策，并按照他们认为合适的做法完成工作。查里认为一旦给一个员工分配了工作，那么就该让他以自己的方式去做，取消工作检查。他相信大多数员工都知道自己把工作做得怎么样。

(2) 每一种领导方式都有其发挥作用的特定环境，其适用的环境及原因如下。

① 专制型的领导倾向于集权管理，采用命令方式告知下属使用什么样的工作方法，

做出单边决策，限制员工参与。若组织处于一个稳定的内外部环境中，对于重复性和程序性工作的员工，只要他们遵守工作纪律，按照工作要求就可以有效地完成工作。或者组织受到外部环境的强大威胁、内部组织机构发生重大变革等情境下，都适用于专制型的领导方式。

② 民主型的领导倾向于在决策时考虑员工利益，实施授权管理，鼓励员工参与有关工作方法与工作目标的决策，把反馈当作指导员工工作的机会。研究结果表明，这种领导风格更有利于良好的工作质量和工作数量。在需要提高员工的忠诚度和士气方面该种领导方式可以拉近和员工的距离，增强员工的归属感。

③ 放任型的领导总体来说给员工充分的自由，让他们自己做出决策，并按照他们认为合适的做法完成工作。当下属完全有能力做好分配的工作时，领导完全可以放手让他们去做。

3.《跟着领导风格走》案例分析。

(1) 欧阳健进入蓝天公司时采取了专制式的领导方式，而留任的董事长的领导方式属于放任式的。两者的不同在于：前者指领导者个人决定一切，布置下属执行。这种领导者要求下属绝对服从，并认为决策是领导者个人的事情；后者指领导者撒手不管，下属愿意怎样做就怎样做，完全自由。这种领导者的职责仅是为下属提供信息，并与外部联系，以利于下属工作。欧阳健对研究部门和生产部门各自采取了关系型和任务型的领导方式。当蓝天公司各方面的工作走向正轨后，为适应新的形势，欧阳健的领导方式变为以关系型为主，在某些场合也不放弃使用任务型的领导方式。

根据菲德勒的领导权变理论，领导者究竟应该采取什么样的领导方式，取决于领导者的特征、被领导者的特征和领导环境等因素。领导环境又取决于职位权力、任务结构、上下级关系三大因素。菲德勒通过研究分析得出这样的结论，即当领导环境较好或差时，应采用任务型的领导方式，而当领导环境中等时，应采用关系型的领导方式。因此，欧阳健在不同的领导环境下所采取的上述领导方式是有其理论根据的。

(2) 持这种观点的人通常会采用任务型的领导方式，所谓的“亲密无间”会松懈纪律的提法实际上是将“员工导向型”和“工作导向型”对立起来了，“亲密无间”与纪律松懈并无直接的因果关系。欧阳健在蓝天公司走上正轨后，所采取的以关系型为主，同时在某些场合也不放弃使用任务型的领导方式就是最好的例证。

另外，领导的权变理论揭示，同样一种领导行为方式在某种环境下是最好的，但在另一环境下则可能效果不佳，故并不存在所谓“放之四海而皆准”的最好的领导行为方式。如在同一时期，欧阳健对生产部门采取的是任务型的领导方式，而对研究部门采取的却是关系型的领导方式。当蓝天公司各方面的工作走向正轨后，为适应新的形势，欧阳健的领导方式又变为以关系型为主，在某些场合也不放弃使用任务型的领导方式。可见欧阳健的领导方式是复合型的。

4.《YD 公司的执行副董事长》案例分析。

(1) D (2) C (3) C (4) C (5) A

第十一章

激励

一、教学要点

1. 激励的概念和含义
2. 激励的马斯洛需要层次理论
3. 激励的赫茨伯格双因素理论
4. 激励的公平理论
5. 激励的强化理论
6. 激励的期望理论
7. 激励的成就需要理论
8. 激励的过程和作用
9. 激励的原则与方法及其运用

二、重要名词解释

1. 激励

激励就是管理者通过某种内部和外部的刺激，激发人的动机，使人产生一股内在的动力，从而调动其积极性、智慧和创造力，努力朝着所期望的目标前进的心理活动过程。

2. 动机

动机指诱发、活跃、推动并引导行为指向一定目标的心理过程。

3. 需要层次理论

马斯洛认为人类有五种基本需要，即生理需要、安全需要、社交需要、尊重需要和自我实现需要。这五种需要按照先后次序由低到高排列，其应用价值在于领导者可以根据五种基本需要对下属的多种需要加以归类和确认，然后针对未满足的或正在追求的需要提供诱因，进行激励，同时更加注重高层次需要的激励作用。

4. 期望理论

期望理论的基础源于美国心理学家维克多·弗鲁姆提出的期望理论，该理论认为：激励是评价选择的过程，人们采取某项行动的动力或激励取决于他对行动结果的价值评价和预期实现目标可能性的估计。

5. 强化理论

强化理论由美国行为科学家斯金纳提出。该理论认为人的行为是对其所获刺激的函数。如果这种刺激对他有利，则这种行为就会重复出现；若对他不利，则这种行为就会减弱直至消失。

6. 公平理论

公平理论的基本观点是：当一个人做出了成绩并取得了报酬以后，他会把他的付出(包括所做的努力、用于工作的时间和精力、教育程度、经验、资历、地位)和获得(薪水、福利、赞美、肯定、升迁、被提升的地位等)与相应的参照对象进行比较。

7. 效价

效价是指一个人对某项工作及其结果(可实现的目标)能够给自己带来满足程度的评价，即对工作目标有用性(价值)的评价，效价反映个人对某一成果或奖酬的重视与渴望程度。

8. 期望值

期望值是指人们对自己能够顺利完成这项工作可能性的估计，即对工作目标能够实现概率的估计，也称期望概率。

9. 保健因素

保健因素是指和工作环境或条件相关的因素，包括公司的政策和管理方式、上级监督、人际关系、薪金、工作安全性、工作条件、工作环境等。

10. 激励因素

激励因素是指和工作内容紧密联系在一起的因素，包括员工在工作中获得的表现机会和工作带来的愉快、成就感、赞赏、对未来发展的期望、工作上的责任感、提升与进步等。

三、习题

(一) 填空题

1. 内容型激励理论具有代表性的包括________和________。

2. 过程型激励理论包括________、________和________等。

3. 根据强化的性质和目的，强化可以分为________、________和________三大类型。

4. 组织的绩效与个人能力、环境和________有关。

5. 归因理论认为，人们的行为获得成功或遭到失败主要归因于四个方面的因素：________、________、________和________。

6. 期望理论认为激励力的大小取决于________与________的乘积。

7. 期望理论的关键是正确判断三种联系：________、________和________。

8. 双因素理论是指________和________。

9. 公平理论比较的参照类型分别是________、________和________。

10. 马斯洛的需要层次包括________、________、________、________和________。

11. 成就需要理论认为在人的生存需要基本得到满足的前提下，人在工作中有三种主要的需要，它们是________、________和________。

(二) 判断题

1. 激励是通过影响人们的内在需要或动机，从而加强、引导和维持行为。(　)

2. 对大多数人来说，安全需要可以通过工作之外的家庭和团体关系，以及工作中的友好关系来加以满足。(　)

3. 在实际激励过程中，管理人员应坚持正面的鼓励，用奖励和表扬的方法来提高组织成员的士气。(　)

4. 根据期望理论，对工作的激励可以表示为：激励=工作绩效×期望值。(　)

5. 研究发现，最为有效的管理者通常是那些有高度权力需要、适度成就需要和低度社交需要的人。(　)

6. 凡已满足的需要，均不再具有很强的激励作用。(　)

7. 报酬和工作环境是赫茨伯格双因素理论中导致不满的因素。(　)

8. 人的行为是由需要所推动的，人的需要是由动机引起的。(　)

9. 强化论认为，要改变一个人的行为，对管理者来说，至少有以下四种强化类型可供采用，即积极强化、惩罚、消极强化、衰减。(　)

10. ERG 理论中的字母 E、R、G 分别是指 Existence、Resource、Growth。(　)

11. 对员工的激励能否有效很大程度上取决于领导者权力的运用。(　)

12. 人们在心理上通常会低估他人的工作绩效，高估他人的得益。(　)

13. 没有需要动机的员工，其行为是无法激励的。(　)

14. 期望理论的核心是双向期望。(　)

15. 双因素理论认为，消除了人们工作中的不满意因素，就会使工作结果令人满意。(　)

(三) 单项选择题

1. 激励的出发点是(　　)。

A. 人的需求　　B. 人的心理　　C. 人的行为　　D. 动机

2. “奖金”在双因素理论中属于(　　)。

A. 保健因素　　B. 激励因素　　C. 满意因素　　D. 不满意因素

3. 根据期望理论，在(　　)的情况下激励力量为 0。

A. 效价等于 0　　B. 效价等于 1.0

C. 期望值等于 1.0　　D. 期望值等于 0.5

4. 撤销正强化属于(　　)的强化方式。

A. 负强化　　B. 惩罚　　C. 自然消退　　D. 以上均不是

5. 现在很多公司实行了弹性工作制，员工可以自主安排工作时间，甚至有些从事特殊工作的人可以利用公司提供的互联网等资源在家里办公，这样他们对工作和个人的家庭、社交生活也有了较大的自由度。当然也有一些人是必须每天在公司上班的，你认为这些公司的管理者所持有的对人的认识主要是倾向于(　　)。

A. X 理论　　B. Y 理论　　C. 理性经济人　　D. 社会人

6. 根据双因素理论，与工作条件和工作环境有关的因素属于(　　)。

A. 激励因素　　B. 保健因素　　C. 积极因素　　D. 消极因素

7. 马斯诺的需要层次论认为，人的最高层需要是(　　)。

A. 自我实现需要　　B. 安全需要　　C. 尊重需要　　D. 社交需要

8. 根据需要层次论，改善员工工作环境和公司政策，可以满足员工的(　　)。

A. 生理需要　　B. 社交需要　　C. 安全需要　　D. 尊重需要

9. 对于赫茨伯格的双因素理论，你认为下列表述最为确切的是(　　)。

A. 保健因素的满足，使员工由不满意到非常满意

B. 保健因素的满足，使员工由没有满意到没有不满意

C. 保健因素的满足，使员工由不满意到没有不满意

D. 保健因素的满足，使员工由没有满意到非常满意

10. 如果职工 A 认为，与职工 B 相比，自己报酬偏低，根据公平理论，职工 A 会采取的行为是(　　)。

A. 增加自己的投入　　B. 减少自己的投入

C. 努力增加 B 的报酬　　D. 使 B 减少投入

11. 你手下的一名工人操作一台噪声很大的设备但没有戴耳塞，违反了公司的安全条例。工人本身已因强烈噪声而痛苦，这是你和他都不愿得到的结果。这件事情，你有两种处理办法：一是提醒他，让他戴上耳塞试试。果真，戴上耳塞后，这位工人感到噪声消失了，于是他自觉执行公司的安全条例。二是对这位工人说：“你不戴耳塞，违反了公司的安全条例，我责令你停职三天，回去反省一下这些安全措施多重要！”。以上两种处理办法(　　)。

A. 分别是正强化和负强化　　B. 分别是负强化和惩罚

C. 都是负强化　　D. 都是惩罚

12. 从期望理论中，我们得到的最重要的启示是(　　)。

A. 目标效价高低是激励是否有效的关键

B. 期望概率的高低是激励是否有效的关键

C. 存在着负效价，应引起领导者注意

D. 应把目标效价和期望概率进行优化组合

13. 下面对马斯洛的需求层次理论的描述中，不正确的是(　　)。

A. 人的需要可以分为 5 个层次

B. 人的需要是由低到高逐级向上发展的

C. 人在某个低层次的需要得到完全满足时，才会关注更高一级的需要

D. 人在某个阶段，通常有一个主导需要，可以针对这个主导需要对他进行激励

14. 高级工程师李华在一家研究所工作，该所拥有一流的研究条件。根据双因素理论，你认为下列措施最能对李华的工作起到激励作用的是(　　)。

A. 给李华配备性能更为先进的个人电脑

B. 调整工资水平和福利措施

C. 调整设计工作流程，使李华可以完成完整的产品设计，而不是总重复作局部设计

D. 以上各条件都起不到激励作用

15. “挨饿的艺术家”与(　　)相矛盾。

A. 马斯洛的需要层次理论　　B. 期望理论

C. 强化理论　　D. 公平理论

16. 在应用期望理论改进对下属激励工作时，首先应该(　　)。

A. 确保报酬优厚　　B. 确保公平

C. 判断职工可能想要的成果　　D. 确定实现目标所需的业绩表现

17. 以期望理论为基础的波特—劳勒模型表明(　　)。

A. 好的工作绩效可导致满意　　B. 差的工作绩效可导致满意

C. 满意产生出好的工作绩效　　D. 工作绩效与满意无关

18. 赫茨伯格的双因素理论中，所谓保健因素一般指与工作环境有关的因素，其特点是(　　)。

A. 得不到没有满意，也未必不满意

B. 得不到则满意，得到也未必满意

C. 得不到则不满意，得到则没有不满意

D. 得不到则不满意，得到则满意

19. 现在许多工厂，脏活累活没人干，不得不请临时工干，从需要层次理论对该现象进行解释，下列更合理的是(　　)。

A. 正式工人觉得这样的活丢面子，所以不愿意去做

B. 正式工人希望能更好地实现自我价值

C. 正式工人更多考虑安全需要及更高层次的需要

D. 临时工更多考虑生理需要，多赚钱养家糊口

20. 企业中，常常见到员工之间在贡献和报酬上会相互参照攀比，你认为员工最可能作为自己的攀比对象的是(　　)。

A. 企业的高层管理人员　　B. 员工们的顶头上司

C. 企业中其他部门的领导　　D. 与自己处于相近层次的人

(四) 多项选择题

1. 下面(　　)因素属于保健因素。

A. 薪水　　B. 工作环境　　C. 工作条件

D. 地位　　E. 行政管理、技术监督系统

2. 内容型的激励理论包括(　　)。

A. 需要层次理论　　B. 成就需要理论

C. 双因素理论　　D. 期望理论　　E. 公平理论

3. 归因论又叫认识理论，即通过改变人的自我感觉、自我思想认识来达到改变人的行为的目的。一般人可做出(　　)几种归因。

A. 努力程度　　B. 能力大小　　C. 任务难度

D. 运气与机会　　E. 命运

4. 期望理论认为激励水平取决于(　　)的乘积。

A. 动机　　B. 行为　　C. 期望值

D. 效价　　E. 目标

5. 麦克利兰的成就需要激励论主要研究在人的生理需要基本得到满足的前提条件下，人们还有(　　)等的需要。

A. 相互关系的需要　　B. 权力的需要

C. 成长和发展的需要　　D. 友谊的需要

E. 成就需要

6. 最近B大学分房排队，年轻的骨干教师想法颇多，认为工资太低，分房无望且不公平，教学没有积极性，结果有的在外兼职，有的干脆辞职下海，你认为这一现象用以下(　　)理论可以合理解释。

A. 公平　　B. 赫茨伯格的双因素

C. 弗隆的期望　　D. Y　　E. 强化

7. 人们最常见的减少明显不公平的方法有(　　)。

A. 发牢骚　　B. 改变投入

C. 改变产出　　D. 心理调节　　E. 离职

8. 下列各项属于双因素理论的激励因素的有(　　)。

A. 工作本身　　B. 同事关系

C. 地位　　D. 承认　　E. 晋升

9. 研究挫折产生的表现、产生的原因和影响因素，最终目的还在于找出对待受挫人的有效方式方法。一般采用(　　)。

A. 宽容的态度　　B. 提高认识，分清是非

C. 改变环境　　D. 精神发泄法　　E. 心理咨询

10. 需要层次理论中的自我实现的需要包括(　　)。

A. 成长与发展　　B. 发挥自身潜能

C. 实现理想　　D. 成就感　　E. 与他人交往

11. 公平理论中，横向比较的因素包括(　　)。

A. 自己对个人所获报酬的感觉　　B. 自己对他人所获报酬的感觉

C. 自己对个人所作投入的感觉　　D. 自己对他人所作投入的感觉

E. 自己对现在所获报酬的感觉

12. 以下做法中，属于自然消退强化方法的有(　　)。

A. 员工出现失误时，给以记过处分

B. 对爱打小报告者采取冷漠态度，使之因自讨没趣而放弃这种不良行为

C. 员工表现出色时，给他发奖金

D. 对请客送礼者，关门拒之

E. 对喜欢奉承拍马屁者，冷脸相待

13. 常用的激励方式有(　　)。

A. 工作激励　　B. 成果激励

C. 批评激励　　D. 培训教育激励　E. 荣誉激励

14. A、B 两人都是同一个企业的职工，两人横向比较结果是 $Q_A/I_A>Q_B/I_B$，则 B 可能的表现是(　　)。

A. 要求增加报酬　　B. 自动减少投入以达到心理上的平衡

C. 离职　　D. 没有任何改变

E. 更加努力

15. 阿尔德弗的 ERG 理论把人的核心需要归纳为(　　)。

A. 生存需要　　B. 安全需要　　C. 关系需要

D. 成长需要　　E. 自我实现需要

(五) 简答题

1. 激励的作用有哪些？

2. 简述激励的过程。

3. 简述马斯洛的需要层次理论。

4. 为什么说公平理论具有过程型激励的特点？

5. 简述期望理论的主要内容。
6. 简述双因素理论的基本思想。
7. 简述一般的激励方式有哪些。
8. 根据公平理论，当个人认为不公平时会有哪些表现。
9. 简述成就需要理论的主要内容是什么。
10. 强化理论的观点是什么？为什么要提倡以奖为主、以罚为辅？
11. 如何在企业中激励毕业不久的新进员工？

(六) 案例分析题

1. 【案例一】

如何发放季度奖

某公司7月份要进行年度中期业绩考核，并据此发放季度奖金，职工们很重视这件事情，并且很期待。

职工甲聪明能干、工作积极、认真刻苦，领导对他也很重视，曾多次肯定他工作中的成绩，为他明确计划和目标，并让他担任了很重要的工作。但是，在这次中期考核中，领导考虑到平均性，职工甲的奖金和别人的是一样的。

考核结果让原本期望值很高的职工甲很生气。他认为自己受到了不公平对待，平时天天口头被表扬，在季度奖金中却没有丝毫体现。他一气之下，向单位递交了辞职报告。

问题：

请用管理学的公平理论对上述案例进行分析，并给该单位管理者提出一些具体的建议。

2. 【案例二】

沃尔玛的激励难题

世界上最大的零售商沃尔玛公司，目前正面临着如何激励员工的问题。多年来，这家公司都用一种相对宽松和直接的方式来激励员工，以保持他们的忠诚度。公司主要是通过给员工股权来激励他们，而员工的正常薪水并不高。沃尔玛公司历史上股权激励制度曾经起过重要的作用，一名沃尔玛员工在1970年公司上市时，用1650美元买了100股，到1993年时，他拥有的股票价值增长到了350万美元。

20世纪70年代后期到80年代这段时间里，沃尔玛的股票每年都上涨不少。公司通过利润分享计划建立了养老基金，基金中大部分的钱投资于购买公司的股票。山姆·沃尔顿是公司的创立者，他本人也促成了这种忠诚度和工作动机的形成。他平易近人的处事方式和公司的良好运作，使公司拥有了零售业界最忠诚、最积极献身的员工。公司一直被员工和业界认为具有非常优越的工作环境。

然而进入21世纪后，情况开始发生变化。首先，虽然公司仍然利润相当高，但公司的发展减缓，收入和利润已经没有太大的增长，从而导致了沃尔玛股票价格的下跌。例如，2003年，公司股票每股的价格是30多美元，到2005年底，就只有20美元左右了。股票

的下跌大大削减了养老基金和员工的个人股票价值。结果，公司长期拥有的员工忠诚度开始下降，工作动机开始减弱。

山姆·沃尔顿去世以后，公司文化也开始发生变化，这使问题更加严重。公司新的管理层试图保持原有的经营方式及与员工之间的关系，但不少主管人员缺乏领导魅力，也不能坚持山姆·沃尔顿过去倡导的与员工个人接触的管理方式。另外，新来的员工当然不可能有机会见到公司的创立者本人，因而也无法从“元老”级领导那里受到教育和感染。

除了忠诚度和工作动机方面的问题以外，沃尔玛还面临因经济危机引发的其他问题。例如，在避免工会组织不利于公司的集会方面，以前沃尔玛做得很好，但现在由于对养老金和其他激励越来越不满，工会组织各种集会并取得胜利的机会越来越多。

等待着沃尔玛的将是什么呢？每个人都在猜测。虽然沃尔玛作为一个雇主的形象受到了负面的影响，但大多数专家从一个雇员的角度来看，仍然认为它是该行业最好的公司之一。而且，公司现在还是盈利的，管理层也坚信股票价格会再次上升。因此，他们相信员工还是会对公司满意的，也会为公司继续做贡献。但也有人认为，出现的问题对公司已经造成损害，沃尔玛将不会再度拥有它曾代表过的优越工作环境的形象。

问题：

(1) 试用有关激励理论分析沃尔玛发生的问题。

(2) 对一个组织来说，提供太多的奖励和正强化可能吗？

(3) 如果在当前困难情况下，由你来管理沃尔玛，你将如何来激励员工？

3. 【案例三】

海尔的激励管理

经过20年的发展，海尔集团作为两次蝉联中国电子产品百强企业之首的“超级航母”，正一步步走向世界。海尔已成为中国企业界的一颗璀璨明星，是中国人的骄傲。借鉴海尔成功之处，尤其是吸取它成功的激励管理经验，对企业来说很有现实意义。

海尔激励管理的内容如下。

1. 物质激励

海尔实行岗位薪酬制度，即不同的岗位按照不同的标准计酬。以下主要就企业领导人、研发人员和销售人员进行说明。

(1) 对企业领导人采用“基本年薪+奖金”的办法。即综合评估确定他们的基本年薪，另外的报酬要根据他们的工作能力和工作业绩进行奖励。

(2) 研发人员的薪酬由他们科研成果的市场转化率和市场效益来决定。海尔对科研人员实行“负债工作法”，即从研究所所长到普通研发人员，全部采用项目承包制，除平时的基本费用可以提前支取外，取消月薪，收入与产品销售直接挂钩，根据市场效益拿钱。

(3) 销售人员的报酬实行市场链式的“外部市场竞争效应内部化”管理。就内部市场而言，企业怎样满足销售人员的需求，提高他们的积极性；外部市场就是销售人员要对自己的市场负责，怎样满足用户的需求。

2. 精神激励

(1) 实行“一名命名”方式激励员工。海尔鼓励发明和创新，把员工的发明创新以他们的名字命名，如“云燕镜子”“晓玲扳手”“启明焊枪”；颁布《职工发明奖酬办法》，设立各种奖项，最高奖为“海尔奖”，这是最权威的奖励，由总裁签发，能得此奖是莫大的荣耀。

(2) 海尔将它的核心价值观与国外的社会文化理念结合起来，并巧妙地运用于它在国外的公司。每月评比胜出的员工，如果获得“优秀员工停车位”的奖励，那么他们停放车辆的地方即使是海尔的高层管理者也不得泊车；允许员工把他们家人的照片挂在墙上、带宠物上班等，让员工在感受家庭温馨的同时又不湮没个性。这种有人情味和亲和力的激励方式，打破了不同民族的语言障碍和隔阂，使海尔文化逐渐融入国外员工的心里。此外，海尔开展厂长接待日、基层工会走访家属等“谈心”活动；实施员工举行集体婚礼、生日开集体 party 并赠送礼物的爱心工程；对做出贡献的员工通过内部刊物《海尔人报》《海尔新闻》等进行表彰和嘉奖。

3. 公平竞争激励

实行“赛马”竞争机制是海尔的一大特色。海尔的“赛马”是全方位的，对人才的选拔实行公平、公正、公开的原则。“赛马”竞争机制有以下三个方面的内容。

(1) 能者上，员工竞聘上岗。公司破格聘请农民合同工李和兴为技师，公司常务副总裁柴永森、梁海山及年轻的周云杰都是通过竞聘上岗的，大批年轻有为的员工走上领导岗位，实现了企业干部队伍的年轻化和技能化。

(2) 庸者下，实行“三工转换”制度。所谓“三工转换”，是指员工分为优秀员工、合格员工和使用员工三种，分别享受不同的待遇(包括工龄补贴、工种补贴和分房加分等)，并根据工作业绩和贡献大小进行动态转换。海尔实行定额淘汰制，规定在一定的时间和范围内必须有百分之几的人员被淘汰，“没有功劳也有苦劳”之说在海尔没有市场。海尔认为，“无功便是过”。

(3) 平者让。对年龄偏大、知识能力结构已不能胜任职位要求的员工，海尔鼓励他们让出位子或转到其他岗位去工作。

4. 个人发展激励

(1) 全方位的人才培训。其特点是：①全过程性。海尔有自己专门的培训学校，根据需要进行各种形式的培训，如岗前培训、岗位培训、多种技能培训和个人生涯培训。②全员性。对企业内部各职能部门、各生产经营单位的全部员工进行有计划的培训，而培训的重点是各方面的骨干技术和管理人才。③立体的培训体系。包括集团公司的培训、各事业本部的培训、外部机构的培训。④特色培训。如价值观念培训、实战技能培训、漫画教学培训和训斥管理等。

(2) 海豚式的升迁。海尔在提升员工前常让他们先到基层接受锻炼，然后再一步步升上来。例如，海尔常务副总裁柴永森，提升之前去一线接受过锻炼，随后去一家被兼并的大企业从事管理。他克服了许多常人难以想象的困难，一年就使这家企业扭亏为盈，企业两年走过了同行业 20 年的发展路程，成为同行业的领头雁，也因此成为海尔吃“休克鱼”的典型，被美国哈佛大学收入其工商管理案例库。

5. 其他激励方式

开展全方位的爱心工程。海尔为员工办理各种保险福利，解决员工住房，上下班有专车接送，提供优质工作餐，定期发放免费洗衣券、美容美发券，成立专门为员工解除后顾之忧的“排忧解难小分队”，以对员工提出的各种困难进行解决。此外，还有企业文化激励、工作设计激励、参与管理激励等。

问题：

请用所学知识对海尔的激励管理进行评价。

四、参考答案

(一) 填空题

1. ERG 理论　成就需要理论
2. 波特—劳勒综合激励模式　公平理论　期望理论
3. 消退　正强化　负强化
4. 激励
5. 努力　能力　任务难度　机遇
6. 效价　期望值
7. 绩效与奖励的联系　奖励与个人目标的联系　努力与绩效的联系
8. 保健因素　激励因素
9. 其他人　制度　自我
10. 生理需要　安全需要　归属需要　尊重需要　自我实现需要
11. 成就需要　权力需要　合群需要

(二) 判断题

1. 对　2. 错　3. 对　4. 错
5. 对　6. 对　7. 对　8. 错
9. 对　10. 错　11. 错　12. 对
13. 对　14. 对　15. 错

(三) 单项选择题

1. D　2. A　3. A　4. C
5. B　6. B　7. A　8. D
9. B　10. B　11. B　12. D
13. C　14. D　15. A　16. C
17. A　18. C　19. D　20. D

(四) 多项选择题

1. ABCDE
2. ABC
3. ABCD
4. CD
5. BDE
6. ABC
7. BCE
8. ADE
9. ABCDE
10. ABCD
11. AB
12. BDE
13. ABCDE
14. ABC
15. ACD

(五) 简答题

1. 激励的作用有：一是有助于激发和调动员工的工作积极性。积极性所表现出的一种能动的自觉的心理和行为状态可以促进员工智力和体力能量的充分释放，并导致一系列积极的行为后果，如提高劳动效率、超额完成任务、精湛的工作技能、良好的服务态度等。二是有助于将员工的个人目标导向实现组织目标的轨道。以个人利益和需要的满足为基本作用力，诱导员工把个人目标统一于组织的整体目标，推动员工为完成工作任务做出贡献，从而促进个人目标与组织目标的共同实现。三是有助于增强组织的凝聚力，促进内部各组成部分的协调统一。运用激励的方法，满足员工在尊重、社交等多方面的心理需要，鼓舞员工士气，协调人际关系，进而增强组织的凝聚力和向心力，促进各个部门、群体、人员之间的密切协作。

2. 激励的过程是需要决定动机，动机产生行为的过程，当需要未被满足时，会产生紧张，紧张进而激发个人的内在驱动力，驱动力又驱使人们去寻找能满足需要的行为，结果需要得以满足，紧张感消失。

3. 马斯洛认为，人类有五种基本需要，即生理需要、安全需要、社交需要、尊重需要和自我实现需要。这五种需要按照先后次序由低到高排列。生理需要是最低等级的、最基本的需要；安全需要是指保护自己免受生理上和心理上伤害的需要，同时还有能保证生理需要得到持续满足的需要；社会需要有时也称为友爱和归属需要，是指人们需要社会交往与认同，包括爱、归属、接纳和友谊的需要，如果这种需要得不到满足，可能会影响人们的精神健康；尊重需要是指一个人期望发展自尊的同时得到别人的认可，即包括自我尊重和他人尊重；自我实现需要是最高层次的需要，是指一个人成为他所期望的人的内驱力，以发展个人的潜力，实现自己的理想，包括成长、开发自我潜能和自我实现。

4. 过程型激励理论主要集中于激励是如何影响员工、激励的方向和维持即激励是如何影响个人的行为及如何维持高水平的动机水平等方面的研究。也就是说，过程型激励理论主要关心在不同激励条件下，行为改变是如何发生的，或者说，一个人是怎样用不同的方式来实现其目标的，一是它并不关注员工行为发生的原因，二是强调对员工适应外界环境

变化的过程进行分析。

亚当斯的公平理论认为，员工期望其做出的努力能得到相应的回报，如果员工得到的回报和他所期望的回报不匹配，就会产生不公平感，而这种不公平感会给员工带来紧张，因此其就会改变自己的观念或者采取某种行动来维持公平感。所以公平理论的核心在于认为员工的行为都是建立在交换和维持公平感的基础上，而且员工的工作行为动力也取决于他所努力维持的公平感。

由公平理论的主要观点不难看出，公平感是影响员工行为的重要因素，为了维持其公平感，员工往往会改变自己的观念或采取某种行动。这些也正是过程型激励理论所关心的，因而公平理论具有过程型激励的特点。

5. 期望理论立足于提高员工实现行为目标的动机水平。认为在较高的动机水平下，员工能够自动产生高强度的行为动力，进而形成强大的激励力。而提高动机水平的主要途径在于提高适宜的目标诱因，使员工能够选择更符合自身需要并更具有成功可能性的目标，以便为实现该目标采取相应的行动。这一模式的理论基础源于美国心理学家维克多·弗鲁姆(Victor Vroom)提出的期望理论。

期望理论认为：激励是评价选择的过程，人们采取某项行动的动力或激励取决于他对行动结果的价值评价和预期实现目标可能性的估计。换言之，激励作用的大小取决于该行动所能达成的目标及该目标可能导致某种结果的全部预期价值乘以他认为达成该目标并可能得到某种结果的期望概率。

根据期望理论，在进行激励时要处理好三个方面的关系，这些也是调动人们工作积极性的三个条件。第一，努力与绩效的关系。人们总是希望通过一定的努力能够达到预期的目标，如果个人主观认为通过自己的努力达到预期目标的概率较高，就会有信心，就可能激发出很强的工作力量。但是如果他认为目标太高，通过努力也不会有很好的绩效时，就失去了内在的动力，导致工作消极。第二，绩效与奖励的关系。人总是希望取得成绩后能够得到奖励。如果他认为取得绩效后能够获得合理的奖励，就有可能产生工作热情，否则就可能没有积极性。第三，奖励与满足个人需要的关系。人总是希望自己所获得的奖励能满足自己某方面的需要。然而由于人们在年龄、性别、资历、社会地位和经济条件等方面都存在着差异，他们对各种需要要求的满足的程度就不同。因而对于不同的人，采用同一种办法给予奖励能满足的需要程度不同，能激发出来的工作动力也就不同。

6. 双因素理论的基本思想概述如下。

(1) 双因素理论的概述。双因素理论是由美国的行为科学家赫茨伯格提出的，又称激励—保健理论。赫茨伯格认为，人类有两种不同类型的需要，它们之间彼此是独立的，但能够以不同的方式影响人们的行为。这两类需要就是激励因素和保健因素。保健因素是指与人们的不满情绪有关的因素，如企业政策、工资水平、工作环境、劳动保护。这类因素处理得不好会引发工作不满情绪的产生，处理得好可预防或消除这种不满。但它不能起激励作用，只能起到保持人的积极性，维持工作现状的作用。激励因素是指能够促使人们产生工作满意感的因素，主要包括以下内容：工作表现机会和工作带来的愉快；工作上的成就感；由于良好的工作成绩而得到的激励；对未来发展的期望值；职务上的责任感。

(2) 双因素理论的意义。赫茨伯格双因素激励理论的重要意义在于，它把传统的满意—不满意(认为满意的对立面是不满意)的观点进行了拆解，认为传统的观点中存在双重的连续体：满意的对立面是没有满意，而不是不满意；同样，不满意的对立面是没有不满意，而不是满意。这种理论对企业管理的基本启示是：要调动和维持员工的积极性，首先要注意保健因素，以防止不满情绪的产生。但更重要的是利用激励因素去激发员工的工作热情，努力工作，创造奋发向上的局面，因为只有激励因素才会增加员工的工作满意感。

(3) 双因素理论的缺陷。在研究方法本身、研究方法的可靠性及满意度的评价标准方面，赫茨伯格这一理论都存在不足。另外，赫茨伯格讨论的员工满意度与劳动生产率之间存在着一定关系，但他所用的研究方法只考察了满意度，并没有涉及劳动生产率。

7. 实践工作中常用的激励方式有如下内容。

(1) 物质利益激励法。即以物质利益(如工资、奖金、福利、晋级和各种实物等)为诱因对员工进行激励的方法，充分体现“多劳多得，少劳少得”的分配原则。

(2) 目标激励法。即给员工确定一定的目标，以目标为诱因驱使员工去努力工作，以实现自己的目标。目标管理充分发挥每个人的最大能力，实行自我控制，更容易发挥每个人的潜能和创造力，增加激励力量。

(3) 内在激励法。即解决了员工基本的温饱问题之后，满足员工的深层次需要，如工作本身是否具有乐趣和吸引力，在工作中是否会感受到生活的意义，工作是否具有挑战性和创新性，工作内容是否丰富多彩，在工作中能否取得成就实现价值等。

(4) 榜样激励法。即通过组织树立的榜样使组织的目标形象化，号召组织内成员向榜样学习，从而提高激励力量和绩效的方法。

(5) 形象与荣誉激励法。即充分利用视觉形象的作用，激发员工的荣誉感、成就感、自豪感，如照片、资料张榜公布，借以表彰企业的标兵、模范等。

(6) 信任关怀激励法。即组织的管理者充分信任员工的能力和忠诚，放手、放权，并在下属遇到困难时，给予帮助、关怀的一种激励方法。

(7) 员工持股激励法。其出发点是实行产权多元化，鼓励员工在组织持股，利润共享，可以提高他们对组织的认同感，并激发他们巨大的工作热情和责任感。

8. 根据公平理论，员工对自己是否被公平对待的评价是首先思考自己所得的收入与付出的比率，然后将自己的收入与付出比与有关他人的收入与付出比进行比较。如果员工感到两者比率不相同，则会产生不公平感。这时会产生紧张，会设法摆脱不公平，有人会向上司或组织争取改变收入；有人会调整自己的付出；也有人会离开这个组织到新的组织中去寻求公平。

9. 成就需要理论认为在人的生存需要基本得到满足的前提下，人在工作中有以下三种主要的需要。

(1) 成就需要。其指一种总是力求把每件事情都做得更加完美、取得超越他人的成就，不断获得新的成功的强烈内驱力。有高度成就需要的人，有极强的事业心，他们总是寻求能够独立处理问题的工作机会，并且希望及时地了解自己工作的成效。他们具有获得成功的强烈动机。高成就者不是赌徒，他们不喜欢靠运气获得成功。他们喜欢接受困难的挑战，能够承担成功或失败的个人责任，而不是将结果归于运气或其他人的行为。重要的是，他们逃避其认为非常容易或非常困难的任务。他们想要克服困难，但希望感受到成功或失败是由于他们自己的行为导致的。这意味着他们喜欢具有中等难度的任务。

(2) 权力需要。其指一种发挥影响力和控制他人的愿望。研究者们发现，具有高度权力需要的人，往往会追求组织中的高层职位，他们大多能言善辩、性格刚强、头脑冷静，总是希望他人服从自己的意志并证明自己是正确的。具有高度权力需要的人喜欢承担责任，努力影响其他人，喜欢处于竞争性和重视地位的环境。与有效的绩效相比，他们更关心威望和获得对其他人的影响力。

(3) 合群需要。其指一种寻求被他人喜爱和接纳、力图建立友好亲密的人际关系的愿望与要求。具有高合群需要的人往往热心快肠，乐于帮助别人，努力寻求友爱，喜欢合作性而非竞争性的环境，渴望有高度相互理解的关系。研究者对这种需要的关注最少。

10. 强化理论认为，人的行为是其所获刺激的函数。如果这种刺激对他有利，则这种行为就会重复出现；如果对他不利，这种行为就会减弱直至消失。因此，管理者要采取各种强化方式，使员工的行为符合组织的目标。强化有奖励、逃避、取消、惩罚四种办法。

要尽量运用正强化的方式，避免运用惩罚的方式。惩罚不能简单地改变一个人按照原来的想法去做事的念头，至多只能教会他们如何避免惩罚。事实上，过多地运用惩罚往往会造成被惩罚者心理上的创伤，引起对抗情绪，乃至采取欺骗、隐瞒等手段来逃避惩罚。

要尽可能避免惩罚所引起的消极作用，应把惩罚同正强化结合起来。在执行惩罚时，应使被惩罚者了解受到惩罚的原因和改正的办法，而当其一旦有所改正时，即应给予正强化，使其符合要求的行为得到巩固和加强。

11. 企业中毕业不久的新进员工有如下特点：①由于他们工作时间不长，经济基础不牢固，所以薪水、奖金等物质条件对他们来说比较重要。②思维活跃、创新能力强，不安于现状。③自尊心比较强，受到表扬会更加努力地工作；而受到批评后，会有严重的沮丧情绪。④对企业未来的发展比较关注，比较关心自己在企业中的发展。成就欲望强，希望能充分发挥自己的能力，实现自己的价值。

要充分了解新进员工的需要需求是为了晋升、加薪还是成就感、安全感等，针对不同的激励对象采用不同的激励方式。可以采取以下激励方法和手段：①给员工提供相当于同行业的平均水平或平均水平以上的薪水，并且满足他的基本生活保障需要。②针对新进员工设立多样化的绩效工资和奖金，激励员工为了一定的目标好好工作。对能够很好地完成工作的员工给予一定的口头或书面表扬，使其得到更多人的认可，有更大的信心和意愿更加出色地完成工作。③给予有创新精神的员工更多的具有挑战性的、新颖的工作。激发他们的工作潜力，完成具有价值的工作。④尽量用正强化让员工产生积极的行为和态度，对员工的错误也要采取适当委婉的处理手段，减少对员工产生负面的消极影响。⑤给予新进员工在职培训的机会，培训的内容不仅应该有助于员工对新技能新知识的获取，还应该包括企业的愿景、发展规划等，以使员工更全面认识企业，提高他们对企业的期望。

(六) 案例分析题

1.《如何发放季度奖》案例分析。

公平理论由美国心理学家亚当斯(J.S.Adams)在 1965 年首先提出，也称为社会比较理论。该理论的基础在于，员工不是在真空中工作的，他们总是在进行比较，比较的结果对于他们在工作中的努力程度有影响。员工选择的与自己进行比较的参照类型有三种：①“其他人”，包括在本组织中从事相似工作的其他人及别的组织中与自己能力相当的同类人；②“制度”，指组织中的工资政策与程序及这种制度的运作；③“自我”，指自己在工作中付出与所得的比率。

公平理论主要研究报酬对人们工作积极性的影响。公平理论认为：①员工首先思考自己的收入与付出的比率；②将自己的收入付出与其他人的收入付出进行比较，若相同则为公平，否则就会产生不公平感；③员工会通过一些手段和方法对不公平感进行纠正。

材料中，职工甲就是在与“其他人”的比较中，将自己所获得的“报酬”与自己投入的比值与组织内外其他人做比较，从中发现两者不对等，产生不公平感，于是提出辞职。

2.《沃尔玛的激励难题》案例分析。

(1) 马斯洛需要层次理论认为人的需要由低级到高级依次为生理需要、安全需要、社交需要、尊重需要和自我实现需要五种需要。马斯洛认为这五种需要是由低到高排列的，并逐层递进式地发展，即当较低层次的需要得到满足后，就会产生更高一级的需要，也就是说沃尔玛的员工生理需要得到满足后就会产生更为高级的需要。因此仅用物质激励是不能满足他们后来出现的其他需要的。对员工来说，当前的主导需要起着重要的激励作用。所以要充分了解目前员工的不同需要，有针对性地去进行激励。同时可以运用期望理论进行分析。公司通过利润分享计划建立了养老基金，基金中大部分的钱投资于购买公司的股票。养老基金会随着公司股票价格的上涨而增加，员工获利越多对其工作的激励就越大，对公司越忠诚。但后来公司的发展减缓，收入和利润已经没有太大的增长，沃尔玛股票价格下跌，员工的收益达不到他们的期望值，那么这一项激励措施就不会起作用。

(2) 对一个组织来说，提供太多的奖励和正强化不一定就有很好的激励效果。要运用正强化为主，负强化为辅的方式进行有效的激励。过多地运用惩罚往往会造成被惩罚者心理上的创伤，引起对抗情绪，乃至采取欺骗、隐瞒等手段来逃避惩罚。但是，有时必须运用惩罚的方式，使被惩罚者受到惩罚和学会改正的方法，应该把惩罚同正强化结合起来。当其一旦有所改正时，即应给予正强化，使其符合要求的行为得到巩固。

(3) 应根据不同员工的需要来采用不同的激励方式和手段。第一，可以采用多样化的奖酬激励，实行绩效奖金。对于一般员工可以提高正常薪水，对于高层可以提高股票比例，保持长期持股，并加以适当的处罚等负激励，创造一种带有压力的条件，以否定某些不符合要求的行为。第二，设置合理的目标，丰富工作内容和形式，鼓励员工参与管理，提高员工对工作的热情。第三，改进领导方式，加强与员工沟通，平易近人，给予员工精神激励，通过尊重、关爱、赞美、宽容员工等方式，让员工能够感觉到来自企业的关怀，提高对企业的忠诚度。

3.《海尔的激励管理》案例分析。

海尔实行了物质激励和精神激励、短期激励和长期激励等内在激励与外在激励相结合的比较成功的激励管理，使得“海尔人”形成了既竞争又合作、既有个人成就感又有集体荣誉感的氛围，从而打造出了海尔这一让“海尔人”倍感骄傲的饮誉全国和响彻世界的国际品牌。

(1) 物质激励极具针对性和实效性。把领导人员的工作能力、工作业绩与薪酬水平挂钩，有效改变了一些领导人员“身在其位，不谋其政”的弊端。研发人员的收入实行“市场负债法”;销售人员的工资向市场要报酬;一线员工的收入与其劳动数量和质量直接挂钩，激发了员工的工作热情，减少了管理的难度，有利于调动员工的积极性。

(2) 立体式的精神激励。海尔用“一名命名”这种独特的方式来达到员工自我价值的认可，极大地激发了员工的内在潜能。“厂长接待日”和工会负责人深入员工中间走访等多种方式，加强了管理人员和员工之间的联系和沟通，让员工体会到领导的关怀和企业的温暖。实行全方位的爱心工程，采取内部刊物宣传报道员工先进事迹，对员工进行嘉奖，让员工对企业有很强的归属感、认同感，使员工意识由“要我干”变成“我要干”，由“接受管理”到“自主管理”，员工有很强的主人翁责任感，发挥了人力资源的能动性。

(3) 公平的“赛马”竞争激励，运用了公平理论，让员工在一个公平公正的环境里工作。企业为人才提供“赛马场”，在企业内部创造出一种选拔人才、任用人才、激励人才、培育人才、留住人才的竞争机制，使员工管理永远处在一种动态的管理机制下，在充满挑战和激励的氛围中，员工和企业始终充满活力。

(4) 个人发展激励。第一，注重人才培训。退出全方位的人才培训模式，即全过程的培训、立体的培训、特色培训，显示出海尔“以人为本”的战略思想，在人力资源管理上具有前瞻性、宏观性、战略性的特点。第二，帮助员工规划职业生涯。借鉴美国的“能力待遇”方法和日本的“年功序列”模式，海尔采取“破格录用提拔”和“海豚式的阶梯晋升”相结合的原则，让真正的人才脱颖而出，从而为企业创造出无穷的价值。

(5) 其他激励。海尔在员工中推行“自我做主，人人是老板”的工作设计管理理念，把海尔的企业文化作为一种思想、哲学、文化、精神在员工心中生根、开花、结果；赋予员工参与决策的权利，使员工的独立性和自主性得到充分的尊重和发挥等。

第十二章

控制

一、教学要点

1. 管理控制的含义与基本特征
2. 管理控制的基本过程
3. 管理控制不同角度的分类
4. 关键控制点的建立
5. 有效控制系统的建立
6. 影响有效控制的因素
7. 进行有效控制的主要措施

二、重要名词解释

1. 控制

控制在广义上是指除计划以外的所有保证计划实现的管理行为，包括组织、领导、监督、测量和调节等一系列环节；狭义上是指继计划、组织、领导职能之后，按照计划标准衡量计划完成情况和纠正偏差，以确保计划目标实现的一系列活动。

2. 前馈控制

前馈控制也称事前控制或预先控制，是在工作正式开始前对工作中可能产生的偏差进行预测和估计并采取防范措施，将可能的偏差消除于产生之前的控制方式。

3. 同期控制

同期控制也称同步控制或现场控制，是与实际工作同步进行的控制。基层主管人员的管理能力和业务水平常常通过同期控制方式表现出来。

4. 反馈控制

反馈控制又称事后控制，是在工作结束或行为发生之后进行的控制活动。重点集中于已完成工作或行为的结果上，通过对已形成的结果进行测量、比较和分析，发现其与计划标准之间存在的偏差，分析产生偏差的原因，针对性地拟定解决措施，并应用于今后的工作中以避免同样错误的发生。

5. 间接控制

间接控制是指着眼于发现工作中的偏差，分析产生的原因，并追究其个人责任使之改进。

6. 直接控制

直接控制是通过提高管理人员的素质来进行控制工作的。它着眼于培养更好的主管人员，使他们能够熟练地应用管理的概念、技术和原理，能以系统的观点来进行和改善他们的管理工作，从而防止出现因管理不善而造成的不良后果。

7. 制度控制

制度控制即通过制度进行控制，主要是要把握好在组织框架内授权的运用。管理者通过授权给下属，领导员工团队和成千上万的员工个体，做出直接影响他们工作的关键性的业务决策。

8. 文化控制

文化控制就是组织中建立一种有利于控制职能能够更加高效实施的文化，具体的就是要求管理者与员工对控制有共同的认知，通过彼此观念的统一协调，配合默契，从而使控制达到有效的状态。

9. 关键控制点

关键控制点是指一些要害问题，是实施控制的关键区域，是被控对象的关键状态的参数。它们是业务活动中的一些限定性不利因素，或是能使计划更好地发挥作用的有利因素。

10. 弹性控制

弹性控制是指企业在生产经营过程中，会遇到各种突发的变化，这些变化可能导致企业计划与现实严重背离，有效的控制系统在这样的情况下仍能发挥作用，维持企业正常运行；即应该具有灵活性或弹性。

三、习题

(一) 填空题

1. 控制的本质是一个“活动”或“过程”，控制的标准和依据是________，控制内容包括________、________和纠偏，控制的目的是“________”。

2. 管理控制具有________、________、________和________的基本特征。

3. 管理控制的过程分为________、________和________。

4. 一般来说，企业制定标准的方法通常有________、________和________三种。

5. 工程方法制定标准也是一种用统计方法制定的控制标准，不过它不是对历史性统计资料的分析，而是通过对________。

6. 根据控制信息获取的方式和时点不同，可将管理控制分为________、________及________三类。

7. 按照控制的原因与结果分类，管理控制可以分为________和________。

8. 从领导的角度出发，可将控制的内容分为__________和___________。

9. 在实际工作中，成本标准的水平一般有_______、_______、_______和_______四种。

10. 影响有效控制的因素有________、________和________。

11. 有效控制有________、________、________和________四项要求。

12. 适度控制是指控制的________、________和________要恰到好处。

13. 弹性控制要求在控制中应建立________控制系统，通过该系统使被控制对象能够实现自我控制，灵敏适应环境。

14. 提高控制效率的措施有完善_________、鼓励_________并进行_________、实行________。

(二) 判断题

1. 控制是指监控组织各方面的活动，使组织实际运行状况与组织计划要求保持动态适应的工作过程。(　)

2. 计划是控制的前提，计划越是明确、全面、完整，控制效果就越好。(　)

3. 只要在控制过程中发生偏离标准的情况就应该采取纠偏行动。(　)

4. 前馈控制可以使上级有机会当面解释工作的要领和技巧，纠正下属错误的作业方法与过程，从而可以提高他们的工作能力。(　)

5. 管理中的控制手段可以在行动开始之前进行，也可以在进行之中或结束之后进行。(　)

6. 控制的目的是提高效益，所以会得到所有员工的支持。(　)

7. 反馈控制最大的缺点是，在管理者实施纠偏措施之前，偏差已经发生，损失已经造成，对工作没有任何意义，所以没有必要进行反馈控制。(　)

8. 控制标准制定得越严越好。(　)

9. 一般来说，控制标准必须从计划中产生，计划必须先于控制。(　)

10. 有人说，人的身体是“三分治七分养”，这说的是反馈控制比事后控制更重要。(　)

(三) 单项选择题

1. 以下有关控制概念的描述，不正确的是(　　)。

A. 控制有很强的目的性，即控制是为了保证组织中的各项活动按计划进行

B. 控制是通过“监视”和“调节”来实现的

C. 控制是一个过程

D. 控制为计划提供标准

2. 在现代管理活动中，管理控制的目标主要是(　　)。

A. 纠正偏差　　B. 修订计划

C. 保持组织这一系统的稳定运行　　D. 上述均是

3. “治病不如防病，防病不如讲卫生。”根据这一说法，以下几种控制方式中，最重要的是(　　)。

A. 直接控制　　B. 前馈控制　　C. 同期控制　　D. 反馈控制

4. 一个工人每天或每周必须完成生产一定数目的零件，他必须保持不超过1%的废品率，必须在指定的6个月时间内完成预定的工作，在生产特定数目的零件时不能超过所规定的物料消耗。对于控制来讲，这是在(　　)。

A. 衡量实际绩效　　B. 进行差异分析

C. 采取纠偏措施　　D. 明确控制标准

5. 一个有效的控制系统其控制主体应该是(　　)。

A. 各级管理者　　B. 全体员工　　C. 监察机构　　D. 上级机关

6. 确定控制标准的过程通常包含如下内容：

①确定控制对象　②选择关键控制点　③制定控制标准

以下排序准确的是(　　)。

A. ①②③　　B. ②③①　　C. ③②①　　D. ③①②

7. 某企业管理部门在制定劳动定额时，出现了以下四种意见，你认为意见比较正确的是(　　)。

A. 劳动定额主要是为了考核用的，所以应该选择最先进的标准

B. 定额标准的确定应该结合企业实际，并考虑有助于员工积极性的调动

C. 为使绝大多数员工能超额完成任务，应该选择最低的定额标准

D. 考虑到员工操作水平的差异性，定额标准宜取最先进与最低标准的平均值

8. 人们普遍认为管理控制完全不同于自然界的生物控制、物理控制和机械电子控制，它有自己的特性，包括管理控制的人性、整体性、动态性、目的性。但是在一次管理课程的研讨会上，大家对于这四种特性中哪个最为重要发生了很大的分歧。你认为管理控制与其他控制相比最为重要的特性是(　　)。

A. 人性　　B. 整体性　　C. 动态性　　D. 目的性

9. 某管理学教授在介绍管理职能时，列举了以下工作内容：①某报聘请读者开展每月一次的评报活动；②某学校制定一系列严格的规章制度要求教工遵守；③质检人员在仓库内检查产品质量；④某桥梁厂为了生产出高质量的产品而对原材料进行检验；⑤某洗衣粉厂厂长发现产品销路不畅，做出加强促销的决定；⑥某大学内监考老师在考场内

巡视；⑦某餐厅老板每周查看顾客意见本；⑧干旱地区的农民在春天播种耐旱作物的种子。请问不属于反馈控制的是(　　)。

A. ①③⑤⑦　　B. ②④⑥⑧　　C. ②④⑥⑦⑧　　D. ①②③⑤

10. 小李是一家合资企业的总经理助理，为了提高企业的经济效益，总经理要求他研究提出一套加强企业的管理控制、建立企业有效管理控制系统的可行方案，总经理在提出工作要求时提醒他一定要做到“牵牛要牵牛鼻子”。小李分析了半天也不知道应该如何去牵“牛鼻子”和什么是“牛鼻子”。你认为是总经理说的“牛鼻子”的是(　　)。

A. 确定控制对象　　B. 选择关键控制点

C. 制定标准　　D. 采取纠偏措施

11. 控制就是使各项活动按计划进行。为此需要在企业中建立信息反馈机制，随时监控是否存在偏差。发现偏差后，有人提倡“消灭偏差”，对于这种说法，你认为(　　)。

A. 这种提法是正确的，只有确保消灭偏差才能确保计划的顺利实现

B. 这种提法是错误的，如果要完全消灭偏差成本太高

C. 这种提法是错误的，关键是找到偏差的原因，消除原因才是根本的解决途径

D. 以上说法都不对

12. 直接控制的优点不包括(　　)。

A. 在对个人委派任务时能有较大的准确性

B. 可获得良好的心理效果

C. 促使主管人员主动地采取纠正措施并使其更加有效

D. 促使人们对工作具有个人责任感

13. 在一次年会上，某公司制定了一系列目标：产品质量要比去年提高；成本要比去年低；人员素质要有较大改善；市场占有率要达到第一；要努力开发出比竞争对手更好的新产品等。由此可以看出，(　　)。

A. 该公司的目标制定得非常明确

B. 该公司的目标太模糊，不容易执行

C. 该公司的做法符合目标管理的基本思想

D. 以上说法都不正确

14. 某公司为了扭转管理控制中问题丛生的局面和建立企业有效的管理控制系统与控制流程，特地聘请了中大管理咨询公司为其咨询，在分析该组织管理失控的原因时，咨询工程师老张认为该组织管理失控的主要原因是组织过度分权造成的。但是公司的胡老板认为这不可能，因为他对于下属的监控是非常到位的。而咨询公司的赵工程师认为应该是组织的控制目标与标准及对于偏差信息的纠偏措施出了问题。但是公司的总工程师认为他们公司在这些方面做得还是很不错的，因为他们通过了 ISO 9000 认证。对于这些不同的说法，你最赞同的是(　　)。

A. 咨询工程师老张的说法　　B. 公司胡老板的说法

C. 咨询公司赵工程师的说法　　D. 公司总工程师的说法

15. 有人认为，管理水平的提高，关键在于事先采取防范措施，从而为整个企业的有效运行提供保障。在质量管理理论中还有这样一句名言：“质量不是检查出来的，而是制造出来的。”显然这些说法都是从一定的前提出发的。以下是关于这些前提的几种不同阐述，你认为其中最正确的是(　　)。

A. 事前措施总是能够有效防范可能出现的问题

B. 事后措施对于改善企业的运作作用甚微

C. 对于过程和结果之间的因果关系有清楚的把握

D. 过程管理水平的提高，一定能够带来结果的改善

16. 分析下列情况，正确的是(　　)。

① 根据组织结构所规定的职位要求及由此而决定的对处于这些职位上的人员的技术和素质要求，对管理者和非管理者进行选聘、考评和培训；

② 企业运用统计抽样的方法对进厂原材料的质量进行检查；

③ 农药供应企业根据当年的虫害预报调集农药，做好储备。

A. ①②属于同一类型的控制　　B. ②③属于同一类型的控制

C. ①③属于同一类型的控制　　D. ①②③属于同一类型的控制

(四) 多项选择题

1. 关于控制和计划的关系，下列说法正确的是(　　)。

A. 控制是计划实现的保证　　B. 计划是控制的前提

C. 先有控制后有计划　　D. 控制和计划是一个问题的两个方面

E. 以上各项均正确

2. 按照控制信息的获取方式可以把控制分为(　　)。

A. 制度控制　　B. 文化控制　　C. 前馈控制

D. 同期控制　　E. 反馈控制

3. 纠正偏差是(　　)。

A. 控制的关键　　B. 整个管理系统中的部分工作内容

C. 控制过程中的一个重要步骤　　D. 其他各项管理职能发挥作用的关键环节

E. 制定控制标准的前提

4. 为了保证纠偏措施的针对性和有效性，在制定和实施纠偏措施的过程中应该注意的问题是(　　)。

A. 确定纠偏措施实施的对象　　B. 找出偏差产生的主要原因

C. 调动所有员工参与控制过程　　D. 随时不断调整计划或标准

E. 选择恰当的纠偏措施

5. 控制过程可以大致分为 4 个相互联系的步骤是(　　)。

A. 限定子系统的范围　　B. 确定标准

C. 衡量实际绩效　　D. 采取管理行动

E. 向上级主管汇报

6. 前馈控制的优点在于(　　)。

A. 避免了事后控制对已铸成差错无能为力的弊端

B. 容易在控制者和被控制者之间形成心理上的对立

C. 不易造成对立面的冲突，易于被职工接受并付诸实施

D. 便于总结经验

E. 适用于一切领域的所有工作

7. 管理者实施控制的过程通常包括(　　)。

A. 确定标准　　B. 改变标准　　C. 现场控制

D. 衡量绩效　　E. 纠正偏差

8. 关于运用控制关键点的原则，下列说法正确的是(　　)。

A. 这是由于主管人员精力有限　　B. 主管人要注意各种细节

C. 主管人员要集中注意主要因素　　D. 选择关键点是一种艺术

E. 强调要注意哪些需要观察的点

9. 管理控制的必要性主要是由(　　)决定的。

A. 提高企业部门和员工的绩效

B. 组织结构的必然要求

C. 企业面临的外部环境不断发生变化

D. 任何企业的管理权限都制度化或非制度化地分散在各个管理部门和层次

E. 不同组织成员的认识能力和工作能力存在差异

10. 某公司人力资源部门为自己创立了一个规矩：每一个员工离开公司时，人力资源部经理主动与离职员工交谈，收集离职员工对公司的意见和看法，并了解其去向，在此基础上向公司决策部门提出人力资源管理建议，这种做法属于(　　)。

A. 前馈控制　　B. 同期控制　　C. 反馈控制

D. 绩效控制　　E. 战略控制

(五) 简答题

1. 管理控制有哪些作用和功能。
2. 简述管理控制的过程。
3. 直接控制的优点有哪些。
4. 有效控制的原则或特征有哪些？
5. 简述反馈控制的优缺点。
6. 计划与控制是如何产生联系的？
7. 简述有效控制的要求。
8. 如何提高控制效率？

(六) 案例分析题

1. 【案例一】

苏南机械有限公司

苏南机械有限公司是江南一个拥有3000多名职工的国有企业，主要生产金属切削机械。公司建立于中华人民共和国成立初期，当初只是一个几十人的小厂。公司从小到大，经历了几十年的风风雨雨，为国家做出了很大的贡献。20世纪80年代，公司取得了一系列令人羡慕的殊荣：经主管局、市有关部门及国家有关部委的考核，公司各项指标均达到了规定的要求，因此被光荣地评为国家一级企业；厂里的“当家”产品，质量很好，获得了国家银质奖。随着外贸体制改革，逐渐打破了国家对外贸的垄断，除了外贸公司有权从事外贸外，有关部门经考核，挑选了一部分有经营外贸潜力的国有大、中型企业，赋予它们外贸自主权，让它们直接进入国际市场，从事外贸业务。公司就是在这种形势下，得到了上级有关部门的青睐，获得了外贸自主权。

进入20世纪90年代，企业上上下下都感到日子吃紧，虽然经过转制，工厂改制成了公司，但资金问题日益突出，一方面公司受“三角债”的困扰，另一方面产品积压严重，销售不畅。为此公司领导多次专题研究销售工作，大部分人都认为，公司的产品销不动，常常竞争不过一些三资企业和乡镇企业，问题不在产品质量，而主要是在销售部门的工作上。因此，公司对销售工作做了几次大的改革，先是打破了只有公司销售部门独家对外进行销售的格局，赋予各分厂(即原来的各车间)进行对外销售的权力，还另外组建了几个销售门市部，从而形成一种竞争的局面，利用多方力量来推动销售工作，公司下达包括价格浮动幅度在内的一些指标来加以控制。与此同时，公司对原来的销售科进行了重新调整工作，把销售科改为销售处，然后又改为销售部，现在正式改为销售公司。在人员上也做了调整，抽调了一批有一定技术、各方表现均不错的同志充实进销售公司。这样一来，从事销售工作的人员增加了不少，销售的口子也从原来的一个变成了十几个。当初人们担心，这样会造成混乱，但由于公司通过一些指标加以控制，所以基本上没有出现混乱的情况，但是销售工作不景气的状况却没有根本改变，这是近年来一直困扰公司领导的一大问题。

与此同时，公司的外销业务有了长足的发展。当初公司一共只有五六个人从事外销工作，是销售科内的一个外销组，后来公司获得了外贸自主权，就决定成立进出口部专门从事外销工作，人员也从原来的几个发展到了今天的30个：除了12个人在外销仓库外，余下18个人中有5个外销员、5个货源员，其他的人从事单证、商检、海关、船运、后勤等各项工作。公司专门抽调了老王担任进出口部经理。老王今年50岁，一直担任车间、科室的主要领导，是公司有名的实力派人物。在王经理的带领下，进出口部的业绩令人瞩目：1996年的外销量做到了450万美元，1997年达到500万美元，1998年计划为650万美元，1到9月份已达到了500多万美元，看来完成预定的计划是不成问题的。

成绩是显著的，但问题矛盾也不少。进出口部成立以来，有三件事一直困扰着王经理：

一是外销产品中，本公司产品一直上不去。公司每年下达指标，要求进出口部出口本公司一定量的产品，如1998年的指标是650万美元的外销量，其中本公司的产品应达350万美元。公司的理由是，内销有困难，进出口部要为公司挑担子。虽然做公司产品，对进出口部来讲没多大利润，但这关系到全公司3000人的吃饭问题。因此，进出口部只得接受这个任务，王经理再将指标分解给外销员，即每人做70万美元的本公司产品，可结果总是完不成。王经理和外销员都反映，完不成的责任不在进出口部，因为订单来了，本公司分厂不能及时交货，价格也有问题，所以只能让其他厂去做，进出口部做收购，这样既控制价格、质量，又能及时交货。讲穿了，做本公司的产品，进出口部要去求分厂，而做外购是人家求进出口部，好处也就不言而喻了。公司对进出口部完成不了本公司产品的出口任务一直有意见，进出口部与各分厂的关系也搞得很僵，而且矛盾还在发展之中。

二是部内奖金的分配问题。近几年，公司对工资奖金的发放也做了一些改革，公司负责发工资，奖金的额度控制在公司，但具体如何发放，由各部门自行确定。这一来王经理就要与公司谈判奖金额度，它虽然是与效益挂钩的，但这仍是一项艰巨的需要讨价还价的工作，好在王经理是一位经验丰富的中层干部，为进出口部争取到了较好的奖金额度。对王经理来说，更难的是有了奖金额度，如何在部内分配。开始的时候，王经理采用基本平均的分配方式，理由是：进出口部的成绩是大家一起做的，缺少了哪个人的努力都不行，虽然各人干的工作不一样，贡献也不同，但这些在工资里已有所体现，因为现在的工资主要实施的是岗位工资制，仓库工人的工资大约只有外销员的一半，差距已经拉开了，而奖金发放的标准主要看大家在各自的岗位上是不是在努力工作，如大家都在努力工作，那么就应拿一样的奖金，违反纪律，工作不认真，出了差错应扣罚奖金。这样做引起了一部分人，特别是外销员的不满，他们认为这是平均主义在奖金分配上的反映，奖金是分配中的一个组成部分，而且随着公司的发展，这一块在收入中所占的比重会越来越大，工资在收入中占的份额在下降，因此如果奖金分配搞平均主义，那么“大锅饭”的弊病就无法根除。王经理想想也有道理，经过反复考虑，他决定拉开奖金分配的差距。王经理将外销员和与之相配合的货源员的奖金与他们的创利结合在一起，即将他们每月创净利的5%作为他们的分配基数，外销员与货源员之间按二八比例分配，即外销员奖金额度为净利的4%，货源员拿1%，其他人员按总体任务完成情况定，当然仓库工人为最低。最后分配的结果，各种人员所得的奖金差距拉大了，最高的和最低的有时相差10～20倍。当然拿得少的人不满意了，他们认为外销员拿得那么多，这不公平，好事都是他们的，什么出国、参加广交会等，已经得到了很多好处，现在奖金又拿那么多，我们拿得少，以后就少干点，我们少干，看看他们能完成那些订单吗？当然奖金发放的方式是不公开的，要是公开，那真要闹翻天了。但没有不透风的墙，每个人都有所感觉，只是不很清楚而已。就是这样，已有不少反应传到王经理的耳中了，据说有人还到公司总经理那儿去告状了。王经理感到左右为难，到底该怎么办呢？

三是外销员队伍的稳定问题。近几年已有几位外销员跳了槽，而且跳出去的人据说都“发”了，有的自己开公司做贸易，有的跳到别的外贸公司，因为他们是业务熟手，手中又有客户，所以都享有很高待遇，一句话，比在原来公司好多了，这又影响了现在的外销员。公司虽然在工资、奖金上向外销员做了倾斜，但比跳槽的人的收入还差一大截，因此总有些人心不定，有的已公开扬言要走。王经理也听到一些消息，说是有的人已在外面悄悄干上了。面对这样的状况，王经理心里万分着急，他知道，培养一个好的外销员不易，走掉一个外销员，就会带走一批生意。他深知问题的严重性，也想了很多办法，想留住人心，如搞一些活动、加强沟通等，但在有些人身上收效很少。该怎么办呢？这是王经理一直在思考的问题。

(资料来源：潘连柏，伍娜. 管理学原理习题集[M]. 北京：人民邮电出版社，2004.)

问题：

(1) 王经理如何对外销员实施有效的控制？

(2) 你对困扰王经理的三大问题是怎么看的？你如果是王经理该如何处理这三大难题？

2. 【案例二】

西方石油公司

西方石油公司是在1957年由百万富翁维克多·伊斯曼及他的几位朋友各投资25万美元创建起来的。从几家大石油公司招聘来的几位年轻地质学家看到在西方石油公司有一显身手的机会，而且伊斯曼先生又敢作敢为，就在加利福尼亚州北部着手一项生气勃勃的勘探计划。他们的计划很快取得了成功，发现一个大油气田和几个优良产油井。由于从这些油气田中得到了大量利润及伊斯曼先生在北非某国取得了开采特权，再加上这群年轻地质学家的才华，所以当公司在非洲发现大油田时，得到了报偿。

随着利润的积累，银行竞相向西方石油公司贷款，投资者也迫切地购买该公司的股票，西方石油公司吞并了几家大的公司。其中包括：①马斯脱化学公司，是美国最大的工业化学品和化肥厂家之一，年销售额为5亿美元；②贝伐利煤炭公司，是美国第三大采煤公司，年销售超过3亿美元；③本南特油气公司，在欧洲有炼油厂和零售石油产品的批发商店，年销售额为3.5亿美元；④其他几家公司，经营石油销售、房地产开发及塑料产品。此外，西方石油公司继续执行其在美国和国外寻找石油的计划。

该公司经历了特殊的发展历程。1957年它的销售额还不足50万美元，但到了1974年，销售额就增长到27亿美元，利润也保持同步增长。虽然石油公司向银行和其他单位借了很多钱，而且还向公众出售了4000多万份新股份，在这一时期，股票价格上涨仍超过了20倍。

利润在1974年虽然停止增长，但销售额仍比1973年增加15%。西方石油公司的高层主管部门却并不认为这有什么问题，原因是西方石油公司在新石油勘探中投入了大笔资金，而且由于化工公司建厂过多和激烈的价格竞争，该公司的工业化学产品的利润几乎是没有的。但是很明显，股票市场对西方石油公司有一些担忧。公司的股份在1972年曾上升到105美元，而在1974年下降到15美元。因为所有的石油和化工产品股票价格都在下降，所以该公司的高层主管部门对此仍未给予太多注意。

然而，到了1974年年末，发生了许多不利事件，使西方石油公司的高层主管部门受到了震惊。其中重大的事件有如下几个。

(1) 由于新的、较大的化工产品竞争对手为了使它们的化工产品生产量尽量达到或接近生产能力，在经营上加强了竞争，所以化工产品的利润持续下降。

(2) 全国煤炭工业的罢工使煤矿在1974年10月和11月几乎连续关闭了两个月，使公司利润减少1 100多万美元。

(3) 新的全国煤矿安全法对开矿工作程序做了严格的改动规定，降低了劳动生产率，而且规定在雇用不到有经验的煤矿工时，要雇用许多新矿工，甚至不得不雇用一些缺少经验的矿工。

(4) 根据新的劳工合同，煤矿工人的工资有相当大的增长。贝伐利煤炭公司发现，它不能把增加的费用及由于生产效率降低而提高的成本，转移给公用事业消费者，因为公司与他们订有价格固定的长期合同。煤炭公司的主管部门对合同解释的理由是：历史证明，成本的增加总是可以由产量的增加而抵销的。

(5) 塑料薄膜、塑料板和塑料纤维分公司在 1974 年的亏损超过 1000 万美元，这主要是由于：①新厂设计不当，运转费用比预期的高；②新的、有前途的涂塑材料达不到规定指标，结果买主又把它整车运回公司；③由于称重、检查和贮存方法的设施不当而发生原材料大量浪费。

(6) 在 1974 年度的最大亏损，是把 8800 万美元作为 2 亿美元为期 3～5 年油船租赁可能损失的一部分报损处理。欧洲企业的总经理已开始着手于一项雄心勃勃的租用油船的计划方案，这样可以保证公司在中东出现问题、北非油田受损的情况下，仍可把石油从沙特阿拉伯和其他波斯湾地区运到欧洲。1974 年对局势的观察表明，租赁油船不是一定需要的，而且油船租赁率下降得相当多，公司不得不把账面价值大大降低。当人们对揭露的这笔巨大亏损提出问题时，发现欧洲的总经理是自作主张要租赁油船的。当要求这位总经理为这一代价沉重的决策而辞职时，他为自己辩解说他在伊斯曼先生去国外旅游时曾向他提出过这个想法，而伊斯曼先生曾表示这是一个好的主意。

(7) 其他令人失望的事情和不成功的投资又损失掉许多。一家小分公司的总经理拟准备在他的分公司总部所在地建造一幢新办公楼，费用为 600 万美元，在建造接近尾声时，发现他的分公司正在与另一家分公司进行合并，而合并后的公司总部要迁到另一个城市去。负责在国外油田钻探油井的经理遇到了预料不到的困难，他超支预算达 500 万美元，但在此之前，公司总部中竟然无人知晓，而且不知道油井已被废弃。

伊斯曼先生坚持认为，一个机构的总部应当精简干练。他认为，他能够以董事长和总经理的身份来监视西方石油公司的经营管理，总经理的工作是与各个分公司和子公司的经营保持密切联系。伊斯曼先生要对公司的重大决策做出决定，而且特别要对新的兼并及石油勘探新租约和特许权进行谈判。他坚持认为，每个子公司和分公司的高级主管人员应该自己从事经营管理，而且主要根据收益表和资产负债表来评定他们的工作成绩。

总部的主要控制方法是资本投资费用的预算。每年，财务副总经理都要与分公司和子公司高级主管人员坐在一起，听取他们对资本投资的需要量，然后运用自己的判断把资金分配到投资项目中去。此外，每隔 3 个月公司和子公司都要向总部上报资产负债表和收益报表。这些报表由会计部门审查，然后用以编制公司汇总报表，向银行和投资者发送。

(资料来源：冯国珍. 管理学习题与案例[M].上海：复旦大学出版社，2011.)

问题：

(1) 你认为西方石油公司的控制系统完善吗？其中的根本原因何在？

(2) 你将向西方石油公司建议什么样的控制方案？

3. 【案例三】

安泰集团的内部控制

在市场经济条件下和激烈而复杂的市场竞争中，安泰集团为适应新情况，加强内部控制，实现企业目标，采取了一系列卓有成效的措施。

1. 建立健全内部控制体系，形成良好的控制环境

安泰集团重新修订了集团的《内部控制制度》。该制度侧重于会计控制，内容涉及对采购循环、销售循环、收款循环和理财循环等企业生产经营活动循环中各个关键控制点的控制。

为了配合实施《内部控制制度》，安泰集团还制定了一些配套的规定。例如，新修订的《防范经营风险暂行规定》，进一步明确了各责任主体的责任范围和违反规定应追究的相关责任，并对存货风险、结算风险、票据风险、担保风险、投资风险、营销风险、合同风险等一系列经营风险的防范，做出了具体而明确的规定。

为保证《内部控制制度》涉及事项按规定执行并产生应有的效果，安泰集团还完善了内部相关的操作程序。例如，《关于洽谈销售业务的操作程序》从客户洽谈开始，到验证、签订购销合同、开票、提货等，各环节都制定了明确的内部控制程序，并建立客户信用档案，多方了解客户信息，较好地规避了营销风险，还为贷款的及时回笼打下了基础，把坏账风险也压缩到最低限度。

2. 开展内部控制制度评审，促进内部控制制度不断完善

安泰集团为促进企业内部控制制度的进一步完善，充分发挥现有内部审计力量的作用，参考银行贷款等级管理办法，在集团内实施内部审计信用等级制度，制定了《内部审计信用制度实施办法》和《内部审计信用等级评定细则》(以下简称《细则》)。集团主要根据企业内部控制制度的健全程度及实施情况，同时参考主要经济效益评价指标、经营管理人员素质及管理水平、企业发展趋势及市场前景等项，按照《细则》将集团内企业的内部审计信用等级确定为A、B、C、D级。为保证该办法的贯彻执行，集团公司对内部审计信用等级高的企业在投资、融资计划及发展政策上都给予优先考虑及适当倾斜，保证集团资源向效益好、回报能力强的优势企业流动，而对信用等级较差的企业在资源配置上则予以谨慎的考虑。

3. 强化财务管理和资金运动的过程控制

为了使企业集团的内部控制与其经营管理过程相结合，使其成为生产经营过程的一个组成部分，安泰集团也做了一些探索。

其一，实施财务主管委派和财务专管员制度。安泰集团实施向所属企业委派财务主管的办法：一是将下属企业财务科长的人事管理权收归集团公司主管部门，并在集团公司范围内适当地进行流动；二是凡是成立的由集团公司控股的子公司，财务主管均由集团公司委派；三是对财务主管的职权与责任做了明确的规定，以保证他们开展工作、履行职责。

其二，建立资金结算中心。安泰集团的资金结算中心是模拟银行的运行模式，参照银行的结算、信贷、监督等职能，为集团所属企业提供资金结算、资金存贷等服务。

安泰集团实施以上内部控制措施以后，经营风险得到了有效的控制与防范：一是因为兼任不相容职务而造成财产损失的情况没有了；二是市场营销风险基本得到控制，在日常经营业务中被诈骗而造成企业损失的现象基本上不再发生；三是坏账风险和票据风险压缩到最低限度，并对历史遗留的一些问题进行清理和适当的处理；四是对集团内各单位的盈亏情况进行全面的清理、审计和锁定，并根据各单位的实际情况及集团公司总的消化能力，对其中大部分情况进行消化处理。

(资料来源：潘连柏，伍娜. 管理学原理习题集[M].北京：人民邮电出版社，2004.)

根据案例提供的情况，回答下列问题。

(1) 在市场经济条件下和激烈而复杂的市场竞争中，安泰集团为适应新情况而采取的加强内部控制的措施，体现了控制的(　　)。

A. 对组织环境的变化迅速反应的功能
B. 协调组织行为的功能
C. 提供修改计划依据的功能
D. 提高组织经济效益的功能

(2) 安泰集团重新修订集团《内部控制制度》的做法，属于(　　)控制制度。

A. 任务控制　　B. 前馈控制　　C. 反馈控制　　D. 更正性控制

(3) 安泰集团所采取的强化财务管理和资金运动控制的做法，有效地防止了管理过程中偏差的产生。这作为一种控制偏差的手段，属于(　　)。

A. 人员配备控制　　B. 实施评价控制
C. 正式组织结构控制　　D. 财务控制

(4) 通过对上述案例的学习，我们可以得到的启示有(　　)。

A. 控制是组织的一项重要的管理活动
B. 控制是为了实现组织目标
C. 控制具有整体性
D. 以上说法都正确

四、参考答案

(一) 填空题

1. 计划　检查　监督　保证计划目标的实现
2. 目标性　整体性　动态性　人性化
3. 建立标准　衡量绩效　采取纠正措施
4. 统计计算法　经验估计法　工程(工作)方法
5. 工作情况进行客观的定量分析来进行的
6. 前馈控制　同期控制　反馈控制

7. 间接控制　直接控制
8. 制度控制　文化控制
9. 实际平均水平　历史最好水平　理想水平　平均先进水平
10. 外部环境的变化　组织内部的变化　组织成员的素质
11. 适时控制　适度控制　客观控制　弹性控制
12. 范围　程度　频度
13. 信息反馈
14. 控制系统　员工参与　自我控制　目标管理

(二) 判断题

1. 对	2. 对	3. 错	4. 错
5. 对	6. 错	7. 错	8. 错
9. 对	10. 错		

(三) 单项选择题

1. D	2. D	3. B	4. D
5. A	6. A	7. B	8. A
9. B	10. B	11. C	12. D
13. B	14. C	15. C	16. D

(四) 多项选择题

1. ABD	2. CDE
3. ACD	4. ABCDE
5. ABCD	6. ACE
7. ADE	8. ACDE
9. CDE	10. AC

(五) 简答题

1. 管理控制的主要作用和功能有以下几个方面。

(1) 统合与促进。在一个组织中，虽有多个不同的作业单位，但要达到经营目标，必须全面配合，以发挥团队整体作用，实现统合与促进的双重目的。

(2) 制约与激励。控制能制约管理活动，真实地反映工作实绩，并可以稳定员工的工作情绪，激发他们的工作热情及潜能，从而提高工作效率。

(3) 及时发现、纠正偏差。有效的管理控制系统应当能够及时地获取偏差信息，采取纠正偏差措施，以防止偏差的累积影响组织目标的顺利实现。

(4) 适应环境变化。有效的控制系统还应能帮助管理人员预测和把握内外环境的变化，并对这些变化带来的机会和威胁做出及时、正确、有力的反应，在必要时，对原有的计划和目标做出调整，甚至重新制定计划和目标，以将组织活动调整到与内外环境最相适应的状态。

2. 管理控制的过程如下。

(1) 建立标准。即建立一系列切实可行并已被员工接受的绩效标准，以便确定控制的目标和依据，因而拟定标准是进行控制的基础，管理人员可以对照标准判断绩效和成果。

(2) 衡量绩效。即衡量、对照及测定实际工作的成绩与标准之间的差异，就是依据标准检查工作的实际执行情况，以便与预期的目标相比较。

(3) 采取纠偏措施。将衡量的结果与标准进行比较，以使各项工作按照计划要求的轨道发展。通过实际业绩与控制标准的比较，可以检验两者之间有无偏差。若没有偏差，工作按原计划继续进行；若有偏差，则要分析其产生的原因，并采取相应的措施。

3. 直接控制的主要优点体现在以下几个方面。

(1) 主管人员管理素质的提高使决策和计划更加科学，管理者对计划和目标的理解更加准确、深刻，为开展有效的控制工作奠定了良好基础。

(2) 直接控制可以提高管理人员的控制技能，更加及时、准确地发现偏差，并及时采取矫正措施。

(3) 直接控制有助于培养管理人员的自我控制意识，提高自我控制能力，增强控制工作的主动性和自觉性。

(4) 有效的直接控制可以减少间接控制发生的费用和导致的损失。

(5) 直接控制的实施使管理人员的管理水平和业务能力不断提高，有助于培养主管人员在下属中的威望，减少控制工作的阻力。

4. 有效控制的原则或特征有：①准确性和客观性；②适应性；③及时性；④灵活性或弹性；⑤经济性；⑥匹配性；⑦指示性；⑧理解性；⑨标准的合理性与多重性；⑩重点与例外相结合。

5. 反馈控制的优点和缺点分别如下。

反馈控制的优点：反馈控制重点集中于已完成工作或行为的结果上，通过对已形成的结果进行测量、比较和分析，发现其与计划标准之间存在的偏差，分析产生偏差的原因，针对性地拟定解决措施，并应用于今后的工作中以避免同样错误的发生；可以避免下一次同类活动发生类似的问题，可以消除偏差对后续活动过程的消极影响。

反馈控制的缺点：在矫正措施实施之前，偏差、失误已经产生，只能“亡羊补牢”。

6. 控制和计划是密不可分的，它们通过以下几个方面产生联系。

(1) 计划为控制提供衡量的标准，没有计划，控制就变成了无本之木，同时控制又是计划得以实现的保证，没有控制，计划就等于一纸空谈。

(2) 计划和控制的效果分别依赖于对方，计划越明确、全面和完整，控制工作就越好进行，效果也越好，而控制越准确、全面和深入，就越能保证计划的顺利进行，并能更多地反馈信息以提高计划的质量。

(3) 一切有效的控制方法首先就是计划方法，如预算、政策、程序和规则等，选择控制方法和设计控制体系时必须考虑到计划本身的特点。

(4) 计划工作本身也必须有一定的控制，如对计划的程序、计划的质量等实施控制；控制本身也必须有一定的计划，如对控制的程序、控制的内容等，都必须进行一定的计划。

7. 有效控制主要有下列要求。

(1) 适时控制。组织活动中的偏差只有及时采取措施加以纠正，才能避免偏差的扩大，或防止偏差对组织不利影响的扩散。及时纠偏，要求管理人员要能及时掌握能够反映偏差产生的原因及其严重性的信息。

(2) 适度控制。适度控制即控制的范围、程度和频度要恰到好处。应注意要防治控制过多或控制不足，要处理好全面控制与重点控制的关系，要使花费一定的控制费用得到足够的控制效益。

(3) 客观控制。客观的控制源于对企业经营活动及其变化的客观了解和评价，为此，控制过程必须贯彻“实事求是”的思想，要客观地了解和评价被控制对象的活动状况及其变化，深入实地调查研究，建立客观的标准和准确的检测手段。

(4) 弹性控制。有效的控制系统应保证能够在遇到各种突发情况下仍能发挥作用，维持企业正常运行，即应该具有灵活性或弹性。因此，在控制中应建立信息反馈系统，通过该系统使被控制对象能够实现自我控制，灵活适应环境。

8. 提高控制效率的措施主要有以下几点。

(1) 完善控制系统。完善控制系统是避免控制走入误区的最根本途径，它的实质是在进行控制系统设计或再设计时就控制实施中可能遇到的阻力予以考虑。

(2) 鼓励员工参与并进行自我控制。员工进行自我控制是提高有效性的根本途径。鼓励员工参与有助于发挥员工的主动性、积极性和创造性，减轻管理人员负担，减少企业控制费用的支出，提高控制的及时性和准确性。

(3) 实行目标管理。避免走入误区、减少控制过程中阻力的另外一条途径便是实行目标管理。这种管理方法建立在将组织目标转化为其成员个人目标的管理哲学基础之上，让组织中的管理人员和一线人员亲自参加工作目标的制定，将所制定的目标作为评价个人绩效的标准，成员在工作中实行“自我控制”。

(六) 案例分析题

1. 《苏南机械有限公司》案例分析。

(1) 为实施有效的控制采取的做法如下。

① 首先对外销员目前的工作情况进行调研，了解各个人的工作能力与实际工作量，

确定一个定额标准，并把该定额标准与奖金挂钩。

② 确定了标准后，就要不折不扣地进行，要客观衡量每个人能完成的工作量。作为经理，应公平、公正，不能随意变更标准与打擦边球，对衡量工作模模糊糊，睁一只眼闭一只眼。要使衡量工作的结果公开，让员工去监督。

③ 当发现外销员实际工作与希望完成的量不一致时，要仔细分析原因。

(2) 困扰王经理的第一个问题是，公司给了一定的指标要外销自己公司的产品，但销售本公司产品不仅没有什么利润，而且订单下达后不能按时交货，价格也有问题，不如做外购轻松又能保证质量与交货期。销售本公司产品有难度，而完不成指标又要挨总公司批，两头为难。问题的症结在总公司身上，对于外销不能光压任务却不给予一定的支持。总公司还要协调进出口公司与各分厂之间的关系。

第二个问题是平均分配奖金还是拉开奖金分配差距。平均分配有“吃大锅饭”的弊端，不能激励外销员扩大客户，增加销售量。拉开奖金分配差距，如果差距过大，会使收入低的人不愿意干活，人心浮动。解决措施：首先，奖金肯定不能平均分配；其次，分析每个人工作的重要性，根据工作重要性的不同确定拉开奖金差距的幅度。

第三个问题是外销队伍不稳定。解决的方法有物质激励和非物质激励。物质激励并不能从根本上解决人员不稳定的问题。非物质激励的措施包括：职位提升；加强企业文化建设，与公司共同成长；加强员工之间的非正式组织建设等。

2. 《西方石油公司》案例分析。

(1) 我认为西方石油公司的控制系统不够完善，其中根本的原因在于以下几个方面。

① 公司没有建立一个敏锐的、能够及时发现问题的反馈机制，由于没有清晰的控制标准、快速的信息通道，使公司不能及时发现经营问题，从而丧失了纠正偏差的时机。

② 总公司没有采取严格的、科学的控制机制对分公司业务进行监控，分公司在很多决策上随意性较强，如 1974 年使公司蒙受巨大损失的一些决策，都是部门管理者自作主张的结果。

③ 公司采取的控制方法过于简单，仅限于预算控制，而这种预算又是缺乏灵活性的传统预算方法，在计划执行过程中，对预算的额度又缺乏严格的审核，所以当有一些因素发生变化时，就会给组织造成损失。

(2) 可以向西方石油公司提出以下几点建议。

① 在控制过程中，注意偏差信息的收集，建立现代信息管理系统，实时发现偏差，根据环境变化及时纠正偏差，避免损失。

② 在控制方法上，注重现代控制方法的运用，在预算控制上可应用更具有应变能力的预算方法，如弹性预算法、零基预算法等。

③ 在控制类型上，注重做好前馈控制，制定严格的控制标准和审批制度，如果标准仅变成了一种形式，那么结果可能会导致事故发生。

④ 通过充分考虑计划和环境的要求，对控制关键点和例外情形给予足够的重视，加强系统的客观性、灵活性和全局性，进一步提升控制的有效性。

3. 《安泰集团的内部控制》案例分析。

(1) A (2) B (3) D (4) D

第十三章

管理沟通

一、教学要点

1. 沟通的概念
2. 明确沟通在管理中的重要地位和作用
3. 沟通的分类及其具体含义
4. 组织中影响有效沟通的障碍
5. 实现有效沟通的具体途径
6. 管理者的沟通技巧
7. 冲突管理

二、重要名词解释

1. 沟通

沟通是指可理解的信息或思想在两个或两个以上人群中的传递或交换的过程，目的是激励或影响人的行为。从组织管理角度出发，可以把沟通定义为：沟通是信息凭借一定符号载体，在个人或群体间从发送者到接收者进行传递，并获取理解的过程。

2. 有效沟通

有效沟通就是传递和交流信息的可靠性和准确性高，它表明了组织对内外噪声的抵抗能力。

3. 非正式沟通

非正式沟通是指以企业非正式组织系统或个人为渠道的信息传递。其主要功能是传播职工所关心的和与他们有关的信息，它取决于职工的社会和个人兴趣、利益，与企业正式的要求无关。

4. 人际沟通

在组织中，人际沟通构成组织沟通最普遍的形式。在一般意义上，组织中的人际沟通是指组织中的个体目标和组织目标相联系的过程。

5. 团队沟通

团队沟通是指组织中以工作团队为基础单位对象进行的信息交流和传递的方式。团队的概念包含三个要素：第一，需要两个或两个以上的人员，团队的规模可大可小，但一般规模都低于 15 人；第二，团队人员有规律地相互接触，彼此间不打交道的人不能组成一个团队；第三，团队人员共享绩效目标。

6. 组织间沟通

组织间沟通简单地说就是组织之间如何加强有利于实现各自组织目标的信息交流和传递过程。组织间沟通的目的，是通过协调共同的资源投入活动，实现有利于合作各方的共同利益。

7. 双向沟通

双向沟通是指发送者和接收者之间进行信息交流的沟通。在双向沟通中，发送者和接收者两者之间的位置不断交换，且发送者是以协商和讨论的姿态面对接收者，信息发出以后还需及时听取反馈意见，必要时双方可进行多次重复商谈，直到双方共同明确和满意为止。

8. 冲突

冲突是由于某种差异而引起的抵触、争执或争斗的对立状态。人与人之间在利益、观点、掌握的信息或对时间的理解上都可能存在差异，有差异就可能引起冲突。

三、习题

(一) 填空题

1. 沟通的类别按照功能划分，可以分为________和_________。
2. 沟通的类别按照组织系统划分，可以分为_________和________。
3. 沟通的类别按照是否进行反馈划分，可以分为_________和_________。
4. 一般来说，影响组织有效沟通的障碍主要包括______、______、______和______。
5. 常见的沟通网络模式有________、________、________、________、________。
6. 言语沟通可以分为________和________。
7. 组织中的沟通包括________和________。
8. 谈判有两种基本方法，它们是________和________。

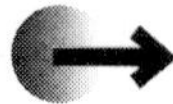

9. 信息沟通必须具备的三个关键要素是________、________和________。

10. 当接收者获取的信息与发送者传出的信息相一致时，称为________。

(二) 判断题

1. 人与人之间的沟通与其他沟通过程是一样的。(　　)
2. 双向沟通比单向沟通需要更多的时间。(　　)
3. 组织间沟通的重要基础，一般是建立市场交易关系基础上的契约关系。(　　)
4. 链式沟通是链式形态的一个封闭式控制结构。(　　)
5. 完全消除沟通障碍是可能的。(　　)
6. 有效的沟通不一定要达成共识。(　　)
7. 接收者比较满意单向沟通，发送者比较满意双向沟通。(　　)
8. 自下而上的沟通方式与自上而下的沟通方式相比，前者更容易受个人因素的障碍而造成信息的扭曲。(　　)
9. 在重要细节需要传送的情况下，书面沟通相对地更加适用。(　　)
10. 非语言沟通可以带来比语言沟通更为丰富的内涵。(　　)
11. 一个人所拥有的关于某物体的信息是形成其对该事物态度情感的部分。(　　)
12. 在组织内部，非正式沟通渠道与正式沟通渠道平行存在，具有同样的效力。(　　)
13. 口头沟通的首要优点在于立即反馈。(　　)
14. 群体的任务比较复杂，同时又要追求高效率时，应当采用轮式的沟通网络。(　　)
15. 沟通过程中没有失真的沟通就是有效沟通。(　　)

(三) 单项选择题

1. 组织中最普遍的沟通形式是(　　)。
   A. 团队沟通　　B. 人际沟通　　C. 上行沟通　　D. 下行沟通
2. 在沟通中必不可少的是(　　)。
   A. 共同的目标　　B. 信息　　C. 计划　　D. 信任
3. 沟通的第一个步骤是(　　)。
   A. 反馈　　B. 接收　　C. 编码　　D. 传递
4. 沟通带有强制性，比较规范，约束力强的沟通渠道是(　　)。
   A. 正式沟通渠道　　B. 非正式沟通渠道
   C. 语言沟通渠道　　D. 非语言沟通渠道
5. 信息持久、可以核实、查询的沟通方式是(　　)。
   A. 口头沟通　　B. 书面沟通　　C. 非语言沟通　　D. 情感沟通
6. 比较链式与全通道式两种信息沟通网络的各自特点，可知(　　)。
   A. 链式网络采取一对一的信息传递方式，传递过程中不易出现信息失真情况
   B. 全通道式网络由于采取全面开放的信息传递方式，具有较高的管理效率

C. 链式网络比全通道网络更能激发士气，增强组织的合作精神

D. Y 式网络比全通道网络更能激发士气，增强组织的合作精神

7. 人际沟通中会受到各种“噪声干扰”的影响，这里所指的“噪声干扰”可能来自(　　)。

A. 沟通的全过程　　B. 信息传递过程

C. 信息解码过程　　D. 信息编码过程

8. 管理界有这么一种主张：“如果你想表扬某人，最好形成文字；而如果你想批评某人，那么只需要打个电话说一下就可以完事了。”按照这种主张，不同的强化方式应采取的沟通方式是(　　)。

A. 正强化宜采取书面沟通方式，负强化宜采取口头沟通方式

B. 正强化宜采取书面沟通方式，一般性的批评宜采取口头沟通方式

C. 正强化宜采取口头沟通方式，负强化宜采取书面沟通方式

D. 正强化宜采取口头沟通方式，惩罚宜采取书面沟通方式

9. 如果发现一个组织中小道消息很多，而正式渠道的消息较少。该组织存在的问题是(　　)。

A. 非正式沟通渠道中信息传递很顺畅，运作良好

B. 正式沟通渠道中信息传递不畅，需要调整

C. 其中有部分人特别喜欢在背后乱发议论，传递小道消息

D. 充分运用了非正式沟通渠道的作用，促进了信息的传递

10. 人们最常用的信息传递方式是(　　)。

A. 非语言沟通　　B. 书面沟通　　C. 媒介沟通　　D. 口头沟通

11. 在自上而下的沟通中，组织可以通过(　　)来提高沟通的有效性。

A. 改善组织结构　　B. 改进信息传递速度

C. 提高信息明确度　　D. 以上均是

12. 对于组织解决复杂问题做有效的沟通方式是(　　)。

A. Y 式沟通网络　　B. 轮式沟通网络

C. 全通道式沟通网络　　D. 环式沟通网络

13. 某公司产品设计部接受了一项紧急任务，该任务的完成需要进行严密的控制，同时又要争取时间和速度。在这种情况下，最适合采用的沟通网络是(　　)。

A. 轮式沟通网络　　B. Y 式沟通网络

C. 全通道式沟通网络　　D. 环式沟通网络

14. 下面各种处理冲突的现象中，属于折中行为的有(　　)。

① 回避他人与自己不同的意见。

② 试图向别人证实自己的结论是正确的，而他的是错误的。

③ 愿意接受每小时 15 元的加薪，而不是自己提出 30 元的加薪。

④ 承认在某些看法上是共同的。

⑤ 寻求综合双方简介的最终结论。

⑥ 对于违规问题承担部门责任。

A.①②③　　B. ④⑤⑥　　C. ⑤③②　　D. ①②⑤

15. 企业规定，职工在休探亲假时必须写一份探亲地的市场调查报告，否则不予报销来回车票。通过这种报告而提供信息是一种(　　)。

A. 正式沟通　　B. 下行沟通　　C. 上行沟通　　D. 平行沟通

16. 某公司质管部经理在质量管理的总体目标、步骤、措施等方面与公司主要领导人有不同看法。该质管部经理认为，质量管理的重要性在公司上下并未得到充分重视；公司领导则认为，他们是十分重视产品质量问题的，只是质管部经理的质量控制方案成本太高且效果不好。最近一段时间，这种矛盾呈现激化现象。一天上午，质管部经理接到公司副总的电话，通知他去北京参加一个为期10天的管理培训班，而质管部经理则认为自己主持的质改推进计划正在紧要关头，一时脱不开身，公司领导应该是知道这个情况的，他们做出这样的安排显然是不支持甚至是阻挠自己的工作。因此，质管部经理不仅拒绝了领导的安排，还发了一通脾气；而公司副总也十分恼火，认为质管部经理太刚愎自用，双方不欢而散。你认为这里出现的沟通失败的最主要原因是(　　)。

A. 副总发送的信息编码有问题

B. 信息传递中出现了噪声

C. 质管部经理对于副总的反馈有问题

D. 质管部经理对于信息的译码有问题

17. 沟通是关于如何使(　　)保持一致的问题。

A. 领导方式与激励行为　　B. 领导方式与组织结构

C. 绩效考核与激励行为　　D. 绩效考核与组织结构

18. 从沟通媒介丰富性角度来看，面对面交谈得分最高，它在沟通过程中传递的信息量最大，可以即时反馈。依次排列下来是(　　)。

A. 电子邮件、电话、备忘录和信件、广告和公告及一般文件

B. 电话、电子邮件、备忘录和信件、广告和公告及一般文件

C. 电子邮件、备忘录和信件、电话、广告和公告及一般文件

D. 电话、备忘录和信件、电子邮件、广告和公告及一般文件

19. 吴总经理出差一个星期回到公司，许多中层干部及办公室人员马上就围拢过来。大家站在那里七嘴八舌，成了一个热烈的自发办公会，有人向吴总汇报今日工作进展情况，另有人向吴总请求下一步工作的指示，还有人向吴总反映公司内外环境中出现的新动态。根据材料中讲述的情况，你认为下述说法中最适当地反映了该公司的组织与领导特征的是(　　)。

A. 链式沟通、民主式沟通　　B. 轮式沟通、集权式沟通

C. 环式沟通、民主式沟通　　D. 全通道式沟通、集权式沟通

20. “忠言逆耳”指的是影响有效沟通的障碍中的(　　)。

A. 个人因素　　B. 人际因素　　C. 结构因素　　D. 技术因素

21. 张先生是一家企业的经理，在创业初期，公司只有12个员工，每个人都由张先生

直接管理。随着规模的扩大，张先生聘请了一位副经理，由他处理公司的具体管理事务，自己专心于企业的战略经营，有什么事情都由副经理向其汇报，则公司的沟通网络(　　)。

A. 由全通道式变成了链式　　B. 由 Y 式变成了轮式

C. 由轮式变成了 Y 式　　D. 由链式变成了全通道式

22. 某保险公司 A 市分公司为开发一项新的业务，从不同的部门抽调若干员工组建了一个项目团队，为激励他们高度热情地投身于新工作，你认为沟通媒介最合适的是(　　)。

A. 电子邮件　　B. 电话　　C. 面谈　　D. 简报

23. 美国学者斯蒂芬·柯维在其著作《高校领导者的七种习惯》中有一段父子沟通失败的描述。“上学真是无聊透了!”“怎么回事？”“学的都是一些不实用的东西。”“现在的确看不出好处来，我当年也有同样的想法，可是现在觉得那些知识还是蛮有用的，你就忍耐一下吧!”“我已经耗了 10 年了。”“你已经尽了全力了吗？这所高中是名校，应该差不到哪儿去。”“可是同学们都有同感。”“你知不知道，把你养到这么大，你妈妈和我牺牲了多少？已经读到高二了，不许你半途而废。”“我知道你们牺牲很大，可是不值得。”“你应该多读书，少看电视……”“爸爸，唉……算了，多说也没用。”造成上述沟通失败的主要责任在谁？为什么？(　　)

A. 父子双方，因为这不是真正的双向沟通

B. 儿子，因为想表达的意思不清楚

C. 父亲，因为他与儿子以前缺少沟通

D. 父亲，因为他不善于引导和发现儿子的内心想法

24. 下面说法正确的是(　　)。

A. 研究表明，在组织成员中，女性比男性对于传播小道消息有更多的爱好，她们更容易说三道四，热衷于传播小道消息，在管理学上被称为联络员

B. 所谓积极倾听态度就是要把听看得比说还要重要，换句话说，人家对你说的要比你对人家说的更重要

C. 横向沟通可以是减少冲突的渠道，也可以是推诿责任的手段

D. 横向沟通对于加强组织内部的协调与合作、联络感情、增进理解是十分必要的，在古典组织理论中就已经被视为组织正式结构所安排的沟通途径了

25. 课堂上有学生不认真听课，和其他同学在讲话，老师用严厉的目光盯着他以示警告。这属于(　　)。

A. 非语言沟通　　B. 非正式沟通　　C. 口头沟通　　D. 书面沟通

(四) 多项选择题

1. 以下属于自下而上的沟通的是(　　)。

A. 意见箱　　B. 管理者公开电子邮箱

C. 上访制度　　D. 员工手册　　E. 座谈会

2. 正式沟通的信息流向包括(　　)。
   A. 自上而下的沟通
   B. 自下而上的沟通
   C. 自内而外的沟通
   D. 自外而内的沟通
   E. 横向沟通
3. 下列沟通方式属于非语言沟通的是(　　)。
   A. 表情　　B. 备忘录　　C. 声调
   D. 传真　　E. 动作
4. 正式沟通渠道具有的模式包括(　　)。
   A. 链式　　B. Y 式　　C. 集合式
   D. 环式　　E. 随机式
5. 电子媒介沟通包括(　　)。
   A. 体态　　B. 讲座　　C. 备忘录
   D. 闭路电视　　E. 传真
6. 信息沟通的方法有(　　)。
   A. 发布指示
   B. 会议制度
   C. 个别交谈
   D. 建立信息沟通网络
   E. 鼓励平行交流
7. 下列情况下，不适合使用单向沟通的是(　　)。
   A. 时间比较充裕，但问题比较棘手
   B. 下属对解决方案的接受程度至关重要
   C. 上级缺乏处理负反馈的能力，容易感情用事
   D. 下属能对解决问题提供有价值的信息和建议
   E. 组织规模比较小时的沟通
8. 下列关于双向沟通说法正确的是(　　)。
   A. 双向沟通比单向沟通需要更多的时间
   B. 在双向沟通中，接收者理解信息和发送者意图的准确程度大大提高
   C. 在双向沟通中，接收者和发送者都比较满意自己对信息的理解
   D. 双向沟通的噪声要比单向沟通小得多
   E. 组织规模比较小时的沟通
9. 下列关于非正式沟通说法正确的是(　　)。
   A. 非正式沟通代表个人
   B. 形式繁多且无定型
   C. 往往能表露人的真实思想和动机

D. 非正式沟通应该加以根除
E. 不能过分依赖非正式沟通

10. 下列适于采取双向沟通的是(　　)。
A. 沟通时间充裕，沟通的内容复杂
B. 下属对解决问题方案的接受程度非常重要
C. 上级希望下属能够对管理中的问题提供有价值的信息和建议
D. 上级缺乏处理下属负面反馈意见的能力，容易感情用事
E. 下属需要处理情况紧急又必须坚决执行的工作和任务

11. 上行沟通的主要障碍有(　　)。
A. 下级心存疑虑而不敢反映真实情况
B. 中间层次层层过滤而使信息失真
C. 上级不重视下级意见使沟通失效
D. 意见太多而使上级无法集中
E. 不同层次的主管人员对信息进行过滤，以去掉对自己不利的信息

12. 非正式沟通可以满足职工的需要有(　　)。
A. 生理需要　　B. 安全需要　　C. 尊重需要
D. 社交需要　　E. 自我实现需要

13. 著名管理学家巴纳德说过：“高层次管理人员的首要作用，就是发展并维持意见沟通系统。”在实践中，进行意见沟通需要一定技巧，通常可采取的技巧有(　　)。
A. 该告诉职工的全都告诉
B. 让下级明了他在领导心目中的地位
C. 不要经常称赞下级
D. 要明白上行沟通效率永远不会太高
E. 不该告诉职工的也要告诉

14. 激发冲突通常可以采取的手段有(　　)。
A. 创造竞争环境
B. 引进外来者
C. 整合组织资源
D. 改变现有程序和结构
E. 健全沟通渠道

15. 非语言沟通的形式主要有(　　)。
A. 书面沟通　　B. 体态语言　　C. 声光信号
D. 物体的利用　　E. 环境布置

(五) 简答题

1. 简述沟通过程。
2. 什么是非正式沟通？管理人员如何看待和管理非正式沟通？

3. 简述哪些因素会形成影响组织有效沟通的障碍。
4. 简述实现有效管理沟通的具体途径。
5. 导致组织冲突的原因可能有哪些？如何有效地管理组织冲突？
6. 在沟通过程中哪些地方容易出现失真。
7. 简述沟通在管理中的作用。
8. 沟通的渠道有哪些？
9. 管理者如何实现有效谈判？
10. 简述团队沟通的含义及重视团队沟通对组织的意义。

(六) 案例分析题

1. 【案例一】

缺乏沟通引发的问题

情景 1：工作为什么没有完成？

以下是某部门主管和员工的对话。

主管：月初布置给你的工作任务完成了吗？

员工：我的工作需要财务部提供数据支持，但财务部没有提供，所以没有办法完成。

主管：财务部为什么不提供数据？

员工：财务部的人说，各部门的数据没有报给他们，以至无法进行汇总统计，当然就提供不出我工作所需的数据。

主管：那你为什么不及时向我汇报？

员工：几天前，您正好出差，我打电话给您要求您参加财务部主持的一个协调会，你说赶不回来，不参加。

情景 2：我的钱怎么少了？

员工：咦，这回发的绩效工资怎么少了这么多？

主管：你上个月工作没做好，扣了你 20 分。

员工：我加班加点努力干活，到底哪里没有做好？

问题：

(1) 分析上述事件屡屡发生的原因是什么？

(2) 根据案例谈一谈企业如何进行绩效沟通。

2. 【案例二】

斯塔福德航空公司

斯塔福德航空公司是美国北部一个发展迅速的航空公司。然而，最近在其总部发生了一系列的传闻：公司总经理波利想卖出自己的股票，但又想保住自己总经理的职务。因此，他为公司制定了两个战略方案：一个是把航空公司的附属单位卖掉；另一个是利用现有的基础重新振兴发展。他自己曾对这两个方案的利弊进行了认真的分析，并委托副总经理本杰明提出一个参考的意见。本杰明曾为此起草了一份备忘录，随后叫秘书比利打印。比利打印完后即到职工咖啡厅去，在喝咖啡时比利碰到了另一位副总经理肯尼特，并把这一秘密告诉了他。

比利对肯尼特悄悄地说："我得到了一个极为轰动的最新消息。他们正在准备成立另外一个航空公司。他们虽说不会裁减职工，但是，我们应该联合起来，有所准备啊。"这话又被办公室的通信员听到了，他立即把这消息告诉他的上司巴巴拉。巴巴拉又为此事写了一个备忘录给负责人事的副总经理马丁，马丁也加入了他们的联合阵线，并认为公司应保证兑现其不裁减职工的诺言。

第二天，比利正在打印两份备忘录又被路过办公室的探听消息的人摩罗看见了。摩罗随即跑到办公室说："我真不敢相信公司会做出这样的事来，我们要被卖给联合航空公司了，而且要大量削减职工呢！"

这消息传来传去，3 天后又传回到总经理波利的耳朵里，波利也接到了许多极不友好，甚至敌意的电话和信件。人们纷纷指责他企图违背诺言而大批解散工人，有的人也表示为与别的公司联合而感到高兴，而波利则被弄得迷惑不解。

(资料来源：芮明杰. 管理学：现代的观点[M]. 上海：上海人民出版社，2002.)

问题：

(1) 请解释斯塔福德航空公司在私下传闻中所发生的一切。

(2) 总经理波利怎样才能使问题得到澄清？请设想 3 个方案。

(3) 公司内存在非正式沟通，是否有可能将之关闭？如何关闭？

3. 【案例三】

华南有色金属研究院——工序设计小组内的冲突管理

1. 组织背景

华南有色金属研究院根据周恩来总理的批示组建于 1971 年，是华南地区最大的从事新材料研究开发的综合性科研机构，该院先后直属于原冶金工业部、中国有色金属工业总公司、国家有色金属工业局，1999 年 7 月起属地化管理，划归省人民政府领导，是省人民政府直属的正厅级科研事业单位。该研究院技术力量雄厚，具有开展应用基础理论研究和应用技术开发的多科学综合攻关能力和工程化技术优势，设有 7 个研究所、4 个开发中心和 7 个联营公司，现有职工 1216 人，其中：中级职称以上的有 656 人，高级工程师 271 人，教授级高级工程师 45 人，享受政府特殊津贴的专家 42 人，具有硕士学位、博士学位的有 175 人。

该院的重点研究开发领域包括矿产资源综合开发利用技术、材料表面工程技术、稀有稀缺金属提取冶金技术、粉末冶金材料、新型焊接材料、稀土功能材料、耐磨合金材料、材料分析与测试技术及甘蔗制糖和生物能源技术等。

精细化工研究开发中心是研究院四个研究开发中心之一。精细化工研究中心从事有机精细化学品的应用研究，以市场为导向，积极开发了农用(增效)助剂、冷却液、助焊剂、清洗剂、絮凝剂五大类别精细的化工产品。中心技术力量雄厚，具有多年的精细化工产品

研发经验，研发能力强。中心具有高级工程师职称的人占总人数的60%以上，建有1000平方米的实验室，1700平方米的中试生产车间，已成为知识密集、具有研发和生产能力的化工部门。在精细化工研究开发中心内设有工序设计小组，专门负责研究生产工序的改进和研发工作。

2. 新人调入

工序设计小组由8位男性工程师与组长兼项目经理黎德明组成，该小组成员已经在一起工作了许多年，各成员之间关系十分融洽。由于小组工作量增加，黎德明又招聘了一位新的设计工程师程欣，她刚从国内一所著名的大学获得硕士学位就被研究院录用。程欣被分配到负责扩大中试生产车间现有设备能力的项目中。她与原有的三位设计工程师一起组建了这个项目小组，他们分别是丁正毅(38岁，在公司任职15年)、曲晓荣(40岁，在公司任职10年)和高峰(32岁，在公司任职8年)。

作为新员工，程欣对项目小组的工作十分热忱。她非常喜欢该项工作，因为工作具有挑战性，并给她提供了一个应用在大学中所学到的知识的机会。在工作上，程欣对自己要求严格。她和项目小组成员的工作关系也很要好，但她从不与他们进行非正式的交谈。

程欣是一位勤奋的员工，对待工作非常认真。偶尔碰到难题时，她会用几个小时去解决。由于她的执着和刻苦钻研，以及对工作的热情，在项目的不同阶段程欣总是能比她的同事提前几天完成自己的工作。这对她来说有时是一件烦恼的事，因为在她的同事赶上来之前，她不得不去向黎德明要求其他额外的工作以使自己变得繁忙。起初，她也曾想帮助其他的三位同事完成他们的工作，但是每次都遭到了拒绝。每当项目组成员讨论设计的有关问题时，程欣也总是直率地提出自己的看法和意见。可是，只要程欣发言，其他的工程师就都沉默不再讲话了。

3. 与丁正毅的对话

程欣进入设计项目小组6个月后，丁正毅就小组中的问题找到了组长黎德明。以下为两个人的对话。

黎德明：丁正毅，我知道你想和我讨论什么问题。

丁正毅：是的，黎德明。我不想浪费你的时间，但是小组内其他工程师希望我能就程欣的问题和你好好地谈一谈。她自以为无所不知的自负态度激怒了每一个人，她并不是那种我们愿意与之共事的人。

黎德明：丁正毅，你讲的情况我知道，但是我并不那么认为。程欣是一名优秀的员工，工作态度认真，也很刻苦，有钻研精神，她的设计工作总是提前完成得很好。她正在做公司希望她做的事情，而且也做得很不错。

丁正毅：公司从没有叫她破坏小组中的士气或叫她告诉我们应该怎样工作。小组内的敌对情绪最终可能会导致整个小组的工作质量的降低。

黎德明：这样吧，我准备在下周和程欣谈一次，讨论一下她在这6个月的表现。我会把你的意见放在心上的，但是我并不能保证她会就你们所认为的自负态度有所改变。

丁正毅：我们并不是说要改变她的行为，关键是她并没有权力指导其他人。她公开指明其他人做什么，你可以想象她正在用她威力无穷的、毫无用处的方程和公式，给你上一堂高级设计课程的感觉。她最好赶快调离，否则我们就走人。

4. 与程欣的对话

黎德明仔细考虑了下周与程欣的交谈内容。他知道，丁正毅是设计工程师中的非正式领导，他通常代表其他工程师说话，对他的想法和感受，黎德明不得不重视。第二周周四，黎德明把程欣叫到了办公室，对她半年的工作进行了回顾之后，开始了下面的谈话。

黎德明：我想谈一谈你工作表现的另一方面，正如我刚才所说的，你的技术工作非常优秀，但你和其他同事的关系存在着一些问题。

程欣：我不明白，你所说的问题是什么？

黎德明：好吧，说得具体点。某设计小组成员向我抱怨你的“无所不知”的态度和试图指导其他人如何做的行为已经给他们造成了麻烦。你应当对他们耐心一些，不能公开指明他们的工作表现。这是一个优秀的工程师小组，他们在过去的几年中的工作是无可指责的。我不想有任何问题影响小组的工作质量。

程欣：我的看法是，首先，在他们或在你面前，我从没有公开指责过他们的表现。起初，当我领先于他们时，我曾想去帮助他们，但是被直率地告知应该关心自己的工作，我听取了建议，专注于自己的本职工作。但你不清楚的是，在小组中工作的 6 个月时间里，我发现设计小组的某些成员向公司索取了过高的薪水。有些工程师在偷懒，磨洋工，本来两天可以完成的工作，非要用三四天的时间来完成。他们并不是没有工作的能力，他们的工作进度明显落后于他们工作能力所能达到的。他们对收音机所播放的音乐、当地的足球队、准备去酒吧更感兴趣。我很抱歉，这与我所受的教育完全不同。于是，最后他们不再把我看成一名合格的工程师，而只是一个破坏了他们职业规划的女人。

黎德明听完程欣的话，认真思考着自程欣来到工序设计小组之后所发生的一切变化。他非常清楚，目前这种状况如果再继续下去势必会影响小组的工作绩效。他开始思考，如何才能既提高小组的工作绩效，又缓解他们之间的冲突。

问题：

(1) 你认为在工序设计小组的项目工作中冲突是否有存在的必要？为什么？

(2) 如果你是黎德明，你会怎样解决工序设计小组的冲突问题？

四、参考答案

(一) 填空题

1. 工具式沟通　感情式沟通
2. 正式沟通　非正式沟通
3. 单向沟通　双向沟通
4. 个人因素　人际因素　结构因素　技术因素
5. 链式沟通　环式沟通　Y 式沟通　轮式沟通　全通道式沟通
6. 口头沟通　书面沟通
7. 人际沟通　团队沟通

8. 零和谈判　双赢谈判

9. 发送者　传递者　接收者

10. 有效沟通

(二) 判断题

1. 错　2. 对　3. 错　4. 错
5. 错　6. 对　7. 错　8. 对
9. 对　10. 对　11. 错　12. 错
13. 对　14. 错　15. 错

(三) 单项选择题

1. B　2. B　3. C　4. A
5. B　6. C　7. A　8. B
9. B　10. D　11. D　12. C
13. A　14. A　15. C　16. D
17. A　18. B　19. B　20. A
21. C　22. C　23. D　24. C
25. A

(四) 多项选择题

1. ABCE　2. ABE
3. ACE　4. ABD
5. DE　6. ABCDE
7. ABD　8. ABC
9. ABCE　10. ABC
11. ABCDE　12. ACD
13. ABD　14. ABD
15. BCDE

(五) 简答题

1. 沟通过程是传递信息的过程，在此过程中至少存在一个发送者和一个接收者。沟通过程的步骤是：①发送者需要向接收者传送信息或者需要接收者提供信息；②发送者将这些信息译成接收者能够理解的一系列符号；③将上述符号传递给接收者；④接收者接收这些符号；⑤接收者将这些符号译为具有特定含义的信息；⑥接收者理解信息的内容；⑦发送者通过反馈来了解他想传递的信息是否被对方准确无误地接收。

2. 非正式沟通是指以非正式组织系统或个人为渠道的信息传递活动。其主要功能是传播职工所关心的和与之相关的信息，它取决于职工的社会和个人兴趣、利益，与企业正式的要求无关。与正式沟通相比非正式沟通有以下特点：①信息交流速度较快。这是由于非正式沟通传递的信息都是与职工的利益相关的，而且没有正式沟通那种机械的程序。②信息比较准确。由于信息量大、覆盖面广，组织中各个层次的人都可以由此获得自己需要或感兴趣的信息。③沟通效率较高。④可以满足职工的需要。职工由正式沟通不能获得满足的需要可由此得到满足。⑤有一定的片面性。信息常常被夸大、曲解。

管理人员对非正式沟通应采取的看法和管理有以下几点。

(1) 非正式沟通是客观存在的，管理人员必须认识到它是一种重要的沟通方式。从以上对非正式沟通优点的分析中就可以看出，非正式沟通是一种很有效的沟通方式，能够与正式沟通方式相得益彰，管理人员应该充分认识到其重要性。

(2) 充分地利用非正式沟通为自己服务。例如，在运用沟通激发冲突时要特别注意运用非正式沟通来激发良性冲突。另外，非正式沟通渠道效率高、信息准确，有效利用这种渠道必然会提高组织的运营效率。

(3) 对非正式沟通信息中的错误必须“以其人之道，还治其人之身”，通过非正式渠道进行更正。从非正式沟通渠道中所获得的信息一般比较分散，当产生信息失真问题的时候，要有针对性地利用非正式方式加以解决。

3. 所谓有效沟通，简单地说就是传递和交流信息的可靠性和准确性高，它表明了组织对内外噪声的抵抗能力。一般来说，影响组织有效沟通的障碍主要包括下列因素。

(1) 个人因素。个人因素主要包括两类，一是有选择地接收，即人们拒绝或片面地接收与他们的期望不一致的信息。二是沟通技巧的差异，如有的人擅长口头表达，有的人擅长文字描述，这些都妨碍有效的沟通。

(2) 人际因素。人际因素主要包括沟通双方的相互信任、信息来源的可靠度和发送者与接收者之间的相似程度。信息传递是双方的事情，因此，沟通双方的诚意和相互信任至关重要；信息来源的可靠性由诚实、能力、热情和客观四个因素决定；沟通的准确性与沟通双方间的相似性有着直接的关系，沟通双方特征的相似性影响了沟通的难易程度和坦率性。

(3) 结构因素。结构因素包括地位差别、信息传递链、团体规模和空间约束四个方面。研究表明，地位悬殊越大，信息趋向于从地位高的流向地位低的；信息通过的等级越多，到达目的地的时间也越长，信息失真的风险也越大；团体规模较大时，人与人之间的沟通也相应变得较为困难，这部分是由于沟通渠道的增长大大超过人数的增长；空间约束的影响往往在员工单独在某位置工作或在数台机器之间往返运动时尤为突出。空间约束不利于员工之间的交流，限制了他们的沟通。

(4) 技术因素。技术因素主要包括语言、非语言暗示、媒介的有效性和信息过量。语言和文字极少对发送者和接收者双方都具有相同的含义。语言的不准确性还会激发各种感情从而歪曲信息的含义；不同的沟通工具也会起到不一样的效果和效率。

4. 实现有效管理沟通的途径有以下几个。

(1) 企业应重视沟通者自身沟通技能的提高。提高管理沟通者自身的沟通技能是改善管理沟通的根本途径。因为沟通者自身就是组织沟通的主体，他们的文化知识水平、专业背景、语言表达能力和组织角色认识等因素直接影响沟通的进行。在人际沟通方面，要调整沟通心态，学会倾听，并注意非言语信息的传递。在组织沟通方面，学会充满自信地演讲，组织有效的会议，并规范实用的写作，使文件准确传达信息。

(2) 企业应根据自身发展需求有目的地健全组织的沟通渠道。应从以下几个方面进行：一是丰富正式沟通渠道。如进行定期的领导见面和不定期的群众座谈会。二是合理利用非正式沟通渠道。在现代企业中经常使用的两种形式为巡回管理和藤状网络式沟通。三是关注电子沟通。电子网络因其快速、准确的特点，极大地提高了组织沟通的效率，另外，有效沟通方式因为网络的出现而增加了很多的可选择空间。

5. 冲突是由于某种差异而引起的抵触、争执或争斗的对立状态。导致冲突的原因主要有以下三类。

(1) 沟通差异。由于文化和历史背景不同、语义困难、误解及沟通过程中噪声的干扰，都可能造成人们之间意见不一致。沟通不良是产生这种冲突的重要原因，但不是主要的。

(2) 结构差异。管理中经常发生的冲突绝大多数是由组织结构的差异引起的。由于分工造成组织结构中垂直方向和水平方向各系统、各层次、各部门、各单位、各不同岗位的分化，组织越庞大、越复杂，组织分化越细密，组织整合就越困难。由于信息不对称和利益不一致，人们在计划目标、实施方法、绩效评估、资源分配、劳动报酬、奖惩等许多问题上都会产生不同的看法，这种差异是由组织结构本身造成的。由于本单位的利益和荣誉，许多人都会理直气壮地与单位甚至上级组织发生冲突。不少管理者甚至把挑起这种冲突看作自己的职责，或作为建立自己威望的手段。几乎每位管理者都会经常面临着同事或下属之间的冲突。

(3) 个体差异。每个人的社会背景、教育程度、阅历、修养，塑造了每个人各不相同的性格、价值观和作风。人们之间这种个体差异造成的合作和沟通的困难往往也容易导致某些冲突的发生。

有效管理组织冲突主要有以下几种对策。

(1) 回避。虽然对某些不太严重的冲突，回避方法是合适的，但在处理严重冲突时，往往还得采取较主动的态度。

(2) 建立联络小组。在两个群体间架起一座桥梁。领导者所面临的是挑选能胜任这种边界扩展工作和充当群体代表的人选。

(3) 树立超级目标。这些目标必须对存在冲突的双方具有紧迫感和吸引力，耐用而且通过相互协作才能达到。

(4) 采取强制办法。管理人员可通过发出强制性的命令，在职权范围内解决冲突。

(5) 解决问题。辨明是非，找出分歧的原因，提出办法，以及最终选择一个双方都满意的解决方案。

6. 沟通过程指信息交流的全过程，传递者把所要发送出去的信息按一定程序进行编码后，使信息沿着一定通道进行传递，信息到达接收者时，先对信息进行译码处理，被接收者所接收，再将接收到信息后的情况发回给传递者，在这个过程中编码和译码容易失真。

7. 一般来说，沟通在管理中具有以下几个方面的重要意义。一是沟通可以协调各个个体、各个要素，是企业成为一个整体的凝聚剂。沟通的过程就是信息双方交流的过程，可以改善人际关系，可以解除人们内心的紧张和怨恨，减少人们之间不必要的冲突，改变行为。二是领导者用沟通来激励下属、实现领导职能的基本途径。三是沟通搭建了企业与外部环境之间联系的桥梁。企业客观的社会存在使得企业不得不和外部环境进行有效的沟通。

8. 从组织系统的角度出发，可以把沟通渠道分为正式沟通渠道和非正式沟通渠道。

(1) 正式沟通渠道是组织管理中的沟通的主渠道，大量的沟通工作有赖于正式沟通渠道。它的弱点是传播路线固定、呆板，沟通速度慢；中间环节多，信息易损耗；对人的素质要求高，信息容易失真。它有五种模式，即链式、Y 式、轮式、环式和全通道式。

(2) 非正式沟通不受组织监督，也没有层次结构上的限制，是由组织成员自行选择进行的。非正式沟通渠道有四种基本类型，即单串式、饶舌式、集合式和随机式。

9. 谈判是双方或多方为实现某种目标就有关条件达成协议的过程，谈判作为一种实现目标的手段，是冲突管理的重要内容。优秀的管理者实现有效的谈判，一般有如下的原则。

(1) 理性分析谈判的事件。抛弃历史和感情上的纠葛，理性地判别信息、依据的真伪，分析事件的是非曲直，分析双方未来的得失。

(2) 理解你的谈判对手。他的制约因素是什么？他的真实意图是什么？他的战略是什么？他的兴奋点和抑制点在哪里？这些问题都是需要考虑的地方，知己知彼，百战不殆。

(3) 适度做出让步。适度让步是为了表达一种诚意，谋取主动权，以积极的姿态争取对方做出相应的让步。另外，让步要选择适当的时机，以及把握让步的分寸，力争做到恰到好处。

(4) 求同存异，争取双赢。谈判时既要理性，又要富有人情味，努力寻找共同点，消除分歧，兼顾双方的利益，实现互惠双赢。

10. 团队沟通是指组织中以工作团队为基础单位对象进行的信息交流和传递的方式。工作团队随着组织内外部环境的变化而变化。在企业管理，尤其是西方企业管理中，其重要性越来越明显。团队是两个或两个以上相互作用和协作以便完成组织预定的某项特定目标的单位。团队的概念包含三个要素；第一，需要两个或两个以上的人员，团队的规模可大可小，但一般规模都低于 15 人。第二，团队人员有规律地相互接触，彼此间不打交道的人不能组成一个团队。第三，团队人员共享绩效目标。团队有时在组织中又称“群体”，“团队”和“群体”两个词汇经常相互替换。团队概念意味着一种崇高的使命感和竞争感。

重视组织中的团队工作，是指重视团队沟通的需要。团队成员工作在一起，以便完成任务，团队的沟通结构既影响团队绩效又影响员工的满意度。对团队沟通的研究集中在两

个方面：团队沟通集权的程度和团队任务的性质。这两个方面优势由企业组织中沟通网络的复杂性决定。在集权的网络中，团队成员必须通过一个人解决问题和做决策来进行沟通。在分权网络中，个人可以随意和其他团队成员进行沟通，团队成员要平和地处理信息直至达成一致。

团队沟通对组织的意义在于，在高度竞争的全球环境中，组织要用群体或团队解决复杂问题。当团队活动复杂而且难度大时，所有成员都应该在一种分权的结构中共享信息，以便解决问题。团队需要在各个方向上自由沟通，应该鼓励团队成员彼此间讨论问题，员工的大量时间应该投放于信息加工。但是，执行常规任务的团队沟通可以是集权式的，在处理信息上的时间不宜太多。

(六) 案例分析题

1. 《缺乏沟通引发的问题》案例分析。

(1) 上述事件发生的原因是缺乏有效的沟通。其实，只要主管能采用合适的绩效沟通方法，是可以取得满意的结果的。

从情景一可看出该员工未能及时完成月度工作任务，直接原因是财务部未能提供其需要的数据，而非员工不努力。这正需要进行绩效沟通。一方面，主管出差在外，对财务部所举行会议的内容没有仔细研究；另一方面，员工没有就该会议可能对其工作任务造成的影响及时向主管汇报，没有向主管解释清楚会议内容。一般而言，主管出差在外，通常可采取的有效绩效沟通方法是：定时向主管发送电子邮件或保持电话联系，随时汇报工作进展情况、存在的困难和问题，进行有效的沟通。

从情景二我们发现，员工的发奋努力并没有换得相应的奖励，反而被处罚，其原因在于主管与员工之间缺乏绩效沟通，主管没有对员工开展绩效指导，没有明确员工的工作方向，造成员工的努力白费。

此问题可以通过一对一面谈的方式予以解决。主管应在工作过程中及时对员工的绩效进行明确的评价和反馈，和员工一起对工作中的无效行为进行分析和纠正，帮助员工改进。

(2) 只有持续的绩效沟通，才能达到有效的绩效管理，才能将绩效管理纳入日常工作中，这便是绩效沟通的效力。首先，绩效沟通能及时变更目标和工作任务，保证工作过程的动态和有效性。其次，持续不断的绩效沟通也是管理者与员工的共同需要。正式方法有：①进行定期书面报告，员工可以通过文字的形式向主管报告工作进展、反映发现的问题。②一对一面谈。可以及早发现问题、找到和推行解决方案，主管和员工之间有较深入的探讨和了解。③举行定期的会议。可以满足团队沟通的需要，定期参加会议的人员相互之间能掌握工作进展情况，员工往往能从主管口中获取公司战略或价值导向的信息。非正式方法有非正式的会议、闲聊、吃饭时进行的交谈等。

2. 《斯塔福德航空公司》案例分析。

(1) 斯塔福德航空公司在私下传闻中发生了通过非正式沟通渠道信息传递失真的现

象。由于错误的信息被人们信以为真，员工们纷纷对公司这一战略加以评论，更有甚者向总经理发来不友好的信件或电话，一时间干扰了总经理的工作，也为公司新的战略计划的制订与执行增加了无形的阻力。

(2) 方案一：可通过正式沟通渠道来澄清问题。方案二：通过非正式沟通渠道来澄清事实。方案三：利用时间效应来消除小道消息的负面影响。

(3) 要想彻底地关闭非正式沟通渠道是不可能的，也是不可行的。面对非正式沟通渠道的存在，我们可以采取如下措施来避免它的负面影响：一方面组织应该及时公布有关信息，避免小道消息传播的可能性。另一方面，组织应对非正式沟通渠道加以引导，降低非正式传播渠道的存在所能带来的负面影响，同时最大限度地发挥非正式沟通渠道存在的正面影响。

3. 《华南有色金属研究院——工序设计小组内的冲突管理》案例分析。

(1) 在工序设计小组的项目工作中冲突有存在的必要。事实上，冲突是组织人际关系中不可避免的一部分。冲突是指发生在同一空间两个或两个以上事物的互相对抗过程。通常包括实质性的冲突和情感性冲突。实质性冲突是指对目标、资源配置、奖金分配、政策和程序、工作安排等方面意见不一致。情感冲突是指不信任、不喜欢、愤怒、怨恨及个性不和等感情方面的不一致。现代冲突管理理论认为，适当的冲突是必要的，过高或过低的冲突都应当加以调整，应在组织内部维持一个适当的冲突水准。工序设计小组的冲突是由于程欣的加入而产生的，由于外来者具有不同的态度、背景或价值观，其进入势必引发新、旧成员之间的意见冲突，但却可以带来新的观点和创意。伴随着冲突的产生和解决，公司的工作绩效会有所提高。

(2) 团队和个人都有许多解决冲突的特殊方法，具体方法取决于当事人的愿望：是让自己满意还是让对方满意。通常有以下五种解决冲突的方法。

① 强制，即以牺牲他人为代价满足自己需求的方式解决冲突。

② 回避，即通过对存在的冲突置之不理的方式解决冲突。

③ 折中，即通过冲突双方让步，各自放弃一些利益的方式解决冲突。

④ 协作，即通过寻求对各方均有利的办法，尽可能地满足双方的利益，从而解决冲突。

⑤ 迁就，即通过把他人的需要放在高于自己的地位，愿意牺牲自己的利益解决冲突。

没有一种最佳的冲突解决方法，应该视具体情况来选择。协作方式是冲突管理优先选择的方法，尤其是当冲突各方都有寻求共赢的解决方案，而时间压力又不大的情况下，协作方式可能是最佳的解决方法。

附录

真题模拟试卷(一)

一、判断正误

1. 中层管理人员往往处理现场管理、指导操作等技术性工作较多。(　　)
2. 一般来说，效率提高时效益也会随之提高。(　　)
3. 合乎伦理的管理超越了法律的要求。(　　)
4. 目标管理的一个目的是让下属在目标的制定过程中参与进来，并明确组织期待他们完成些什么。(　　)
5. 程序化决策解决的是以往无先例可循的新问题，通常是有关重大战略问题的决策。(　　)
6. 矩阵组织是一种很好的能够克服双重或多重领导问题的组织结构。(　　)
7. 组织文化的内容和力量会对组织员工的伦理行为产生影响。(　　)
8. 根据期望理论，对工作的激励可表示为：激励力＝效价×期望值。(　　)

二、单项选择题

1. 关于管理的应用范围，人们的认识不同，你认为下列说法最好的是(　　)。
   A. 只适合于营利性的工商企业　　B. 普遍适合于各类组织
   C. 只适合于非营利性组织　　D. 只适合于营利性组织
2. 韦伯提出的理想组织形态是(　　)。
   A. 行政性组织　　B. 神秘化组织　　C. 传统的组织　　D. 现代的组织
3. 行政方法的实质是通过行政组织的(　　)来进行管理。
   A. 信息资源　　B. 职务和职位　　C. 社会影响　　D. 关系资源
4. 克制冲动并遵守内心信念的可能性最大的人是(　　)的人。
   A. 自我强度高　　B. 自我强度低
   C. 具有内心控制中心　　D. 具有外在控制中心

5. 计划工作应该是一项(　　)的工作。
A. 普遍　　B. 高层管理人员
C. 专业计划人员　　D. 基层职工

6. 战略性决策、战术性决策、业务性决策是按(　　)来划分的。
A. 决策目标的影响程度不同　　B. 决策是否具有重复性
C. 决策条件的可控程度　　D. 后来决策与先前决策的一致性程度

7. 下列关于内部招聘的说法，不正确的是(　　)。
A. 有利于调动员工的工作积极性
B. 不利于吸引外部人才
C. 有利于吸引外部人才
D. 可能会导致组织内部“近亲繁殖”现象的发生

8. 曹雪芹虽食不果腹，但仍然坚持《红楼梦》的创作，这是出于其(　　)。
A. 自尊需要　　B. 自我实现需要
C. 安全需要　　D. 以上都不是

三、多项选择题

1. 不同类型的管理者，其所侧重的管理者角色也有所不同。(　　)等角色更多地表现在高层的管理者身上。
A. 挂名首脑　　B. 联络者　　C. 发言人
D. 传播者　　E. 领导者

2. 行政方法所具有的特点是(　　)。
A. 权威性　　B. 强制性　　C. 垂直性
D. 具体性　　E. 无偿性

3. 企业对员工的伦理行为主要体现为(　　)。
A. 不歧视员工　　B. 不干涉员工　　C. 定期或不定期培训员工
D. 营造一个良好的工作环境　　E. 民主管理、提高待遇、充分奖励等

4. 决策的影响因素有(　　)。
A. 环境　　B. 过去的决策　　C. 决策者的风险态度
D. 组织成员对组织变化所持的态度　　E. 决策者的素质

5. 要通过激励促成组织中人的行为的产生，取决于某一行动的(　　)。
A. 效价　　B. 期望值　　C. 效率
D. 持续时间　　E. 力度

6. 以下属于自下而上的沟通的是(　　)。
A. 意见箱　　B. 管理者公开电子邮箱
C. 上访制度　　D. 员工手册　　E. 座谈会

四、问答题

1. 什么是滚动计划法？它有什么优点和缺点？
2. 简述人员配备的任务和原则。
3. 实现有效的管理沟通有哪些具体途径？

五、绘图说明题

试绘出直线职能制组织结构的示意简图，并指出这种组织结构的优缺点。

六、计算题

1. 某洗衣机厂为扩大销售，拟新建一个车间。据市场预测，产品销路好或销路差的概率分别是 70%、30%。在进行决策时，有两种方案：①新建小车间，投资 170 万元，销路好时每年可获利 38 万元，销路差时每年仍可获利 9 万元；②新建大车间，投资 260 万元，销路好时每年可获利 74 万元，销路差时每年亏损 20 万元。两种方案收益期均为 10 年。

试根据以上条件：

(1) 绘出决策树；

(2) 计算出两个方案的收益期望值，并进行决策。

2. 某企业打算生产某产品。据市场预测，产品销路有三种情况：销路好、销路一般和销路差。生产该产品有三种方案：①改进生产线；②新建生产线；③与其他企业协作。据估计，各方案在不同情况下的收益见附表 1。(单位：万元)

附表 1　各方案在不同情况下的收益

自然状态 / 收益 / 方案	销路好	销路一般	销路差
改进生产线	160	140	-30
新建生产线	220	90	-60
与其他企业合作	98	60	14

问：试分别用小中取大法、大中取大法及最小最大后悔值法进行决策。

七、案例分析题

高薪背后的“雪藏”令他窒息

没有合适的职位，老板宁愿出高薪养着他，也不愿意放他离开。武昌某科技公司职员陈洛维在很多人眼中应该是被羡慕的对象。一个月前，当老板再度考虑为他加薪时，他表示了谢绝并提出辞职。“这是另一种意义上的‘雪藏’，毫无意义的高薪买断了我发展的机会，我早晚会落伍。”陈洛维说。本月中旬，他就要离开自己就职了六年的公司，跳槽到深圳工作。而老板给的高薪，竟是让他下决心辞职的原因。

陈洛维于硕士毕业后一直就职于该公司，经过多年的磨炼，他最终成长为该公司骨干。行业内像他这样既有学历又有经验的人才并不好找。然而，由于公司成立时间较早，从高层到中层，大多分布着创业初时的各级“元老”，老板对陈洛维一直苦于找不到合适的职位来提拔。

两年前，陈洛维获得高于基础薪水两倍的加薪幅度。老板推心置腹地告诉陈洛维，他十分珍惜陈的工作能力，不愿失去他这样的人才。“这种知遇之恩令人感动，但我总有一种难言的被禁锢的感觉。”陈洛维说。虽然积累的职业资本越来越多，但发挥的机会却越来越少，老板此时封了个“技术顾问”的头衔给陈洛维，但在现实中，比他年长资深的元老们根本不把他这个年轻的顾问放在眼里。“我刚满30岁，正是往上冲刺的大好时光，怎么一不留神就成了喝茶看报的老顾问了呢？这跟我的发展目标反差太大。”去年，老板更是做了一个令陈洛维匪夷所思的决定，让陈去负责一个与他专业毫不相干的生物研发项目，并承诺再度大幅加薪，且两年之后，照常回原岗位，并参股公司，一想到虽然待遇优厚，但完全与本职工作断层，陈洛维拒绝了老板。

对此，从事多年人力资源工作的汪德勤认为，在不少企业管理者看来，尖端人才的流失，除了是损失，更是为对手培养人才，因此往往采取高薪留人的策略，但忽视人才深层发展需求，才是造成人才流失的最大原因。因为，人才绝对不是养出来的，更不是能养得住的。

问题:

(1) 可以用管理学中的何种理论对陈洛维的辞职动机做出合理的解释？

(2) 该公司的激励措施存在什么问题？

(3) 如何对陈洛维这类的员工实施正确激励？

真题模拟试卷(二)

一、判断正误

1. 高层管理人员花在计划决策的时间相对更多一些。( )

2. 各种管理方法中，经济方法是不具有垂直性和强制性的。( )

3. 正式的规章制度会减少违反伦理行为的发生。( )

4. 只要是对客观现实的能动反映，凡是涉及将来的行动过程，无论哪一种种类和形式，都属于计划。( )

5. 盈亏平衡点分析方法适合于风险型决策。( )

6. 在矩阵组织结构中，组织成员有可能接受双重或多重领导。( )

7. 内部招聘或提升可激励员工努力进取，因为他们对组织的政策和期望都能明确了解。( )

二、单项选择题

1. 管理者在作为组织的官方代表对外联络时，他扮演的是( )角色。
   A. 信息情报 B. 决策 C. 人际关系 D. 业务经营

2. 梅奥通过霍桑试验得出，人是( )。
   A. 经济人 B. 社会人 C. 理性人 D. 复杂人

3. ( )是指单位时间所取得的效果的数量。
   A. 效益 B. 效果 C. 效率 D. 效用

4. 下列概念中用于衡量人们在多大程度上是自己命运主宰的是( )。
   A. 自我强度 B. 控制中心 C. 强化中心 D. 目标效价

5. 下列活动不属于计划活动的范畴的是( )。
   A. 目标 B. 策略 C. 预算 D. 实施

6. 激进型决策与保守型决策是按( )来划分的。
   A. 决策目标的影响程度不同 B. 决策是否具有重复性
   C. 决策条件的可控程度 D. 后来决策与先前决策的一致性程度

7. 某企业多年来任务完成得都比较好，职工经济收入也很高，但领导和职工的关系很差，该领导可能是管理方格理论中所说的( )。
   A. 贫乏型 B. 任务型
   C. 俱乐部型领导 D. 中庸型

8. 某公司始终坚持人是第一位的，关心员工、培养员工的归属感，请问他们采用的人性的假设的是( )。
   A. 经济人假设 B. 社会人假设
   C. 自我实现人假设 D. 复杂人假设

三、多项选择题

1. 主要的经济手段包括( )。
   A. 价格 B. 税收 C. 信贷
   D. 利润 E. 工资

2. 企业对环境的伦理行为主要体现在( )。
   A. 与竞争者主动协调
   B. 环境保护

C. 以“绿色产品”为研究和开发的主要对象
D. 治理污染
E. 对消费者主动让利

3. 目标管理的优点有(　　)。
A. 关注长期目标
B. 使组织的目标性增强，促进了管理的改进
C. 有助于改进结构和职责分工
D. 目标设置容易
E. 形成激励

4. 以下属于主观决策法的主要有(　　)。
A. 头脑风暴法　　B. 发散思维法　　C. 德尔菲法
D. 定量决策法　　E. 后悔值最小法

5. 人们最常见的减少明显不公平的方法有(　　)。
A. 发牢骚　　B. 改变投入　　C. 改变产出
D. 心理调节　　E. 离职

四、问答题

1. 管理者可以通过哪些方法改善组织成员的道德行为?
2. 什么是组织结构设计？并试述影响组织结构设计的主要因素。
3. 有效沟通的障碍有哪些？试进行具体分析。

五、绘图说明题

试绘出箭线式网络图的示意简图，并指出图形中主要构成要素的基本含义。

六、案例分析题

某市一硕士看重平台弃20万年薪找低薪工作

某市一高校国际法硕士毕业生彭松婉拒了深圳一企业20万元年薪的工作，日前成功签约一大型国企做法务顾问，但年薪少了3/4，仅为4万～5万元。

受法学本科专业前几年急剧扩招影响，该专业的硕士研究生就业几乎成了多米诺骨牌式的连锁反应，工作难找。

尽管如此，仍有就业“牛人”，彭松就是其中之一。该班班长吴亚男称，现在法学专业对口工作不好找，但彭松之前拒绝了年薪20万元的工作，班上同学都很佩服他。

彭松称，他去年通过了国家司法考试拥有了从事法律事务行业工作的资格。不久前，深圳一家大型通信公司向他递出年薪20万元的涉外法律顾问岗位，他再三考量后最终婉拒。

据了解，他是目前班上69人中率先签约的4人中的一员，但年薪仅4万～5万元。“我看重的是发展平台，并非薪资数目取胜。”彭松说。

“我本科读的是英语专业，所以口语和翻译比较好，读研期间还干了两年兼职翻译，这是优势所在。”彭松认为，此外，他还在读书期间参与了国家法制办课题“黄金市场立法”的调研实践，对票据法的课题做得也比较多，“现在用人单位还是很看重学生的实践动手能力”。

问题:

(1) 你认为彭松此举是理性的行为吗？为什么？

(2) 可以用管理学的何种理论对彭松此举的动机做出解释，试给出你的分析。

真题模拟试卷(三)

一、填空题

1. 管理是社会组织中，为了实现预定的目标，以人为中心所进行的_________活动。

2. 第一个对管理职能进行系统论述的学者是_________。

3. 受他人期望影响的道德发展层次是__________。

4. 应用于整体组织、为组织未来较长时期设立总体目标和寻求组织在环境中的地位的计划称为__________。

5. 有效的管理幅度受到诸多因素的影响，主要有：管理者与被管理者的工作内容、__________、__________和工作条件。

6. 在组织中影响有效沟通的障碍通常包括_____________因素、_____________因素、_____________因素和_____________因素。

二、判断正误

1. 一名管理者出席社区集会，这是在行使其信息角色。(　)

2. “科学管理”研究得出的结论让人们在组织管理和目标实现的过程中开始强调人的行为。(　)

3. 使人性得到最完美的发展是现代管理的核心，这是人本原理主要的观点之一。(　)

4. 营利性组织和非营利性组织由于性质不同，所以两者面临的一般环境或总体环境也不同。(　)

5. 定期或不定期培训员工的举措不属于企业的伦理行为。(　)

6. 利用经营单位组合分析法进行决策，可以使高层管理部门知道企业哪些领域是“明

日之星”，哪些领域是“明日黄花”，从而使资源在企业内得到最有效的利用。 (　)

7. 滚动计划法在具体做法上是用远细近粗的办法来制订计划。(　)

8. 在信息技术和控制技术大大改观的今天，使上级能够较容易地了解到下级任务完成的情况是否与计划一致，这有助于集权。(　)

三、单项选择题

1. 管理者向董事和股东说明组织的财务状况和战略方向时，所扮演的角色是(　　)。
   A. 人际角色　　B. 信息角色　　C. 决策角色　　D. 联络人角色

2. 根据马斯洛的需求层次理论，下列人员的主导需要可能是安全需要的是(　　)。
   A. 总经理　　B. 失业人员
   C. 刚刚参加工作的大学生　　D. 工厂的一线操作工人

3. 下列关于伦理说法正确的是(　　)。
   A. 合乎伦理的管理具有他律的特征
   B. 具有外在控制中心的人，伦理判断和伦理行为可能更加一致
   C. 合乎伦理的管理超越了法律的要求
   D. 合乎伦理的管理仅把遵守伦理规范视作组织获利的一种手段

4. 在(　　)情况下，管理幅度可以加宽。
   A. 组织各项工作的过程普遍得到标准化
   B. 工作的相互依赖程度高，经常需要跨部门协调
   C. 组织环境很不稳定，时常出现新情况
   D. 下属的工作单位在地理上相当分散

5. 石家庄某厂的厂长这样说：“走得正，行得端，领导才有威信，说话才有影响，群众才能信服，才能对我行使权力颁发‘通行证’。”这位厂长在这里强调了领导的力量来源是(　　)。
   A. 法定权力　　B. 奖惩权力　　C. 专家权力　　D. 个人影响

6. 下列情况下，适合使用单向沟通的是(　　)。
   A. 时间比较充裕，但问题比较棘手
   B. 下属对解决方案的接受程度至关重要
   C. 上级缺乏处理负反馈的能力，容易感情用事
   D. 下属能对解决问题提供有价值的信息和建议

7. 为了消除腐败、廉洁为政，某部门除了大力提倡工作人员要求严格自律之外，还一直实行着一种岗位轮换制度，规定处级以上干部在同一岗位工作不得超过 5 年。这是一种(　　)。
   A. 反馈控制　　B. 前馈控制　　C. 现场控制　　D. 间接控制

8. 以下企业行为中，不属于创新的是(　　)。
   A. 海尔集团开发的小小神童洗衣机投入生产
   B. 长虹集团初次进入空调生产领域
   C. 福特公司在 20 世纪初采用流水线生产汽车
   D. 微软开始向用户提供视窗 2000 操作系统

四、简答题

1. 什么是管理的经济方法？并指出其特点？
2. 什么是组织文化？并简述其功能。
3. 什么是风险型决策和不确定型决策？两者的主要区别在哪里？
4. 什么是外部招聘？试述其主要优缺点。

五、论述题

某厂订立有严格的上下班制度并一直遵照执行。一天深夜突降大雪，给交通带来极大不便，次日早晨就有许多员工上班迟到了，而厂长却决定对当天的迟到者免于处罚。对此，企业内部职工议论纷纷，主要有 4 种意见：①厂长擅用职权；②厂长执行管理制度应征询大部分职工的意见；③治厂制度又不是厂长一人所定，厂长无权随便变动；④规章制度应有一定的灵活性，特殊情况可以特殊处理。

问题:

1. 你认为上述哪一说法比较有道理？
2. 可以用管理学中的什么理论对厂长的做法进行解释？

六、看图说明题

请说出附图 1 所代表的企业组织结构的名称，并指出这种组织结构的主要优点。

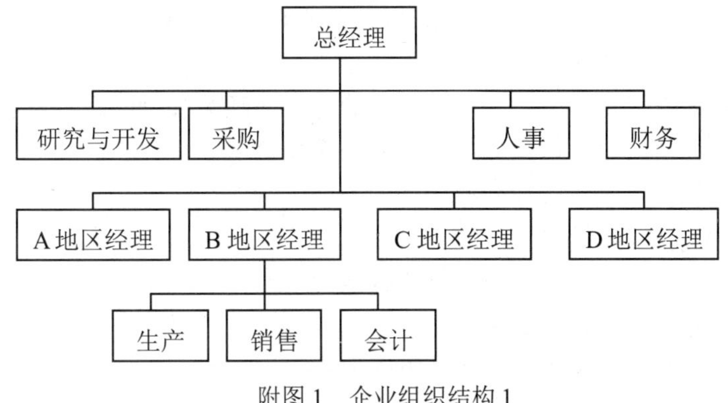

附图 1　企业组织结构 1

真题模拟试卷(四)

一、填空题

1. 人类活动具有三个最基本的特点，即目的性、__________和知识性。
2. 从决策所涉及的问题来看，可把决策分为___________和___________。
3. 只受个人利益影响的道德发展层次是__________。
4. 亚布拉罕·马斯洛所提出的关于人们需求和满足的理论被称为__________理论。
5. 组织文化的功能包括自我内聚功能、自我改造功能、__________、__________自我完善功能和___________。
6. 根据控制的时机、对象和目标的不同，可将控制划分为三类，即___________、__________和__________。

二、判断正误

1. 伦理与法律一样，需要通过行政命令或法定程序来制定或修改。(　)
2. 一般来说，高层管理者比中层管理者和基层管理者的管理幅度宽。(　)
3. 任何组织，无论规模多大，都可能有非正式组织存在。(　)
4. 根据公平理论，平均分配是最合理的。(　)
5. 最佳控制的特点是，控制标准 z 值由某一目标函数的最大值或最小值构成。(　)
6. 在组织系统运转过程中，协调各部分的关系，使它们的工作相互衔接、平衡地进行，也是一种创新。(　)

三、单项选择题

1. 下面所扮演的角色与管理者的人际角色无关的是(　　)。
   A. 管理者宴请重要客户
   B. 管理者和员工一起工作并通过员工的努力来确保组织目标的实现
   C. 管理者选择把时间花在这个项目而不是那个项目
   D. 管理者把大量时间花费在谈判活动上
2. 根据“双因素”理论，其保健因素是指(　　)。
   A. 能影响和促进职工工作满意度的因素
   B. 能保护职工心理健康的因素
   C. 能影响和预防职工不满意感发生的因素
   D. 能预防职工心理疾病的因素

3. 职责、权限、利益和能力之间的关系遵循等边三角形定理，( )是三角形的三个边，它们是相等的。

A. 权限、利益、能力　　B. 职责、权限、利益
C. 职责、权限、能力　　D. 职责、利益、能力

4. 通过市场调查发现，保健品市场的兴起是由于人们价值观变化引起的，这一因素属于( )。

A. 外部经济因素　　B. 外部技术因素
C. 外部社会因素　　D. 外部政治因素

5. 下列关于决策的描述中，说法正确的是( )。

A. 大多数管理者都愿意冒险
B. 大多数管理者都讨厌风险
C. 对风险的态度因人而异
D. 应用定量决策技术可以排除决策中的人为因素

6. 古人云“运筹于帷幄之中，决胜于千里之外”，这里的“运筹帷幄”反映了管理的职能是( )。

A. 计划职能　　B. 组织职能
C. 领导职能　　D. 控制职能

7. 美国洛克希德导弹公司的管理者常在政府宣布与该公司签订大笔军火合同之前就已开始招聘人员，这是一种( )。

A. 前馈控制行动　　B. 反馈控制行动
C. 同步控制行动　　D. 无效的管理行动

四、简答题

1. 什么是管理的行政方法？并指出其特点。
2. 企业如何体现对顾客的伦理行为？
3. 什么是内部提升？试述其主要优缺点。

五、论述题

有一天，某公司总经理发现会议室的窗户很脏，好像很久没有打扫过，便打电话将这件事告诉了行政后勤部负责人，该负责人立刻打电话告诉给事物科长，事物科长又打电话给公务班长，公务班长于是派了两名员工，很快将会议室的窗户擦得干干净净。但是，同样的情况不久就再次出现……

问题:

(1) 请从组织理论角度指出该公司在管理方面所存在的问题。

(2) 运用组织理论，提出你的改进建议。

六、看图说明题

请说出附图2所代表的企业组织结构的名称，并指出这种组织结构的主要优点。

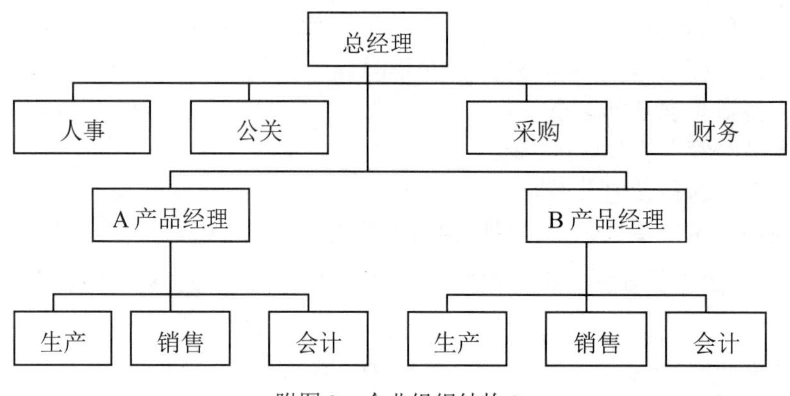

附图2　企业组织结构2

七、案例分析题

阿斯旺水坝的灾难

规模在世界上数得着的埃及阿斯旺水坝竣工于20世纪70年代。表面上看，这座水坝给埃及人民带来了廉价的电力，控制了旱涝灾害，灌溉了农田。然而，该水坝实际上破坏了尼罗河流域的生态平衡，造成了一系列灾难：由于尼罗河的泥沙和有机质沉积到水库底部，使尼罗河两岸的绿洲失去肥源——几亿吨淤泥、土壤日益盐渍化；由于尼罗河河口供沙不足，河口三角洲平原向内陆收缩，使工厂、港口、国防工事有跌入地中海的危险；由于缺乏来自陆地的盐分和有机物，致使沙丁鱼的年获量减少1.8万吨；由于大坝阻隔，使尼罗河下游的活水变成相对静止的“湖泊”，为血吸虫和芜蚊的繁殖提供了条件，致使水库区一带血吸虫病流行……埃及造此大坝所带来的灾难性后果，使人们深深地感叹：一失足成千古恨啊！

问题:

(1) 运用决策过程理论分析阿斯旺水坝决策失误的原因。

(2) 阿斯旺水坝的决策失误，给我们提供了什么启示。

真题模拟试卷(五)

一、填空题

1. 最早提出管理十四项原则的管理学家是__________。
2. 双因素理论所说的“双因素”是指_________和_________。
3. _________学派认为没有所谓普遍适用的最好的领导方式。
4. 按照决策条件的可控程度，可把决策分为________、________与________三种类型。
5. 管理幅度大，而管理层次少的组织被称为_________。
6. 按照组织系统，可将沟通划分为________和________。

二、判断正误

1. 管理就是对一个组织所拥有的物质资源、人力资源进行计划、组织、领导和控制，去实现组织目标。( )
2. 泰罗的“科学管理”对人性的假设是基于“社会人”的假设。( )
3. 挑选高道德素质的员工并不能改善企业的伦理行为。( )
4. 政策、程序和规章也属于计划范畴。( )
5. 管理者的管理幅度大小并没有统一的标准，它取决于若干因素。( )
6. 外部招聘比内部招聘的选择范围更大，所以总能够找到更优秀的人才。( )
7. 持 Y 理论管理者的领导风格是开放式、民主式的。( )
8. 人们在心理上通常会低估他人的工作绩效，高估他人的得益。( )

三、单项选择题

1. 对基层业务管理人员而言，其管理技能侧重于( )。
   A. 技术技能　　B. 人事技能　　C. 营销技能　　D. 概念技能
2. 如果一个人坚定地遵守自己所选择的伦理准则，即使这些准则违反了法律，他应该是处于道德发展的( )阶段。
   A. 前惯例　　B. 惯例　　C. 原则　　D. 强化
3. 广义地讲，目标管理可定义为( )。
   A. 评估根据　　B. 激励手段
   C. 综合管理系统　　D. 计划与控制手段
4. 战略性计划的首要内容是( )。
   A. 战略选择　　B. 战略环境分析

C. 远景和使命陈述　　D. 确定问题

5. 一家产品单一的跨国公司在世界许多地区拥有客户和分支机构，该公司的组织结构应考虑按(　　)因素来划分部门。

A. 职能　　B. 产品　　C. 地区　　D. 矩阵结构

6. 下列情况下，宜采用内部提升的是(　　)。

A. 高层次管理人员的选拔

B. 外部环境剧烈变化时

C. 处于成熟期的企业

D. 处于初创期的企业

7. 最有可能产生高道德标准的组织文化的是(　　)。

A. 具有高风险和冲突承受能力的组织文化

B. 高度崇尚自由精神的文化

C. 具有高度统一性的组织文化

D. 具有高度灵活性，易于适应社会观念的组织文化

8. 某企业多年来任务完成得都比较好，职工经济收入也很高，但领导和职工的关系很差。该领导很可能是管理方格中所说的(　　)。

A. 贫乏型　　B. 任务型　　C. 俱乐部型　　D. 中间型

四、简答题

1. 什么是确定型决策、风险型决策和不确定型决策？并各举一例说明。

2. 什么是事业部制组织结构？并简述其优缺点。

3. 概括说明领导权力的来源，并谈一谈你对树立领导权威的认识。

五、论述题

在《杰克·韦尔奇自传》中有这样一段自述："1961年，我已经以工程师的身份在GE工作了一年，年薪是10 500美元。这时，我的第一个老板给我涨了1000美元。我觉得这还不错，直到我后来发现我们一个办公室的四个人薪水居然完全一样。我认为我应该得到比'标准'加薪更多的东西。我去和老板谈了谈，但是讨论没有任何结果，沮丧之际，我萌生了换工作的想法。"

问题:

(1) 这种情况说明了管理学中哪种理论的存在？

(2) 试对该理论的内容进行阐述。

六、看图说明题

请说出附图 3 的名称，并指出图形主要构成要素及其基本含义。

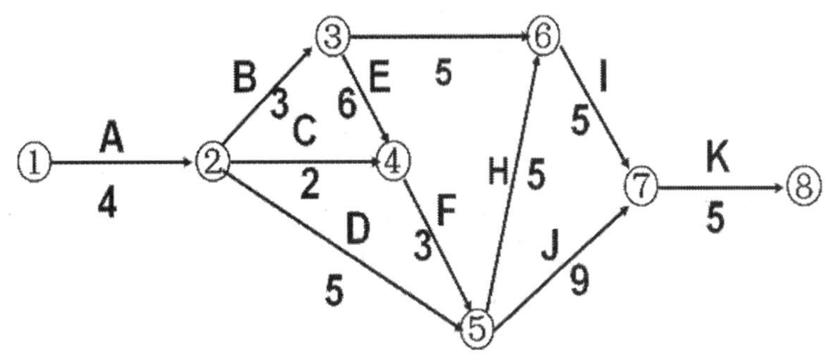

附图 3　习题图

七、案例分析题

让人把话讲完

(一)

第二次世界大战期间，美国太平洋战区司令官布莱德雷有次奉召，要执行一次危险而紧急的任务。于是他立刻召集了手下将士，排成一个长列。“这次我们的任务既艰巨又危险!”布莱德雷用眼角瞟了大家一眼，“有哪位愿意冒险担任这次任务的，请向前走两步……”

此时适逢一位参谋递给他一项最新的战报，于是布莱德雷和这位参谋交头接耳了片刻，等到他处理完战报，再面对行列中的众将士时，发现长长的队伍仍是一条直线，没有一个人比旁边的人多向前两步。

他按捺不住了，两眼放出火辣辣的光芒……

“报告司令!”只见站在最前排的一个人要向他禀报点什么。布莱德雷威严地一挥手，阻止住了他，接着以十分愤慨的口吻说：“养兵千日，现在情况紧急，竟然一个人都不愿意承担这项任务!你们怎么说?”

“报告司令!”还是站在最前排的那个人说，“我们刚才每个人都向前跨了两步，所以仍然是站在一条直线上!”

(二)

一位年轻的妇女和她 4 岁的儿子陪着她的父亲一道去春游。儿子口渴了，妈妈从背包里拿出两个苹果，要儿子给外公一个。没想到儿子将苹果拿到手后，在上面分别咬了一口。见到孩子这样，母亲心里很不是滋味，她担心父亲怪罪自己平时没有将孩子管教好。

“妈妈!”儿子刚要说话，但看见妈妈狠狠地瞪着自己，于是将要说的话咽到肚子里去了。外公知道孩子这样做一定有他自己的道理，便紧紧抓住孩子的手，笑容满面地问道：“乖孙子，告诉外公，你为什么将两个苹果都咬上一口?”

孩子两只黑葡萄般的眼睛忽闪忽闪着，满脸童真：“因为我想把最甜的一个给外公。”外公笑得更欢了。母亲的眼里隐隐闪烁着泪花，既为有这样懂事的儿子而自豪，又为自己刚才的行为感到羞愧。

问题:

(1) 从管理学角度来看，上述两则小故事说明了什么问题的重要性。

(2) 请运用管理学有关理论给出你的详细分析。

参 考 文 献

1. 周三多，贾良定. 管理学——原理与方法学习指导[M]. 5 版. 上海：复旦大学出版社，2010.

2. 周三多，贾良定. 管理学——教与学导引[M]. 上海：复旦大学出版社，2009.

3. 周三多，贾良定. 管理学习题与案例[M]. 2 版. 北京：高等教育出版社，2005.

4. (美)斯蒂芬 • F.罗宾斯. 管理学学习指导[M]. 11 版. 北京：中国人民大学出版社，2013.

5. 张雁，焦叔斌. 管理学学习指导书[M]. 4 版. 北京：中国人民大学出版社，2015.

6. 冯国珍，陈垂兴，孙雪飞. 管理学习题与案例[M]. 上海：复旦大学出版社，2008.

7. 徐波. 管理学：案例，题库，课件[M]. 上海：上海人民出版社，2006.

8. 李杰，张秋来. 管理学学习指导书：习题与案例[M]. 武汉：湖北人民出版社，2015.